아름다운 가구를 빠르게 만들기 위한 기계와 수공구의 절묘한 조화

하이브리드 목공

Hybrid Woodworking

Marc Spagnuolo 저
이재규 역
이중기 감수

하이브리드 목공

Hybrid Woodworking

Marc Spagnuolo 저
이재규 역
이중기 감수

하이브리드 목공 ■ 하이브리드 목수는 판재를 대패 치거나 대량의 나무를 깎아내는 등의 막일은 기계로 합니다. 그리고 나서 작업대에서 수공구를 이용하여 결구를 미세 가공하고 마무리합니다. 하이브리드 목수는 두 세계의 장점만 취합니다.

목 차

바칩니다, 감사의 말	6
저자 서문	7

1 시작 :
수공구 르네상스	8

2 하이브리드 목수의 공구들 :
바꾸지 말고 개선하라	16
전동공구와 기계 : 기초	22
반드시 갖추어야 할 수공구들	39
고려할 만한 수공구들	75
고려할 만한 수공구들 … 다음 기회에	84

3 하이브리드 목수의 기술 :
막일은 기계로, 섬세한 일은 수공구로	90
네모반듯한 판재 뽑기	93
다도, 래빗, 그루브	108
장부 결합	115
반턱 결합	135
목봉과 나사못 플러그	142
합판 옆면 밴딩	144
막경첩 홈 파기	149
하이브리드 주먹장	154
곡선	169
마감을 위한 표면 준비	175

4 하이브리드 목공 프로젝트 :
두 세계의 장점만	178
평상형 침대	179
상판이 갈라진 루보 작업대	182
벽걸이 수납장	184
애디론댁 의자	186

저자 후기	**190**
역자 후기	**191**

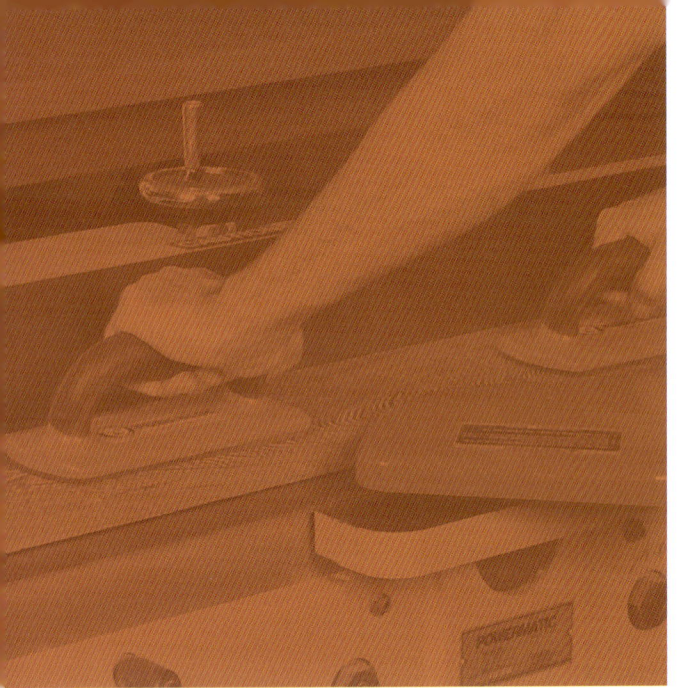

바칩니다

항상 저의 열정을 따르라고 조언하는 아내 Nicole과 항상 자기에게 열정을 쏟아달라고 졸라대는 아들 Mateo에게 이 책을 바칩니다.

감사의 말

먼저 변함없는 우정, 지식, 영감을 준 David J. Marks에게 감사드립니다. 그리고 이 책의 기술적인 측면에 도움을 준 Matt Vanderlist, Sam Vanderlist, Wilbur Pan, Shannon Rogers, 그리고 John Kelsey에게도 감사드립니다. 더불어 2006년부터 저를 지원해주신 온라인 목공 커뮤니티에게도 감사드립니다.

만날 수 있는 영웅 ■ 목수들의 좋은 점 중 하나는 직접 만날 수 있다는 것입니다. 단순히 만나는 정도가 아니라, 저는 제 영웅 David Marks에게서 목공을 배우는 행운을 누렸습니다(www.DJMarks.com).

■ 저자 서문

제가 처음 목공을 배울 때는 별로 어려워 보이지 않는 기계로 시작했습니다. 당시 Woodworks나 The New Yankee Workshop 같은 TV쇼를 탐닉했었는데, 여기서는 파워를 갈구하는 전동 톱과 전동 샌더가 놀라울 정도로 빠르고 효율적으로 일을 해내곤 했습니다. 저의 초기 공구 수집 품목에는 당연히 이 TV쇼에서 본 기계들이 대부분을 차지했습니다. 심지어 말도 안 되는 공구들도 따라서 사는 부작용도 있었지만요. 하지만 몇 년이 지나지 않아 수공구를 사들이고, 오래된 블록 플레인과 무뎌진 끌들을 갈고 닦으며 광내는 취미를 갖게 되었습니다. 수공구를 완벽한 시스템으로 생각하진 않았지만 시간이 가면서 수공구는 그 나름의 용도가 있다는 걸 깨닫게 되었습니다. 천천히, 그리고 확실하게 수공구는 기계가 채워주지 못하는 그 어떤 공허함을 채워주고 있었습니다. 카드 스크래퍼는 오비탈 샌더를 대신할 수 있었고, 숄더 플레인은 완벽하게 들어맞는 장부 결합을 가능하게 해주었습니다. 마침내 저는 수공구와 기계 간의 구분이 모호해짐을 느꼈습니다. 저는 두 시스템의 오묘한 조합을 실현하고 있었습니다. 알아차리지 못하는 사이에 저는 하이브리드 목수(hybrid woodworker)가 되어 있었던 것입니다.

저의 목공 경력 동안 기술과 취향은 항상 진화하고 있었습니다. 솔직히 말해 저의 수공구에 대한 사랑은 점점 더 커져가고 있으며, 기계가 구비된 저의 공방에 새로운 수공구들을 접목시킬 방법을 끊임없이 찾고 있습니다. 새로운 공구를 사고 싶어서 하는 변명이라 생각할 수도 있습니다. 하지만 저는 효율을 높이고 중복을 줄이는 방법을 늘 찾고 있습니다. 그리고 이 모든 전통적인 목공구들을 만들고, 목공 기술을 개발해온 선배 목수들의 업적들에 늘 경의를 표합니다. 저의 목표를 위해서는 유연한 생각이 필요합니다. 만일 어떤 공구나 기술을 대체할 수 있으면서 더 나은 결과를 보장하는 새 공구나 기술이 있다면 기존의 것들을 버려야 한다고 생각합니다. 하이브리드 목수에게 필수적인 덕목은 '열린 마음'입니다. 현재의 작업 방법을 냉철하게 평가하고 이 방법보다 더 나은 결과를 보장하며, 더 빠르고 더 쉬운 방법이 있다면 받아들여야 합니다. 당신의 안락한 영역에서 벗어날 수 없다면, 배우고 적용하기 위해 늘 변화가 필요한 이 시스템은 당신에게 아무런 의미가 없습니다.

저의 좋은 친구이자 성공한 목수, 그리고 유명한 TV 출연자인 David Marks는 스스로 평하기를, 목공예를 배우는 데는 끝이 없고, 늘 배우는 처지라고 했습니다. 저는 David를 존경합니다. 그리고 그의 발자취를 따라 저도 평생 배우고 연구하겠다는 마음을 갖습니다. 저는 당신도 평생 배우는 자세로 끊임없이 자신을 변화시키고, 현실도 변화시키는 도전을 권하고 싶습니다.

- 2013년 6월, 아리조나 피닉스에서 *Marc Spagnuolo*

1

인기 있는 수공구들 ■ 수공구가 돌아왔어요! 반짝반짝 빛나는 새것이든, 손때가 묻은 옛것이든 많은 수공구들이 목수들의 작업장에 자리를 잡고 있습니다.

시작 :
수공구 르네상스

요즘 목공 분야에서 가장 중요하고 빠르게 퍼지는 유행이 무엇인지 아십니까? 아뇨, 아뇨. 배꼽을 드러낸 플란넬 셔츠를 얘기하는 게 아닙니다. 저는 오래된 근원에 대한 얘기를 하고 있습니다.

우리는 온전히 사람의 힘으로만 나무를 다루고자 하는 유행을 다시 경험하고 있습니다. 가히 수공구 르네상스라 부를 수 있습니다. 날마다 더 많은 목수들이 기계에 연결된 전기선을 뽑고, 전통적인 아날로그 수공구들을 꺼내어 쓰고 있습니다. 최근에 나온 목공 잡지들을 훑어본 적이 있나요? 수공구에 대한 기사와 리뷰뿐 아니라 수공구에 대한 광고가 예전에 비해 많이 늘었다는 걸 느끼실 겁니다. 웹에서 조금만 검색해보아도 수공구의 역사나 수공구를 관리하고 사용하는 법에 대해 전문적으로 다루는 인기 블로그들을 쉽게 찾을 수 있습니다. 급변하는 기술 주도의 세상에 대한 반항으로 요즘 새로운 목수들은 일시정지 버튼을 누르고 그들의 새로운 길을 조각할 시간을 가지려 하고 있습니다.

우리는 하루 종일 컴퓨터 화면만 바라봐야 하는 현실에 저항하고 대신 공방으로 가 우리의 손으로 쓸모 있고 아름다운 창조물을 만들어냅니다. 나무를 다루는 일은 마음에 여유를 줍니다. 그래서 목수들의 세계에서는 다른 이들보다 시계가 느리게 갑니다. 우리에게 과정은 결과만큼이나, 아니 결과보다 더 중요합니다. 그러니 기계와 수공구를 선택해야 할 때 많은 목수들이 소박한 수공구를 고르는 게 이상할 것도 없습니다.

이건 기술적인 측면에서도 좋은 일입니다. 수공구의 모양과 다루는 법은 기계 작동 원리의 기초가 됩니다. 수압대패(jointer)는 돌아가는 날을 가진 대패를 뒤집어놓은 것이라고 보면 됩니다. 밴드쏘는 전통적인 프레임쏘(frame saw)를 현대적으로 계승한 것이라 볼 수 있습니다. 전동 샌더는 예전에 스무딩 플레인(smoothing plane)이 하던 일을 하는 겁니다. 이렇게 현대적인 기계들은 전통적인 수공구와 서로 연관되어 있습니다. 그래서 당신이 주로 기계로 목공을 한다 할지라도, 수공구에 대해 잘 알고 있다면 손해를 볼 일이 없습니다. 선조격인 수공구에 대해 잘 알고 있으면 기계를 이해하는 데 큰 도움이 되며, 기계의 단점이 무엇인지, 그리고 그 한계를 어떻게 극복할 수 있는지 알 수 있습니다.

시작

*수공구를 통해 만족감이 커지고,
솜씨가 좋아지며 더 즐겁습니다.
그리고 생산적인 목공을 할 수 있습니다.*

수공구의 이점

기계 위주의 목공방에 수공구를 갖추면 몇 가지 큰 혜택을 누릴 수 있습니다.

- 수공구는 더 조용합니다.
- 수공구는 더 안전합니다.
- 수공구는 먼지를 덜 일으킵니다.
- 수공구는 정밀도를 더 높일 수 있습니다.
- 수공구는 당신의 돈을 절약합니다.
- 수공구는 매우 뛰어난 품질의 작품을 만들 수 있습니다.
- 수공구는 더 큰 만족감을 줍니다.

저는 얼마 전 부모가 되었습니다. 저는 하이브리드 목공을 하기 때문에 아이가 잠들어 있을 때도 조용히 작업할 수 있습니다. 만일 취미로 목공을 하기 때문에 업무가 끝난 밤에 작업을 해야 하거나 또는 아파트에서 작업을 해야 한다면 수공구의 조용함은 큰 이점을 줍니다. 이런 환경에서는 수공구가 아니라면 아예 목공을 하지 못할 겁니다. 톱질 소리, 망치로 끌을 툭툭 때리는 소리, 쓰윽쓰윽 대패로 미는 소리 정도만 당신의 공방에서 들릴 뿐입니다. 보너스로 조용한 공방에서는 음악도 들을 수 있고, 깊은 생각에 잠길 수도 있습니다. 제 경우는 베이비 모니터를 놓치지 않고 들을 수 있어 좋습니다.

수공구는 기계보다 안전합니다. 물론 수공구도 조심하지 않으면 다칠 수 있습니다. 하지만 수공구로 인해 손가락을 잃을 정도의 부상을 당하는 건 정말 드문 일입니다. 수공구로 인해 발생하는 대팻밥이나 톱밥의 경우도 덩치가 커서 공기 중에 날리지 않습니다. 그러므로 호흡을 통해 나무 먼지가 당신의 폐로 들어갈 우려도 적습니다.

수공구는 한 번의 타격이나 왕복을 통해 덜어낼 수 있는 양이 매우 적고 제어가 용이합니다. 그러므로 매우 정교한 작업을 할 수 있습니다. 섬세한 수공구 작업을 통해 정교하게 들어맞는 장부맞춤을 할 수 있으며, 한두 번 실수를 했다고 해서 작품 전체를 망치는 일도 드뭅니다. 기계로 빠르고 쉽게 획 밀고 나가다간 처음부터 다시 작업을 해야 할 수도 있습니다.

수공구는 잠재적인 경제적 이득을 제공할 수도 있습니다. 예를 들어 스크래퍼와 대패를 사용함으로써 사포를 덜 사용할 수 있습니다. 좋은 품질의 사포는 가격이 싸지 않습니다. 그리고 하이브리드 접근법에 따르면 사포의 사용 빈도가 현저히 낮아야 하며, 사포 방수(grit)의 종류도 한두 개만 준비하면 됩니다. 게다가 수공구는 먼지를 덜 일으키기 때문에 비싼 집진기 봉투나 청소기 필터를 적게 사용할 수 있습니다. 대신 대팻밥과 톱밥을 쓸어 담을 빗자루와 쓰레받기를 더 자주 사용하게 될 겁니다.

늘 그렇지만 하이브리드 목공의 가장 큰 기쁨은 완벽하게 들어맞는 결합에 있습니다. 이를 위해서 기계로는 약간 여유를 두고 잘라내거나 파냅니다. 정교한 끼워맞춤을 위해서 남은 약간만 수공구로 작업하면 됩니다. 이렇게 함으로써 기계로 너무 많이 자른다든지 장부가 너무 작게 되었다든지 하는 리스크를 줄일 수 있습니다. 즉, 시간과 재료의 낭비를 줄이고, 복구할 수 없는 실패로 인해 다시 작업해야 하는 경우를 줄일 수 있습니다.

수공구의 마지막 이점은 형언할 수 없는 큰 만족감입니다. 수공구를 사용함으로써 느낄 수 있는 만족감이라는 긴 게 인마다 차이가 있을 수 있습니다. 하지만 잘 튜닝된 수공구로 좋은 결과를 얻었을 때 주어지는 그 황홀한 느낌은 모든 목수들이 공감할 거라 생각합니다. 기계로 좋은 결과를 얻을 수 있다 할지라도, 수공구로 좋은 결과를 만들어내는 것이 좀 더 특별하게 느껴지는 건 어쩔 수 없습니다.

이런 장점들을 모두 고려할 때 수공구를 배우고, 당신의 공방에 수공구를 비치하는 것은 좋은 생각입니다. 하지만 오해하지 마세요. 저는 저의 목공 기계들과 전동공구들을 여전히 사랑합니다. 그리고 수공구만 사용하겠다고 고집부리지도 않습니다. 하지만 저는 이미 기계들로 가득 찬 제 공방에 수공구들을 추가로 비치해야 할 전략적인 이유들을 많이 찾아냈습니다.

그렇다면 왜 모든 목수들이 수공구 열차에 타는 티켓을 끊지 않는 걸까요? 이유를 알려면 요즘 목수들이 경험했던 것들을 살펴보아야 합니다. 수공구가 대중화된 요즘도 여전히 많은 장애물과 함정, 변화들이 있습니다. 이런 악조건들은 정보를 찾아 헤매는 목수들을 혼돈의 나락으로 빠지게 합니다.

왜 기계를 먼저 배우는가?

요즘 새로운 목수들은 기본적인 기계들(테이블 쏘, 드릴, 라우터, 원형톱, 직쏘, 전동 샌더 등)을 먼저 구하고 그에 따른 경력을 먼저 쌓습니다. 저는 매년 천 명이 넘는 목수들과 채팅하고 있으며, 이를 통해 그들이 어떻게 목공의 세계로 뛰어들게 되었는지에 대한 얘기를 들었습니다. 어떤 이들은 고등학교의 목공 교실을 통해 입문하게 되었고, 어떤 이들은 할아버지와 목공을 하며 차고에서 지냈던 나른한 일요일 오후를 떠올리곤 했습니다. 그런데 대부분의 사람들은 TV쇼를 통해 목공에 흥미를 가지게 되었거나, 부인이 시켜서 첫 DIY 프로젝트를 시작하게 되었다고 하더군요. 다양한 계기로 목공에 입문하게 된 사람들에게 있어 공통점이 있다면 그들은 대부분 기계로 목공을 시작한다는 겁니다. 그런데 사실은 수공구로 목공을 시작하는 게 옳습니다. 다른 어떤 분야의 기능 교육을 봐도 기본적인 도구를 먼저 배우고 익힌 다음, 복잡한 기계를 배우는 것이 정상적인 순서입니다. 하지만 요즘 목공 분야에서 이런 원칙은 거의 지켜지지 않고 있습니다.

그렇다면 왜 많은 사람들이 기계를 먼저 배우게 되는 걸까요? 제 생각에 그들이 TV에서 즐겨 보았던 DIY 집 고치기 쇼를 통해 어떤 편견을 가지게 된 것으로 보입니다. 이런 TV 쇼들은 일반적인 시청자를 대상으로 하며, 수공구는 오래된 유물 정도로 치부하는 경향이 있습니다. 그러니 많은 신입 목수들의 첫 구입 공구가 100% 기계인 것이 놀라운 일도 아닙니다. 그리고 그들은 전통적인 수공구의 진가를 접해볼 기회도 얻지 못하고 기계의 편리함에 빠져버립니다.

예를 들어 PBS[1]에서 1989~2009년까지 무려 20년간 방송된, 그래서 목공을 하고자 하는 수많은 이들에게 영향을 준 The New Yankee Workshop이라는 TV쇼가 있었습니다. 쇼의 진행자 Norm Abram은 유명 목수가 되었지만, 기계 중독자라는 평가도 받습니다. 저는 Norm이 수공구에 대해서도 일가견이 있다고 생각합니다. 하지만 그는 그 쇼에서 수공구를 거의 사용하지 않았습니다. 아마도 목공 기계 광고 때문일 수도 있고, 시청자들이 기계 사용을 더 좋아한다고 방송 PD가 판단했을 수도 있습니다. 어쨌든 이런 이유로 많은 목공 입문자들은 수공구가 더 이상 쓰이지 않는다고 생각하게 되었고, 수공구로부터 멀어질 수밖에 없었습니다.

---
1) Public Broadcasting Service, 미국의 공영 방송.

흙속의 진주? ■ 벼룩시장에서 구한 녹으로 뒤덮인 오래된 공구도 잘 갈고 닦으면 쓸모 있는 공구로 다시 태어납니다.

> *저는 목공 기계와 휴대형 전동공구들을 좋아합니다. 또한 저는 수공구만 고집하려는 것도 아닙니다.*

수공구의 씨앗을 뿌려라

어떤 계기로 목공을 시작하게 되었는지에 상관없이, 많은 이들은 결국 수공구에 대해 강렬하게 인지하게 됩니다. 처음에는 수공구에 대한 불안감을 가지던 목수들도 고수들이 수공구를 다루는 솜씨를 보면 그 진가를 알게 됩니다. 점점 더 많은 목수들이 블로그, 팟캐스트, 게시판 등을 통해 수공구가 여전히 건재함을 알아가고 있습니다. 그리고 그들이 Popular Woodworking과 같은 목공 잡지들을 구독하게 되면 기계에 못지않게 수공구도 상당한 분량으로 다루고 있음을 알게 됩니다. 어떤 식으로든 수공구의 씨앗은 이미 뿌려져 있습니다. 그런데 이 수공구가 잘 자랄까요?

불행히도 대부분의 목수들이 기계를 필요한 만큼 다 갖춘 상태이기 때문에 여기에 또 수공구를 추가한다는 건 비용적으로 문제가 됩니다. 극단적인 경우 어떤 목수가 자신의 기계들을 모두 팔아치우고 수공구로 대체하겠다는 결심을 할 수도 있습니다. 하지만 제 생각에 이건 큰 실수입니다. 만일 당신이 수공구에 대해 너무 급격하게 빠져들게 되면, 이 새로운 패러다임에 빠져 허우적대게 될 겁니다. 반면 다른 사람

시작

좋은 자세 ■ 대패질할 때는 보폭을 넓혀야 합니다. 그리고 팔이 아니라 몸을 움직여 대패를 밀어야 합니다.

야겠다고 마음먹었다면, 조금 비싼 것부터 터무니없이 비싼 것까지의 가격표를 보게 될 겁니다.

유지보수의 어려움

자 이제 새로 목공을 시작하는 당신이 기계의 유혹, 비용, 자존심 등의 장애물을 극복하고 쓸 만한 기본 수공구를 갖추었다고 합시다. 다음 도전은 수공구가 정확하게 다루어져야 하고 관리되어야 한다는 것입니다. 어떤 오래된 공구들은 녹을 제거하고, 대팻집 바닥의 평을 잡고, 줄로 갈아내고, 칠하고, 날물을 갈아야 하는 등 엄청난 탈바꿈이 필요할 수도 있습니다. 고품질의 새 수공구조차도 뒷날 평 잡기, 날 세우기 등의 기본적인 관리가 필요합니다. 당신이 기계 관리에 익숙하다 할지라도 수공구의 튜닝과 관리는 생소하게 다가올 것입니다. 고맙게도 많은 목수들은 이러한 도전에 쉽게 포기하지 않았으며, 자신의 수공구를 어떻게 튜닝하고 관리하는지에 대한 방법을 결국 터득하게 되었습니다. 다른 기술과 마찬가지로 이 또한 연습이 필요합니다.

사용의 어려움

다음 도전은 수공구를 어떻게 쓰는지 배워야 한다는 겁니다. 말씀드렸듯이 이 과정은 매우 재미있어야 합니다. 그렇죠? 어떤 경우는 재미있습니다. 하지만 많은 목수들은 자신의 수공구로 작업한 결과가 마음에 들지 않아 불만을 가지게 됩니다. 어떤 목수들은 너무 실망한 나머지 수공구뿐 아니라 목공 자체를 포기하기도 합니다. 사실 수공구를 다루는 건 골프를 치는 것과 비슷합니다. 아무리 좋은 골프채를 가지고 있다 하더라도 스윙법을 모른다면 무용지물입니다. 수공구가 제대로 역할을 하려면 연습과 인내가 필요합니다. 골프 스윙과 비슷하게 당신이 일하는 모습을 객관적으로 바라보고 그것에 대한 비평을 해보세요. 서 있는 자세, 팔과 다리의 움직임, 손의 위치와 그립 모두가 수공구를 다룰 때 중요한 것들입니다. 기계의 세상에서 건너온 이는 수공구가 효율적으로 나무를 깎아낼 때의 미묘한 느낌 차이를 과소평가하는 경향이 있습니다. 수공구의 학습 곡선(learning curve)은 전동공구에 비해 가파릅니다.

들은 매우 신중한 접근을 합니다. 새로운 수공구들을 조금씩 추가하면서 시간을 두고 시행착오를 통해 어떤 수공구가 실제로 유용한지를 알아가게 됩니다. 어떤 식으로 수공구의 유용성을 찾든 이미 기계에 투자한 목수라면 돈 문제가 매우 중요합니다. 저도 처음에 전동공구와 기계를 들이느라 큰 돈을 썼고, 이후로 새로운 수공구가 필요할 때마다 이것이 얼마나 저에게 절실한 것인지를 재무부 장관[2]에게 설명해야 했습니다. 그리고 솔직히 이게 정말 잘하는 건지 스스로를 확신시키는 고민의 시간을 가져야 했습니다.

설상가상으로 수공구 분야에는 더 이상 값이 싼 대체품을 찾기 어렵습니다. 십년 전만 해도 eBay나 벼룩시장에 수리공들이 고친 괜찮은 중고 수공구들이 흔했습니다. 요즘 eBay에 있는 물건들은 가격도 비싸고 사려는 경쟁도 심합니다. 벼룩시장에서는 장물이 아닌 걸 사야 하는 운도 필요합니다. 때로는 좋은 거래를 성사시킬 수도 있지만 그러려면 발품을 많이 팔아야 합니다. 차라리 튜닝하거나 줄로 갈아내지 않아도 바로 사용할 수 있는 수준의 새 수공구를 사

적절한 배움 없이 거칠고 험난한 수공구의 세계로 너무 빨리 뛰어들어온 목수들은 실패와 좌절을 겪게 되고 결국 목공에 흥미를 잃게 됩니다. 초보자의 손에 쥐어진 형편없이 손질된 수공구는 보잘것없는 결과를 만들 뿐 아니라 전혀 쓸모없는 결과를 만들어내기도 합니다. 그것들은 결국 장작으로 불태워질 뿐이고, 그는 조금씩 어두운 광기의 세계로 빠져듭니다. 어느 누가 뜯겨 나간 나뭇결, 울퉁불퉁한 표면, 직각에

---

[2] 돈줄을 쥐고 있는 무서운 분.

서 벗어난 모서리, 굳은살과 욱신거리는 팔뚝밖에 없는 세상에 살고 싶겠습니까?

그렇다고 오해하지는 마세요. 칠흑 같은 어둠에도 한줄기 빛은 있습니다. 수공구가 점점 더 널리 보급되면서 무료 또는 유료로 얻을 수 있는 수공구를 이용한 목공에 대한 정보들이 넘쳐나고 있습니다. 책, DVD, 블로그, 팟캐스트, 온라인 강의, 지역별 강좌, 목공 학교들 덕분에 수공구를 이용한 목공을 배우기에 너무도 좋은 조건이 되었습니다. 하지만 이 정보들의 대부분은 수공구에만 집중하고 있어서, 기계와 수공구를 조화롭게 쓰려는 이들이 아쉬워합니다.

대부분의 목수들은 수공구가 할 수 있는 일에 대해 관심을 가지면서도 절대 스스로 기계 사용을 포기하지 않습니다. 심지어 필요한 모든 수공구를 구비하였다 할지라도 절대 기계 사용을 그만두지 않습니다. 거친 판재를 손으로 평을 잡아야 할 필요가 없다면, 정말로 멋진 리닐슨(Lie-Nielsen) 스크럽 플레인(scrub plane)[3]에 돈을 투자할 이유는 없습니다. 같은 역할을 하는 기계에 대한 고려 없이 순수하게 수공구에 대해서만 논의하다 보면 필연적으로 중복 투자를 하게 될 겁니다. 예를 들어 제가 수압대패를 계속 사용하기로 마음먹었다면, 7번 조인터 플레인(jointer plane)[4]이 필요한 경우는 거의 없을 겁니다. 수공구를 수집하는 게 취미라면 상관없습니다. 하지만 예산에 신경 쓰는 목수라면 중복되는 공구들은 낭비이자 낭패며 혼란 그 자체입니다.

우리 논의의 주제는 마치 수공구와 기계가 서로 배제하는 것인 양 이 둘 중 하나를 고르자는 게 아닙니다. 대신 기계 위주의 우리 공방에 어떤 수공구들을 추가하면 더 나을 것인가를 조심스럽게 검토해보자는 겁니다. 비슷하게 수공구 위주의 공방이라면 어떤 기계를 추가하면 더 좋을 것인가라는 논의도 해볼 수 있습니다. 하지만 이는 제 경우와 다르기 때문에 충분한 조언이 어렵습니다.

저는 빠짐없이 잘 갖추어진 기계 위주의 공방을 가지고 있습니다. 그리고 저는 전략적인 수공구의 선택과 사용을 통해 정밀도와 작업 속도와 품질을 어떻게 개선시킬 수 있는지 가르치는 걸 좋아합니다. 사실 이것이 바로 이 책의 목적이기도 합니다. 즉, 수공구와 기계를 어떻게 같이 사용하여야 효율적이고, 조화롭고, 만족스러운 균형을 찾을 수 있는지 알아보자는 겁니다. 이론적으로는 이 모든 것을 '목공'이라는 큰 범주로 묶을 수 있습니다. 하지만 많은 목수들의 마음에 수공구와 기계는 다소 결별된 상태로 여겨지기에, 저는 두 세계의 장점을 뽑았다는 의미로 '하이브리드 목공'이라고 부르고 싶습니다.

---

3) 판재의 두께를 많이 덜어내기 위한 용도로 쓰이는 막대패.
4) 아주 긴 대패로 넓은 판재의 평을 잡기 위한 용도로 쓰임.

어깨 다듬기 ■ 테이블쏘로 가공된 숫장부의 어깨는 대패로 미세하게 가공할 수 있습니다.

넓게 보자면 …

이제 약간의 변명이 필요할 것 같습니다. 당신은 아마 이 책을 보면서 "에이~ 이렇게 하면 좀 더 빠르지 않겠어?"라는 의문을 종종 가지게 될 겁니다. 그런 의문이 머리에 떠올랐다면, 저는 먼저 당신에게 왜 목공을 하는지 생각해보라고 충고하겠습니다. 그저 돈을 벌기 위한 방편인지 아니면 단순히 가구를 만드는 것이 다가 아니라는 소설 같은 생각을 하는지를요.

제 생각에, 우리는 자연이 제공하는 가장 놀라운 천연 재료를 쓸모 있고, 아름다우며, 오랫동안 내 삶에서 사용하면서, 감탄하고, 즐기는 무언가로 만드는 것에 대해 얘기하고 있습니다. 물론 일상적인 목공 작업에는 어느 정도 시간의 제약이 있습니다. 그렇지만 조립하기 전 결구 부위를 미세 가공하는 건, 저를 작품에 더 몰입하게 하고 더 훌륭한 품질의 결과를 만들어내는 즐거운 작업입니다. 설사 그것이 시간을 더 잡아먹더라도 저는 정말로 개의치 않습니다. 이런 추가적인 관심과 배려는 저의 작품과 저의 정신 건강에 좋은 영향을 줍니다.

저 또한 한계를 가지고 있습니다. 지구에 사는 그 누구도 제가 왜 손으로 네모반듯한[5] 판재를 뽑는 것을 가장 좋아하는지 설명할 수 없습니다. 그냥 좋을 뿐입니다.

---

5) 판재 전체의 평을 맞추고, 모든 모서리를 직각으로 맞추는 작업.

시작

기계로는 막일을 하고,
수공구로는 섬세한 일을 하세요.

하이브리드 목공

목표는 작업에 가장 적합한 도구를 사용하는 겁니다. 하이브리드 목공의 기본적인 교리는 기계로는 초벌 작업을 하고 수공구로는 세밀한 작업을 하라는 겁니다. 과거에는 목수들이 견습생들에게 초벌 작업을 시켰습니다. 그리고 세밀한 디테일은 명령 체계의 꼭대기에 있는 장인들의 몫이었습니다. 오늘날 저는 혼자 일하고, 견습생은 아직 어린아이[6]입니다. 하지만 저의 기계가 초벌 작업을 도와줍니다. 평평한 판재를 만들기 위해 대패 작업을 하거나, 결구를 위해 쓸모없는 부분을 깎아내는 등의 작업은 저의 '견습생' 기계가 다 해주기 때문에 빠르고 효율적입니다. 그리고 저는 더 중요한 디테일에 더 많은 시간을 쏟을 수 있습니다.

간단한 예를 들어보죠. 저는 보통 테이블쏘에 다도날(dado blade)[7]을 물려 일련의 장부(tenon)들을 가공합니다. 이렇게 함으로써 장부를 빠르게 반복적으로 만들 수 있습니다. 하지만 회전하는 톱날은 거친 표면을 만들기 때문에 원하는 높이로 정확하게 작업하기 어렵습니다. 그래서 저는 장부를 만들 때 목표보다 조금 더 두텁게 만듭니다. 기계 작업이 끝나면 저는 작업물을 들고 작업대로 가 숄더 플레인(shoulder plane)[8]이나 래빗 블록 플레인(rabbeting block plane),[9] 라우터 플레인(router plane)[10]으로 거친 부분을 세밀하게 다듬습니다. 아주 미세한 대팻밥을 뽑아냄으로써 숫장부와 암장부가 부드럽고 완벽하게 끼워지도록 조금씩 진행할 수 있습니다. 비록 한 번의 헛손질이 있다 할지라도 그건 불과 0.01mm 정도 더 파인 것일 뿐입니다. 만일 이런 민감한 작업을 테이블쏘에서 했고, 비슷한 실수를 했다면 그 결과는 훨씬 더 큰 낭패가 될 겁니다. 이런 방법은 완벽한 맞춤과 더 나은 결과를 만들어주는 것뿐 아니라, 큰 실수를 막는 역할도 합니다. 개인적으로 저는 이런 과정 자체를 즐깁니다.

---

6) 저자의 어린 아들.
7) 원형 톱날 여러 개가 결합되어 넓은 홈(dado)을 한 번에 팔 수 있는 톱날.
8) 좁은 폭의 대패로서 대팻날과 대팻집의 폭이 같아 숫장부에 바짝 붙여 장부 어깨(shoulder)를 덜어내는 대패.
9) 블록대패와 비슷하나 대팻집 옆이 터져 있어 대팻날과 대팻집이 같은 선상에 있으며, 때문에 래빗(rabbet) 가공을 할 수 있는 대패.
10) 홈 바닥을 다듬을 수 있는 좁은 날을 가진 대패로 양손으로 잡고 작업할 수 있도록 된 대패.

왜 모든 목수들이 하이브리드 시스템을 쓰지 않을까?

저는 나무를 다루는 데 하이브리드 접근법이 가장 유연하고, 효율적이고, 정확하고, 즐거운 길이라고 생각합니다. 그렇다면 왜 모든 사람들이 이런 접근법을 사용하지 않을까요? 글쎄요. 어떤 수공구 추종자들은 여유를 가지고 과정을 중시하는 옛 정서에 기반을 두고 단순한 목공을 합니다. 아마 그들은 스트레스를 많이 받는 직업을 가졌거나 정신없이 바쁜 인생을 살고 있을 겁니다. 그래서 목공을 통해 편안한 휴식을 갖고자 합니다. 이런 사람들은 라우터로 쉽게 암장부를 파내기보다는 끌과 망치로 나무를 쪼아가며 천천히 파냅니다. 이래야만 자신이 만드는 가구에 더 애착을 가질 수 있으며 완벽한 작품이 나온다고 믿습니다. 하지만 이건 그들의 생각일 뿐입니다.

반면 어떤 사람들은 기계를 사용하는 목수들이 결과만 중시하고 과정은 사소하게 여긴다고 믿습니다. 하지만 저는 아니라고 생각합니다. 저는 그라인더로 부드러운 곡면을 깎아내거나 헬리컬 날을 장착한 15인치 대패가 유리같이 매끈하게 판재를 깎아내어 아름다운 무늬를 드러내거나, 막강한 밴드쏘로 얇은 베니어(veneer)를 켜는 이 모든 순간을 즐깁니다. 저는 강력한 모터가 내는 고함 소리가 기분 좋은 톤으로 노래하는 새소리로 들립니다. 수공구 추종자들이 잘 연마된 끌이 만들어내는 아름다운 나뭇조각들에 만족감을 느끼듯이, 기계 추종자들은 카바이드 팁이 달린 톱날이 5마력 모터의 힘으로 3인치 두께의 메이플을 무 썰듯 잘라버리는 것에 흥분합니다.

이 책을 보는 목수들은 모두 같은 기본적인 이유를 가지고 있을 겁니다. 적어도 우리 모두는 나무를 고르고, 제재하고, 대패 치고, 가공하고, 조립하고, 마감하는 목공의 모든 과정에 대해 공감하는 생각을 가지고 있습니다. 이 모든 과정을 위해 사용하는 도구는 그저 도구일 뿐이라는 생각 말입니다. 기계를 쓰든, 수공구를 쓰든, 하이브리드 조합을 하든, 우리 모두는 같은 팀의 일원입니다. 어쨌거나 우리 모두는 대량 생산되는 파티클보드 가구에 지치지 않았던가요? 적어도 저는 그렇습니다.

어찌 되었든지 당신의 작품을 가지게 된 사람도 혹은 앞으로 구경하게 될 모든 사람들도 당신이 어떤 공구로 작품을 만들었는지 알 수 없을 겁니다. 아니 상관하지 않을 겁니다. 그러므로 나무 더미가 예술 작품으로 변하는 이 특별한 여정을 위해 어떤 탈것을 고를지는 전적으로 개인적인 선택입니다. 공방에서든 인생에서든 사람들은 자신의 행복을 위해 무언가를 합니다. 저는 당신이 하이브리드 목공의 이점에 대해 고려해보길 희망합니다. 왜냐하면 저는 새로운 아이디어

원시인과 놈빠[11]들

인터넷에서는 종종 목수들이 두 가지 파벌로 나뉘곤 합니다. 수공구파와 기계파입니다. 각 진영에는 이 현상의 근원이 되는 광적인 맹신도들이 있습니다. 어떤 수공구 광신도는 전기를 사용하는 어떤 공구라도 쓴다면 수공구파가 아니라고 주장합니다. 어떤 기계 지지자들은 수공구들은 단지 시간 낭비일 뿐이며 과거로 돌아가는 비효율성의 본보기라고 이야기합니다. 이런 광신은 각 진영의 반감을 일으켜서 자신의 선택을 더 방어하게 하고, 서로를 멀어지게 하고 있습니다.

온라인 목공 커뮤니티에서는 오래 전부터 서로 다른 이 두 그룹에 별명을 붙여 부르고 있습니다. 바로 원시인과 놈빠입니다. 원시인은 거칠고 좀 모자라는 수공구 애호가로, 느리고 투박한 목공을 즐기는 이들입니다. 스스로 기계 중독자라고 고백했던 Norm Abram의 이름을 딴 놈빠들은 전기선이 없는 공구를 절대 사용하지 않으며, 손으로 하면 10분에 끝날 주먹장을 위해 주먹장 지그 세팅으로 기꺼이 한 시간을 쓰는 그런 사람들입니다.

물론 저는 이 극단주의자들이 치고받고 싸우는 걸 재밌게 구경하곤 합니다. 왜냐하면 대부분의 사람들은 중립적인 입장을 가지고 있기 때문입니다. 하지만 요즘 온라인 목공 세계는 새로 들어오는 신입 목공인들에게 마치 수공구와 기계는 같이할 수 없다는 듯 어느 한편이 되기를 강요하고 있습니다. 이건 매우 불행한 일입니다. 왜냐하면 모든 목공 공구들을 사용할 줄 안다는 건 엄청난 가치가 있기 때문입니다.

궁극적으로 당신은 도움이 되는 모든 목공 기술에 대해 알아야 합니다. 그래서 어느 한쪽 길만 고집하는 초보 목공을 보면 그리 좋아 보이지 않습니다. 사실은 양쪽 모두 장점과 단점을 가지고 있습니다. 다행히 기계가 부족한 부분은 수공구가 잘할 수 있는 부분입니다. 반대로 수공구가 부족한 부분은 기계가 잘합니다. 감히 제 생각을 말씀드리면 바로 이렇기 때문에 양쪽 세계의 장점만 취하는 하이브리드 목공이 뛰어난 목공인이 되는 가장 쉬운 길이라는 겁니다.

---

[11] 놈빠는 Normites를 번역한 것으로, Norm Abram 추종자를 뜻함. 앞서 언급한 TV쇼 The New Yankee Workshop 진행자 Norm Abram은 기계 중독자로 평가되고 있음. 이에 반대되는 의미로 수공구만 사용하는 이들을 네안데르탈인이라 부르며, Neander라고 줄여 씀. 이 책에서는 원시인으로 번역함.

와 새로운 작업 방법에 대해 문을 열어두고 탐구하는 이 모든 과정이 진정으로 즐겁기 때문입니다.

이 책에 대해

이 책은 하이브리드 목공의 기초에 대해 다룹니다. 저는 모든 하이브리드 목수들이 반드시 갖추어야 하거나 구입을 고려해야 할 필수적인 공구들에 대해 논의할 겁니다. 저는 여러 가지 결구법에 대해 시연하고, 하이브리드적인 관점에서 어떻게 접근하는 것이 좋을지 보여드릴 겁니다. 만일 당신이 목공을 이제 시작하는 초보이고 아직 공구를 사 모으지 않은 상태라면, 이 책을 다 보고 나면 당신이 만들고자 하는 것에 필요한 공구들이 무엇인지 감을 잡을 수 있을 겁니다.

이 책의 끝부분에는 제가 예전에 만들었던 프로젝트들에 대해 간단한 설명을 드리고, 어떤 부분에서 하이브리드 기술이 쓰였는지를 특별히 조명해보도록 하겠습니다.

2

하이브리드 목수의 공구들 :
바꾸지 말고 개선하라

중복 = 옵션 ■ 숄더 플레인, 래빗 블록 플레인, 블록 플레인은 서로 다른 공구지만, 겹치는 기능들도 있어서 어느 정도 대체 가능합니다.

어떤 사람이 수공구 작업은 느리다고 주장하는 걸 들어본 적이 있나요? 아마 당신도 이 생각에 동의할 겁니다. 사실 당신 혼자만의 생각이 아닙니다. 아마도 대부분의 열렬한 기계 지지자들이 이런 이유로 수공구에 대해 전혀 고려하지 않습니다. 이 시점에서 아마 당신은 제가 수공구 작업이 느리지 않다는 것을 설득하려 할 거라고 예상할 겁니다. 그러나 그러지 않을 겁니다. 솔직히 말해 저도 그 견해에 동의합니다. 하지만 부분적으로만 동의합니다. 제 경험에 따르면 수공구 작업은 현재 기계로 잘 하고 있는 작업을 대체하려는 경우에만 느립니다.

몇몇 벤치 플레인과 와인딩 스틱(winding stick)[1]을 이용하여 수작업으로 네모반듯한 판재를 뽑아내는 것이 수압대패, 자동대패, 테이블쏘 등의 기계를 이용하는 것에 비해 훨씬 더 시간이 많이 걸린다는 걸 어느 누구도 부정하지 못할 겁니다. 정확한 폭으로 판재를 켜기 위해 테이블쏘를 쓰는 것이, 작업대 위에 올려놓고 톱으로 켜는 것에 비해 훨씬 빠르다는 것도 의심의 여지가 없습니다. 그래서 하이브리드 목공 방법론에서 제기하는 공구 구입에 대한 기본 규칙 중 하나가 '바꾸지 말고 개선하라'는 겁니다. 당신의 각도절단기(miter saw)를 각도 톱대(miter box)[2]와 바꾸지 마세요. 당신의 밴드쏘를 팔아서 활톱(bowsaw)[3]을 사지 마세요. 그리고 제발 부탁인데, 나무로 만들어진 것에 대한 지나친 사랑으로 당신의 자동대패를 스크럽 플레인(scrub plane)[4]으로 바꾸지 마세요. 저는 몇몇 수공구 광신도들이 아무도 보고 있지 않을 때는 몰래 자동대패를 이용하여 판재 가공하는 걸 알고 있습니다.

'바꾸지 말고 개선하라'는 규칙을 항상 명심하세요. 하이브리드 목수의 공구함이 모양을 갖추기 시작하면 당신이 예측했던 것과는 상당히 다르다는 걸 실감하게 될 겁니다. 가장 극적인 부분은 대패와 톱들의 컬렉션이 소박하다는 겁니다. 명심하세요. 우리는 지나치게 기능적으로 중복되는 걸 지양하고 있습니다. 우리는 어떤 특정한 기능을 위해 딱 맞는 공구를 찾고 있는 겁니다. 예를 들어 기계가 하지 못하는 가공이거나 기계로는 우리가 원하는 정도의 정밀도와 정확성을 보장하지 못하는 경우입니다.

---

1) 직선이 보장된 두 개의 막대로서, 판재의 앞뒤에 놓고 수평으로 들여다 보아 판재의 뒤틀림 여부를 확인할 수 있음.
2) 90도, 45도, 22.5도 등의 각도로 정확하게 자르기 위해 그 각도로 홈이 파여져 있는 톱 가이드.
3) 톱날의 장력을 유지하기 위해 톱 양쪽을 잡고 있는 프레임을 끈으로 당겨 죄는 방식의 전통적인 켜기톱.
4) 대팻날이 곡선으로 되어 있어 판재를 거칠게 덜어낼 수 있는 대패. 다른 서양대패와는 달리 스크럽 플레인은 대팻집을 나무로 만드는 경우가 많음.

장부 측면을 정리 ■ 래빗 블록 플레인은 거친 장부의 측면을 깨끗하게 다듬는 데 제격입니다.

시간을 절약해주는 대패 ■ 래빗 블록 플레인은 넓은 폭의 대팻날을 가지고 있어 빠르고 쉽게 장부의 미세 가공을 할 수 있습니다.

'바꾸지 말고 개선하라'는 기본 규칙 외에 우리의 컬렉션에 포함될 수공구를 정하는 몇 가지 규칙이 더 있습니다. 아래 4가지 기준에 하나 이상 해당된다면 잠재적 구매 대상에 넣을 수 있습니다.

- 기능성
- 효율성
- 정확성
- 만족감

개인적인 취향도 매우 중요한 요소임을 간과하면 안 됩니다. 그리고 각 공구마다 고유한 특성이 있음도 고려해야 합니다. 수공구든 기계든 그것이 당신의 컬렉션에 포함될지 객관적인 판단을 하려면, 이런 모든 잠재적인 이점을 평가하고 이와 관련된 질문을 스스로에게 던져보아야 합니다.

의사 결정 프로세스

질문과 답을 하는 과정을 설명하기 위해 예를 들어보겠습니다. 그리고 각 공구들이 해당 이점들을 얼마나 충족하는지를 계량할 수 있도록 점수를 매겨볼 겁니다. 시나리오는 이렇습니다. 제가 이미 중형 숄더 플레인과 블록 플레인을 가지고 있다고 합시다. 그럼에도 불구하고 래빗 블록 플레인을 추가로 구입해야 할까요?

1. 기능성

그 공구만이 할 수 있는 고유의 기능이 있으면서, 다른 다양한 기능도 가지고 있나요?

중형 숄더 플레인과 래빗 블록 플레인은 기능이 약간 중복됩니다. 하지만 더 중요한 차이점이 있습니다. 숄더 플레인은 장부의 어깨(shoulder)뿐 아니라 장부의 측면(cheek)을 다듬는 데도 쓸 수 있습니다. 하지만 중형 숄더 플레인은 날폭이 좁아서 넓은 장부 측면을 다듬기 위해서는 여러 번의 왕복이 필요합니다. 이로 인해 장부 측면의 평면을 맞추기 어렵고, 자칫하면 곡면으로 가공될 수도 있으며, 결과적으로 장부의 두께가 일정치 않게 됩니다. 반면에 래빗 블록 플레인은 넓은 폭의 날을 가지고 있기 때문에 한 번의 왕복으로 더 넓은 면을 가공할 수 있습니다. 그래서 장부 측면의 가공을 위해서는 래빗 블록 플레인이 더 낫습니다.

일반적인 블록 플레인도 날폭이 넓으니 비슷하지 않나라고 생각할 수도 있습니다. 하지만 일반 블록 플레인은 대팻집에서 날이 시작되는 지점까지 약간의 공백이 있습니다. 그래서 일반 블록 플레인으로 장부 측면을 가공하면 어깨로부터 그 공백만큼 가공되지 않습니다. 그러므로 일반 블록 플레인은 여기에 적합하지 않습니다. 따라서 저는 래빗 블록 플레인은 숄더 플레인과 블록 플레인이 하지 못하는 특별한 기능을 제공한다고 생각합니다.

래빗 블록 플레인이 장부 가공에만 도움이 되는 건 아닙니다. 이 대패는 다른 결구법에도 유용하게 사용될 수 있습니다. 그리고 이름에서 유추할 수 있듯이 일반 블록 플레인이 할 수 있는 거의 모든 일을 할 수 있습니다. 만일 당신이 아직 블록 플레인을 사지 않았다면, 래빗 블록 플레인을 먼저 사라고 권하겠습니다. 저는 이미 블록 플레인을 가지고 있기 때문에 새로 구입하는 래빗 블록 플레인은 약간의 기능이 중복됩니다. 그러므로 저는 이 새로운 녀석을 컬렉션에 포함시킬지 말지 고민하고 결정해야 합니다.

저의 상황에 근거하여, 저는 기능성 면에서 래빗 블록 플레인에 5점 만점에 2점을 주겠습니다. 만일 제가 숄더 플레인이나 블록 플레인을 가지고 있지 않다면 더 높은 점수를 주었을 겁니다.

2. 효율성
그 공구로 특정한 작업을 더 효율적으로 할 수 있나요?

장부를 미세 가공할 때는 숄더 플레인도 블록 플레인도 이상적인 도구가 아닙니다. 하지만 래빗 블록 플레인으로는 이 작업이 매우 효율적입니다. 몇 번만 왔다 갔다 하면 한 장부를 처리할 수 있기 때문에 프로젝트 진행을 빠르게 할 수 있습니다. 게다가 (리닐슨에서 파는 것 같은) 어떤 모델은 대팻날에 앞서 나무 섬유질을 잘라주는 니커(nicker)가 장착되어 있어, 뜯김이 없고 깨끗한 대패질을 가능케 합니다.

효율성 측면에서 저는 래빗 블록 플레인에 4점을 주겠습니다. 왜 그런지 설명하기 위해 실제 작업 시간을 측정해보았습니다. 숄더 플레인의 경우 장부를 미세 가공하고 한두 번 끼워보는 데 2분 정도 걸렸습니다. 하지만 래빗 블록 플레인의 경우 넓은 대팻집과 날 덕분에 그 절반밖에 걸리지 않았습니다. 예를 들어 4개의 프레임-패널 문짝[5]을 만든다면, 문짝당 4개의 장부가 필요하므로 총 16개의 장부 작업을 해야 합니다. 숄더 플레인으로 장부의 미세 가공을 한다면 32분 걸릴 것이, 래빗 블록 플레인으로 하면 16분으로 대폭 줄어듭니다. 물론 이건 대략적인 추정일 뿐입니다. 하지만 이것이 시사하는 바는 어떤 공정에 필요한 시간을 조금만 줄여도, 만일 그 공정의 횟수가 많아진다면, 전체적으로 큰 시간 절약 효과를 거둘 수 있다는 겁니다.

3. 정확성
그 공구로 작업의 정확도를 높일 수 있나요?

래빗 블록 플레인을 몇 번만 왕복하는 것으로 장부의 미세 가공을 할 수 있다는 사실을 상기해봅시다. 적은 수의 왕복이라는 것은 균일한 품질과 적은 실패로 해석될 수 있습니다. 대패로 장부 측면을 가공할 때는 몇 번 대패를 왕복했는지 세어야 합니다. 반대쪽 작업할 때도 동일한 횟수로 대패질을 해야 하기 때문입니다. 만일 이렇게 하지 않으면 장부가 각재의 중심에서 벗어나게 됩니다. 대패질 횟수가 적으면 세기도 쉽고 기억하기도 좋습니다. 그래서 쉽게 장부의 양 측면을 동일한 횟수로 대패질할 수 있습니다.

정확성 측면에서 저는 래빗 블록 플레인에 3점을 주겠습니다. 비록 적은 횟수의 대패질이 전체적인 정확도를 높이는 데 도움을 주지만, 대패질 횟수 세는 걸 놓치지 않는다면, 그리고 충분히 연습하여 경험을 쌓는다면 숄더 플레인으로도 정확하게 작업할 수 있습니다. 래빗 블록 플레인으로 정확도를 높일 수 있는 건 사실이지만 그렇게 큰 차이는 아닙니다.

---

5) 사각형의 프레임을 만들고 거기에 홈을 파서 얇은 패널(알판)을 끼워 만드는 문짝. 통 판재에 비해 휘거나 뒤틀림이 적고, 습도에 따른 수축/팽창이 거의 없어 문짝을 만들 때 널리 쓰이는 방식임.

4. 만족감
그 공구가 목공의 즐거움을 더해 줍니까?

의심의 여지없이 만족감이라는 척도는 와일드카드입니다. 만일 당신이 순수하게 과정을 즐기기 위해 목공을 한다면, 만족감은 다른 세 개의 척도보다 더 중요합니다. 예를 들어 어떤 공구가 앞의 세 항목에서 낮은 점수를 받았다고 합시다. 하지만 당신이 이 공구를 쓰는 것을 너무도 좋아한다면 어떨까요? 딱히 설명할 수 없는 이유로 그냥 좋은 경우가 종종 있습니다. 제 경우를 생각해보면, 저는 라우터로 장부 구멍을 파낸 다음 끌로 둥근 가장자리를 깎아 직사각형 형태로 만드는 것을 좋아합니다. 각끌기[6]를 사용할 수 있지 않냐고요? 하지만 확실히 저는 끌과 망치로 사각형 모서리를 만드는 데서 알 수 없는 만족감을 느낍니다. 궁극적으로 다른

---

6) 회전 날물을 사용하는 드릴이나 라우터는 둥근 구멍을 만들지만, 각끌기는 드릴과 함께 작동하는 사각끌을 가지고 있어 네모 구멍을 팔 수 있음.

숄더 플레인 ■ 숄더 플레인은 이름이 의미하듯 장부의 어깨 마구리면을 다듬는 데 제격입니다.

니커 ■ 래빗 블록 플레인에서 대팻날 앞쪽에 달린 둥근 칼날 모양의 니커는 대팻날에 앞서 섬유질을 잘라주기 때문에 결 직각방향으로 대패질하더라도 뜯김 없이 깨끗한 결과를 얻을 수 있습니다.

항목/공구 이름 :			
이 공구가 하는 일은 무엇인가요?			
☐ 판재 가공	☐ 조각		☐ 공방 정리
☐ 측정/표시	☐ 조립		☐ 안전 장비
☐ 결구	☐ 마감		
☐ 기타			

비슷한 목적의 공구를 이미 가지고 있습니까?
☐ 아니요 ☐ 예, _____ (와)비슷합니다.

이 공구가 왜 필요합니까? (해당되는 것에 모두 체크하세요)
☐ 이게 없으면 특정 작업을 할 수 없습니다.   ☐ 더 안전한 작업을 위해 필요합니다.
☐ 더 빠른 작업을 할 수 있습니다.   ☐ 이 공구가 있으면 더 편리합니다.
☐ 품질과 정확성을 높일 수 있습니다.   ☐ 그냥 갖고 싶습니다.

기준	점수(5점 만점)	가중치	합계
기능성	/5		
효율성	/5		
정확성	/5		
만족감	/5		
		총합계	/100
		구매 기준	
		구매 여부	☐ 예 ☐ 아니오

비고 :

항목/공구 이름 : 래빗 블록 플레인			
이 공구가 하는 일은 무엇인가요?			
☐ 판재 가공	☐ 조각		☐ 공방 정리
☐ 측정/표시	☐ 조립		☐ 안전 장비
☑ 결구	☐ 마감		
☐ 기타			

비슷한 목적의 공구를 이미 가지고 있습니까?
☐ 아니요 ☑ 예, 숄더 플레인과 블록 플레인 (와)비슷합니다.

이 공구가 왜 필요합니까? (해당되는 것에 모두 체크하세요)
☐ 이게 없으면 특정 작업을 할 수 없습니다.   ☐ 더 안전한 작업을 위해 필요합니다.
☑ 더 빠른 작업을 할 수 있습니다.   ☐ 이 공구가 있으면 더 편리합니다.
☑ 품질과 정확성을 높일 수 있습니다.   ☐ 그냥 갖고 싶습니다.

기준	점수(5점 만점)	가중치	합계
기능성	2/5	5	10
효율성	4/5	5	20
정확성	3/5	5	15
만족감	3/5	5	15
		총합계	60/100
		구매 기준	50
		구매 여부	☑ 예 ☐ 아니오

비고 : 숄더 플레인과 블록 플레인이 둘 다 없었으면, 아무 고민 없이 무조건 샀을 겁니다. 다소 기능이 중복되지만 구매기준 50점은 넘습니다. lie-nielsen.com에서 사보겠습니다~!

기준보다 만족감이 주는 그 잠재력을 더 중요하게 여긴다면, 다른 점수가 낮더라도 그 공구를 당신의 컬렉션에 포함시킬 수 있을 겁니다

만족감의 측면에서 저는 래빗 블록 플레인에 3점을 주겠습니다. 래빗 블록 플레인은 더 효율적이고 정확성을 제공하기 때문에 저를 기분 좋게 합니다. 게다가 숄더 플레인 같은 비슷한 공구에 비해 작업이 더 수월합니다. 그럼에도 불구하고 작업 과정의 만족감 측면에서는 저에게 그리 큰 즐거움을 주지 못합니다.

주관적인 판단 과정

지금까지 보아왔듯이 이건 매우 주관적인 판단 과정입니다. 당신이 가지고 있는 공구의 종류에 따라 융통성을 발휘할 수 있으며, 정확성과 효율성은 당신의 공구뿐 아니라 당신의 기술과 숙련도에 따라 달라집니다. 당신이 톱에 통달한 목공 무사라 할지라도, 다른 공구들을 같은 수준으로 다룰 수 있는 건 아닙니다.

마지막으로 만족감은 100% 개인적인 견해입니다. 많은 목수들이 손으로 장부 구멍을 파내는 데 만족감을 느끼는 반면, 저는 손으로 장부 구멍을 파내는 것보다 더 즐거운 일을 찾아보겠습니다. 다소 과장일지 모르지만 제가 무슨 얘기하는지 아실 겁니다. 우리 모두는 다른 목표, 다른 취향, 다른 기술 수준을 가지고 있습니다.

이런 일련의 질문들에 대해 점수로 매긴 평가서는 대상 공구의 이점과 얼마나 유용할지에 대해 비판적으로 생각하게 해줍니다. 만일 공구를 구입하는 체계적인 의사 결정을 원한다면, 각 척도별로 다른 가중치를 줄 수도 있습니다. 가중치가 곱해진 점수는 전체 점수에 합산되며, 이것은 그 공구를 사야 할지 말아야 할지 판단하는 기준이 됩니다. 위의 평가 예제에서는 각 척도에 대해 동일한 가중치를 부여했습니다. 즉, 이 네 가지 척도가 저에게 모두 같은 정도로 중요하다는 겁니다.

5점 만점 기준으로 기능성 2점, 효율성 4점, 정확성 3점, 만족감 3점을 주었으며, 모두 가중치 5를 주었기 때문에 총점은 100점 만점에 60점이 됩니다. 제가 구매 기준을 50으로 정했기 때문에, 이 공구의 평가 결과가 50점 이상이 되면 구입하게 될 겁니다. 위 예제의 경우 래빗 블록 플레인은 60점을 받기 때문에 기준을 성공적으로 통과했으며, 곧 저의 공구함에 자리 잡게 될 겁니다.

나만의 계산법 만들기

모든 사람은 각기 사물을 바라보는 방식이 다릅니다. 제가 3점으로 평가한 공구를 당신은 2점으로 평가할 수도 있습니다. 또한 당신은 구매기준을 50보다 더 높게 설정할 수도 있을 겁니다. 그리고 어떤 척도의 가중치를 다른 척도보다 더 높게 책정할 수도 있습니다.

구입 의사 결정 평가서의 효과를 최대한으로 끌어내려면 좀 더 깊이 연구해서 당신의 상황에 맞는 계산 방법을 만들어보아야 합니다. 구매 기준은 개인적인 판단입니다. 다행히 당신에게 맞는 구매 기준을 찾는 것은 무척 쉽습니다. 당신이 이미 가지고 있는 공구들을 이 테스트에 넣고 돌려보는 겁니다. 당신이 많이 사용하고 즐겁게 사용하는 공구들의 점수와 그리 많이 사용하지 않고 방치된 공구들의 점수를 비교해보세요. 이런 평가를 통해 고민할 것 없이 무조건 사야 하는 높은 점수들과 사지 않아도 될 낮은 점수들의 선명한 기준을 세울 수 있을 겁니다. 이런 일련의 연습을 통해 평가의 효율성을 더 높일 수 있습니다. 당신이 아무 생각 없이 제가 정한 50점을 구매 기준으로 받아들인다면, 꼭 필요한 공구인데 놓칠 수도 있고, 더 나쁘게는 필요하지 않은 공구인데 구입하게 될 수 있습니다.

평가 기준이 당신의 상황을 더 잘 반영하도록 하기 위해

평가 척도의 가중치를 수정할 수 있습니다. 저는 단순한 예시로 각 척도에 대해 모두 5점의 가중치를 주었습니다. 이렇게 하면 총점이 100점이 되어 계산이 단순합니다. 다른 방법으로 가중치를 주지 말고 아예 1점에서 25점까지 점수를 주는 방법도 생각할 수 있습니다. 하지만 이렇게 하면 복잡하기만 하고 판단에 큰 도움이 되지는 않습니다. 저의 경우 1점에서 5점까지 점수를 매기는 것이 머리가 복잡하지 않아 좋습니다. 척도별 점수에 5라는 동일한 가중치를 곱해주면 100점 만점이 됩니다. 동일한 가중치를 준다는 의미는 기능성, 효율성, 정확성, 만족감이 모두 똑같은 정도로 중요하다는 겁니다. 하지만 만일 제가 여유로운 은퇴자여서 효율성보다는 만족감이 훨씬 더 중요하다면 간단하게 만족감에 대한 가중치를 6으로 올리고, 효율성의 가중치를 4로 내리면 됩니다. 이렇게 하면 평가 과정에서 만족감과 효율성에 똑같은 2점을 주었다 하더라도, 가중치가 반영되면 만족감은 12점이 되고 효율성은 8점이 됩니다. 이런 식으로 좀 더 고민해보면 당신에게 맞는 정확하고 효율적인 가중치들을 찾아낼 수 있을 겁니다. 총점이 100점이 될 수 있도록 하는 범위에서 이 가중치들은 얼마든지 조정할 수 있습니다. 대신 당신이 어떤 범주의 가중치를 올렸다면 다른 범주의 가중치를 그만큼 내려야 합니다.

이렇게 복잡한 방법으로 공구를 살지 말지 결정하는 게 맘에 들지 않을 수도 있습니다. 하지만 이렇게 문제를 잘게 쪼개어 들여다보는 것이 최대한 객관적으로 평가할 수 있는 유력한 방법입니다. 오히려 이런 간단한 계산이 이리저리 헤매고 망설이다 허비하는 고민의 시간을 줄여줄 겁니다. 아 물론 실제로 돈을 들여 공구를 구입하느냐는 별개의 문제입니다.

저의 추천 공구들

자 이제 당신은 앞으로 공구를 사는 판단의 기준이 되는 평가표를 가지게 되었습니다. 하지만 여러분의 시간을 절약하기 위해 기본적인 필요 공구들에 대해 추천해드릴 수 있습니다. 비록 이 책이 당신이 기본적인 기계들에 익숙하다는 걸 전제로 하고 있지만, 제가 느끼기에 판재를 가공하고 결구를 만드는 데 필요한 기본적인 기계들을 간단히 리뷰하는 시간을 가지도록 하겠습니다. 그런 다음에 수공구 세계로 시선을 돌려서 꼭 필요한 것들을 조명해보도록 하겠습니다. 제 생각에 이들 수공구는 하이브리드 목수가 아니라면 찾지 않을 것들입니다. 모든 사람은 다르기 때문에 당신의 상황과 선호에 따라 저의 추천 공구가 당신에게 유용한 것일 수도 또는 쓸모없는 것일 수도 있습니다. 제가 고려해볼 만하다고 판단한 공구들이 하이브리드 목공방에서 적어도 당장은 필요 없는 것으로 결론날 수도 있습니다.

저의 공구 추천이 결코 완벽하거나 절대적인 것은 아닙니다. 저의 제안은 가구를 만들면서 쌓였던 저의 개인적인 경험과 작업 방식을 기반으로 합니다. 그냥 저의 제안 목록을 출발점과 기초 자료로서 활용하시면 됩니다. 당신의 성공적인 목공 커리어는 당신의 독자적인 노선에 의해 만들어집니다. 모든 것을 고려하고 난 다음 만들어진 당신의 공구 목록들은 저와 상당히 다를 겁니다. 또한 당신의 공구 목록은 당신의 수요가 달라지거나 뛰어난 장인으로 진화하는 과정에서 자연스럽게 바뀌게 될 겁니다. 저의 목표는 당신에게 어떤 공구가 유용한지, 그리고 왜 그런지 이해할 수 있게 도와주는 겁니다. 더불어 어떤 공구들이 지나치게 중복되어 결국엔 먼지를 뒤집어쓴 채 공구장 선반에 처박힐 운명인지 알게 하는 겁니다.

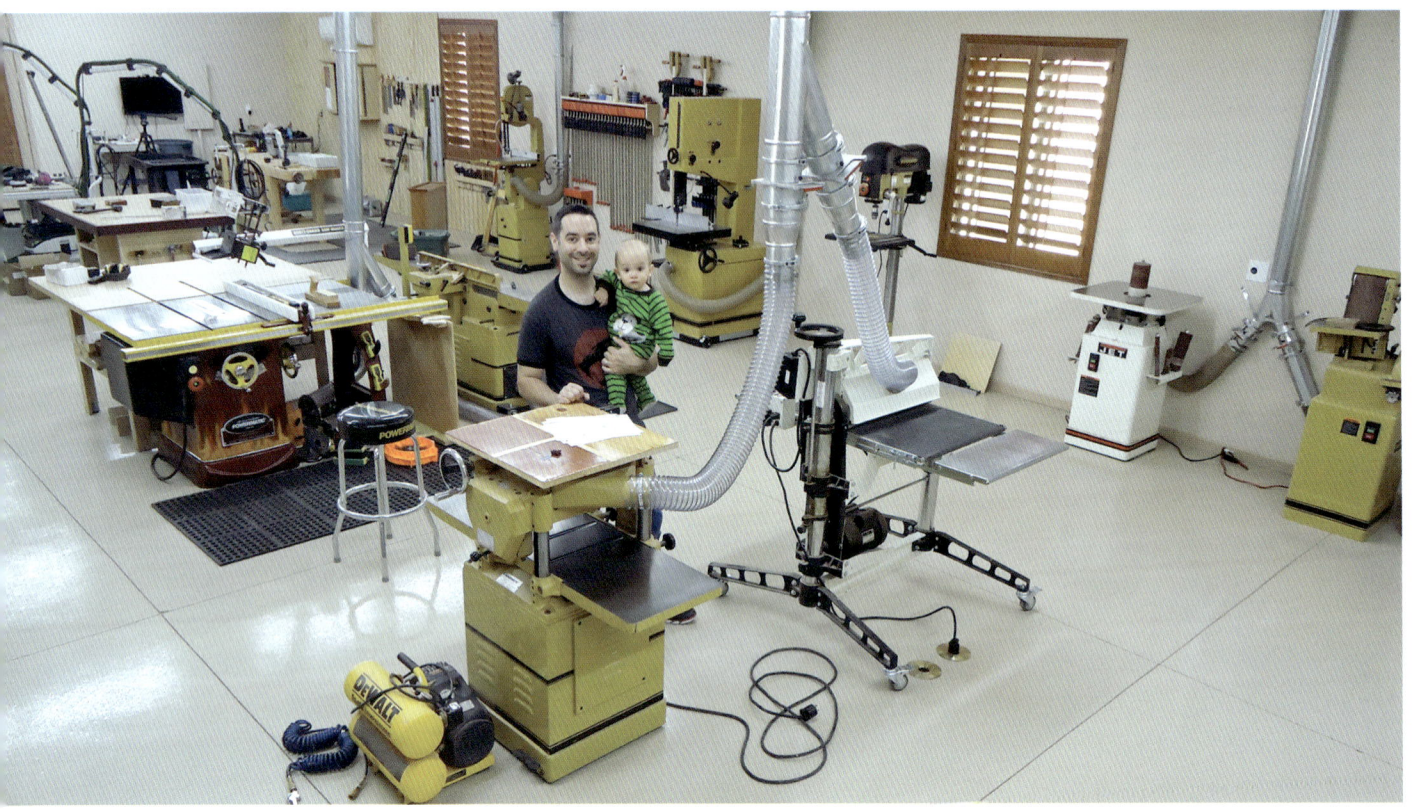

기계로 가득 찬 공방 ■ 제 공방은 전형적인 목공 기계들을 다 갖추고 있습니다. 공방 출입문과 테이블쏘 사이에는 작업대와 수공구 영역이 있습니다. 기계들에 비하면 매우 작은 공간을 차지합니다.

■ 전동공구와 기계 : 기초

각 전동공구에 대해 알아보기 전에, 거친 판재로부터 완성 단계에 이르는 프로젝트 전체 과정을 요약하여 설명하고자 합니다. 이를 통해 각 공구와 관련된 맥락을 이해할 수 있으며, 왜 그 공구가 성공적인 프로젝트를 위해 필수적인지 알게 될 겁니다.

저는 거친 원목을 대충 자르는 용도로 직쏘(jigsaw)를 사용합니다. 거기서 만일 필요하다면 넓은 판재를 대충 필요한 폭으로 켜기 위해 밴드쏘를 사용합니다. 다음으로 그 판재를 들고 수압대패로 가 앞면 하나와 옆면 하나를 깨끗하게 대패 칩니다. 이어서 자동대패를 이용하여 가공된 한 면과 평행을 유지하도록 다른 면의 평을 잡습니다. 그러면서 원하는 두께까지 깎아냅니다. 이제 테이블쏘에서 최종적인 폭으로 켭니다. 다음으로 각도절단기나 테이블쏘를 이용하여 원하는 길이로 판재를 자릅니다.[7] 여기부터는 프로젝트에 따라 다른 과정을 거치게 됩니다.

일반적으로 저는 장부 구멍만 라우터로 가공하고, 나머지 결구 작업은 테이블쏘에서 합니다. 만일 프로젝트가 합판이나 기성 집성 판재를 사용한다면 커다란 4×8 원장[8]을 다루기 쉬운 크기로 자르기 위해 원형톱을 사용합니다. 그런 다음 더 정밀한 재단을 위해 테이블쏘를 이용합니다. 테이블쏘에서는 반턱과 홈 파기[9] 작업도 할 수 있습니다.

이런 시스템에서 수공구는 일반적으로 결구 부위를 미세 가공하여 완벽한 결합이 되도록 하고, 마감을 하기 전 표면을 매끈하게 다듬는 용도로 사용됩니다. 수공구는 향상된 정밀도와 더 매끈한 표면을 제공하면서도, 기계 위주의 공방에서 흔히 볼 수 있는 소음과 샌딩 먼지를 대폭 줄여주는 역할도 합니다. 손아귀 힘으로 움직이는 스크래퍼와 대패로 상당히 매끈한 표면을 만들 수 있기 때문에, 마감 작업을 하기 전에 랜덤 오비탈 샌더(random orbital sander)에 #220 사포를 붙여 한 번만 살짝 샌딩해주면 됩니다.

---

7) Wood Whisperer Ep.6 - How to Mill Lumber Using a Jointer 참고.

8) 공장에서 만들어진 합판이나 집성판재는 보통 4×8ft 크기이고 이를 원장이라고 함. mm 단위로 환산하면 1,220×2,440mm로 매우 크기 때문에 혼자서 작업한다면 테이블쏘보다는 원형톱이 더 효율적임.

9) 영어로는 결직각 방향으로 홈을 파는 다도(dado)와 결방향으로 홈을 파는 그루브(groove)를 구분하지만, 한국어로 구분하는 단어가 없어 홈이라고 통칭함. 구분이 필요할 경우에는 다도와 그루브로 표현함.

공방의 심장? ■ 테이블쏘는 강력하면서도 다재다능한 기계입니다. 제 테이블쏘는 정교한 펜스와 큰 판재를 다루기 위한 확장 테이블을 갖추고 있습니다. 확장 테이블은 가구를 올려놓고 마감할 때도 쓰입니다.

물론 이런 일반적인 작업 흐름에서 언급되지 않은 다른 공구들도 있습니다. 하지만 저는 판재 가공, 결구, 마감 준비에 이르는 과정에 필요한 공구들에만 집중하고자 합니다. 즉, 공방에 갖추어야 할 모든 공구들을 다루고자 하는 건 아닙니다. 이 장의 끝부분에서 하이브리드 목공의 범주에 들지는 않지만 나름 중요하다고 생각되는 공구들에 대해서도 따로 다룰 예정입니다.

테이블쏘

저는 늘 테이블쏘가 공방의 심장이라고 얘기해왔습니다. 어떤 목수들은 이에 동의하지 않을 수도 있지만, 적어도 테이블쏘가 다재다능하다는 점에 대해서는 이견이 없을 겁니다. 불행하게도 이 멋진 기계는 잘못 사용할 경우 몇 밀리 초 안에 작업자에게 치명적인 상해를 입힐 수도 있습니다. 라이빙 나이프(riving knife) 또는 스플리터(splitter), 톱날 덮개, 상황에 맞는 푸쉬 스틱, 그리고 적절한 자신감이 있다면 테이블쏘는 어떤 하이브리드 목공방에서도 환상적인 추가 구성품이 될 겁니다.

테이블쏘 사용법

테이블쏘는 펜스 하나만 가지고도 정해진 폭으로 판재 켜기, 홈 파기, 반턱 가공하기 등의 다양한 주요 작업들을 할 수 있습니다. 여기에 마이터 게이지가 추가되면 판재를 원하는 길이로 자르기, 연귀 가공, 장부 가공, 반턱 맞춤 가공 등 더 많은 작업들을 할 수 있습니다. 테이블쏘는 톱날을 기울일 수 있어 0~45도 범위에서 경사면을 가공할 수도 있습니다. 이런 기능들은 어떤 테이블쏘에서도 가능한 기본적인 것들입니

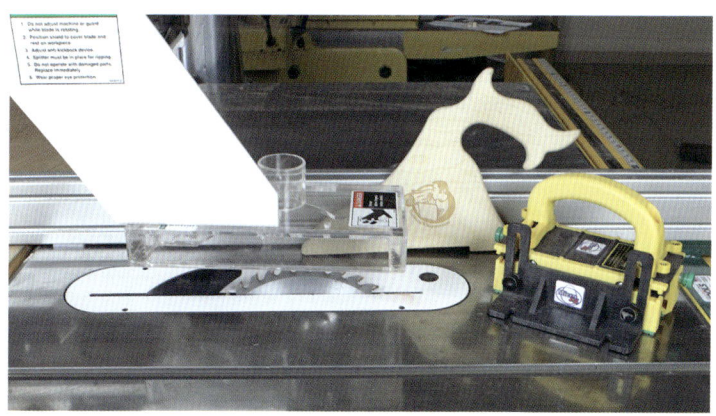

안전한 작업! ■ 테이블쏘는 잘못 사용하면 매우 위험합니다. 톱날 덮개, 라이빙 나이프, 푸쉬 스틱, 푸쉬 블록, 페더보드 등 작업에 따라 적절한 안전 도구들을 사용해야 합니다.

마이터 게이지 ■ 따로 구입할 수 있는 마이터 게이지를 이용하여 테이블쏘를 더 유용하고 정확하게 쓸 수 있습니다. 단순한 자르기, 사선 자르기 등 복잡한 결구 가공이 가능합니다.

하이브리드 목공 23

다. 만일 당신이 지그와 장치들을 만든다면 그 가능성은 곱절로 늘어납니다. 예를 들어 박스 조인트 지그(box-joint jig), 테이퍼링 지그(tapering jigs), 곡면 몰딩 지그(cove-moulding jigs), 솟은 패널[10] 지그(raised panel jigs), 장부 지그(tenoning jigs), 자르기 썰매(crosscut sleds) 등이 가능합니다. 그 가능성의 한계는 오직 당신의 상상력과 공학 지식에 달려 있습니다.

테이블쏘의 다재다능함을 수공구 세계에서 대적하려면 다양한 공구들(크고 작은 톱들, 크고 작은 대패들, 끌들 그리고 지그들)이 필요할 뿐 아니라, 시간과 끈기, 그리고 그것들을 효율적으로 사용할 기술이 필요합니다. 만일 당신이 어려운 수공구만의 길로 가고자 한다면, 저는 기꺼이 당신의 헌신에 박수 치겠습니다. 하지만 일반적인 목수들이 어렵지 않게 테이블쏘의 기초를 배울 수 있으며, 이를 통해 빠른 작업이 가능하다는 것은 논쟁의 여지가 없습니다. 이런 이유로 저는 기계만 사용하는 공방이든, 하이브리드 공방이든 관계없이 테이블쏘는 여전히 공방의 심장이라고 생각합니다.

어떤 하이브리드 목수들에게는 테이블쏘의 두 가지 단점이 꺼림칙할 수 있습니다. 첫째, 테이블쏘는 공방의 중심에 떡하니 놓여 많은 공간을 차지한다는 점이고, 둘째는 다소 위험할 수 있다는 점입니다. 아직 서툴거나 가끔씩 쓰는 분들에게는 특히 위험합니다.

공방에서 주로 하는 프로젝트의 종류에 따라 한쪽 벽에 붙여 놓는 슬라이딩 각도절단기를 이용하거나, 안 쓸 때는 한쪽에 치워둘 수 있는 포터블 테이블쏘를 사용함으로써 어느 정도 공간 문제는 해결할 수 있습니다. 어떤 테이블쏘를 가지고 있거나 구입할 계획이 있다면 그것이 높은 수준의 안전장치를 가진 것인지 반드시 확인해야 합니다. 스플리터도 좋지만 라이빙 나이프가 더 낫습니다. 라이빙 나이프는 나뭇조각이 회전하는 톱날의 뒤쪽에 닿지 않도록 해 킥백의 위험을 막아줍니다. 게다가 라이빙 나이프는 스플리터와 달리 톱날이 아래위로 움직일 때 따라 움직이기 때문에 그것을 제거할 필요가 거의 없습니다.[11] 톱날 덮개는 단순하지만 매우 중요한 보호 기능을 제공합니다. 톱날 덮개는 당신의 손가락이 톱날에 닿지 않게 하기 때문에 손가락이 잘릴 위험을 막아줍니다. 명심해야 할 것은 저렴한 테이블쏘는 보통 조잡한 톱날 덮개가 설치되어 있다는 겁니다. 제 경험에 의하면 이런 조잡한 톱날 덮개는 차라리 없는 것만 못합니다. 그러므로 당신의 테이블쏘에 달려 있는 톱날 덮개가 잘 만들어진 것인지, 신뢰할 만한지, 그리고 쉽게 떼어내고 교체할 수 있는지 면밀히 확인해야 합니다.[12]

제가 쓰는 테이블쏘

저의 첫 테이블쏘는 Craftsman의 컨트랙터(contractor)[13] 모델이었습니다. 이건 아내가 선물로 사준 거였는데, 그녀가 원하는 것들을 만들어달라는 명시적인 압력도 포함되었습니다. 비록 힘은 달렸지만 얇은 폭(thin kerf)의 톱날로 바꾸고 나니 모터에 주는 부하가 줄어 제법 쓸 만했습니다. 시간이 흐르면서 저의 목공 기술과 더불어 좋은 기계를 알아보는 능력이 향상되었는데, 이 테이블쏘의 펜스가 톱날과의 평행을 안정적으로 유지하지 못한다는 것도 알게 되었습니다. 사실 저는 저의 형편없는 결과물을 보면서 저의 기술이 부족하다고 생각했지, 기계에 문제가 있으리라 생각지 못했습니다. 저는 "서투른 목수가 연장 탓을 한다."는 격언을 믿는 계파의 일원이기에 외부의 영향을 탓하기보다는 자신을 먼저 성찰했습니다. 하지만 정말 도구에 문제가 있다면 이 격언은 적용되지 않습니다. 펜스를 개선하기 위해 별별 노력을 다 해보았지만 효과가 없었습니다. 테이블쏘를 새로 살 여유는 없었기 때문에 저는 돈을 모아 별도로 판매되는 펜스 시스템을 구매했습니다. 새 펜스는 잘 작동되었고 더불어 저의 작업 결과물도 비약적으로 좋아졌습니다. 저의 목공 취미가 집착으로 바뀌고 나중에는 저의 직업이 되었기에 5마력의 Powermatic 캐비

---

10) 프레임의 홈에 끼울 수 있도록 패널의 가장자리를 라우터나 대패로 깎아내어 두께를 줄인 것. 자연스럽게 패널의 가운데가 튀어나와 보이며 집에 흔히 있는 문에 많이 사용되는 형태임.

기계로 가득 찬 공방 ■ 제 공방은 전형적인 목공 기계들을 다 갖추고 있습니다. 공방 출입문과 테이블쏘 사이에는 작업대와 수공구 영역이 있습니다. 기계들에 비하면 매우 작은 공간을 차지합니다.

11) 스플리터는 톱날과는 별도로 고정되어 있는 방식이라 홈 파기 가공 등을 할 때는 스플리터를 제거해야 함. 반면 라이빙 나이프는 톱날과 같이 움직이므로 홈 파기 가공 시에도 제거할 필요가 없음.

12) Wood Whisperer Ep.51 - Shop Safety: Tablesaw Experience 참고.

13) 테이블쏘는 크기/구조/기능에 따라 여러 등급으로 나뉘는데, 컨트랙터급은 고정식 테이블쏘 중 가장 작은 급에 속함. 주로 집에서 취미로 목공하는 이들이 사용하지만, 펜스의 정밀도나 집진 성능이 떨어짐. 포터블 테이블쏘에 네 개의 다리를 부착한 모양임.

얇은 두께의 톱날

만일 당신의 테이블쏘 모터의 힘이 3마력보다 작다면, 얇은 두께의 톱날을 사용해보세요. 상당한 정도의 성능 향상을 경험하게 될 겁니다. 일반적인 톱날의 두께는 3.2mm(1/8")입니다. 조금만 생각해보면 카바이드 팁이 높은 밀도의 하드우드를 치고 들어가는 것이 만만치 않음을 알게 됩니다. 얇은 두께의 톱날은 2.4mm(3/32") 정도여서 25% 정도 더 얇습니다. 이렇게 줄어든 톱날 두께는 불꽃 그림이 그려진 괴물 같은 5마력 테이블쏘가 아니라도 두꺼운 나무를 비교적 수월하게 자를 수 있게 합니다. 작은 저항은 작은 마찰, 모터의 작은 부담, 그리고 나무 절단면을 태우는 경우도 적어짐을 의미하여 전체적으로 좋은 결과를 만듭니다. 그래서 당신의 테이블쏘가 두꺼운 나무를 자를 때 빌빌댄다고 생각되면 얇은 두께의 톱날로 바꿔보세요. 당신의 테이블쏘를 달리 보게 될 겁니다.

주의할 점 : 만일 얇은 두께의 톱날로 바꾸기로 했다면, 스플리터나 라이빙 나이프도 그에 맞게 바꿔야 합니다. 일반적인 두께의 톱날과 같이 사용되던 스플리터나 라이빙 나이프를 그대로 사용하면 얇은 톱날이 만들어내는 좁은 공간 때문에 스플리터나 라이빙 나이프에 걸리게 될 겁니다.

얇은 것이 좋다 ■ 얇은 두께의 톱날은 나무를 절약하고 모터의 부하를 줄일 수 있습니다.

닛 테이블쏘(PM2000)[14]로 업그레이드 했습니다.

싸고 힘이 약하다고 평가되는 아주 작은 포터블 테이블쏘로도 멋진 작품을 만들어내는 사람들이 많기 때문에, 어떤 테이블쏘를 사라고 추천하기가 망설여집니다. 하지만 개인적으로 캐비닛 테이블쏘를 사고 나서 저의 공방 생활이 매우 즐거워졌습니다. 전문적인 공방이라면 캐비닛 테이블쏘가 현명한 선택입니다. 하지만 취미 공방이라면 예산이나 개인적 취향이 더 중요합니다. 테이블쏘는 하이브리드 목공 방법론에서 필요한 모든 절단 작업을 할 수 있습니다. 따라서 테이블쏘를 아주 많이 사용하게 될 것이므로 항상 정교한 세팅과 청결이 유지되어야 합니다.

라우터

테이블쏘가 고정형 기계 분야에서 다재다능한 강자라면, 라우터는 이동형 기계 분야에서의 강자입니다. 라우터가 할 수 있는 현란한 결구 가공과 기능들을 생각해볼 때, 그 구조는 놀랍게도 단순합니다. 회전하는 작은 모터에 절삭 비트가 달려 있을 뿐입니다. 판재 가공, 결구 가공, 모서리 가공, 상감(inlay) 장식을 위한 홈 파기 등은 라우터가 할 수 있는 기능의 일부분일 뿐입니다. 한 단계 더 업그레이드하고 싶나요? 그렇다면 라우터의 위아래를 뒤집어 테이블에 고정하고 펜스를 설치하세요. 그러면 면취기(wood shaper)의 기능도 할 수 있습니다.

라우터는 공방의 필수품 ■ 라우터는 공방에서 가장 다재다능한 손에 쥐고 쓰는 기계입니다. 플런지 라우터는 결구 가공, 판재 가공, 모서리 가공, 장식 가공 등의 작업이 모두 가능합니다.

라우터 사용법

제가 처음 라우터를 구입했을 때는 단지 모서리를 둥글게 가공하거나, 사선으로 가공하는 용도로만 사용했습니다. 그러다 라우터가 결구 가공에도 쓰일 수 있다는 잠재력을 깨닫는 데는 그리 오래 걸리지 않았고, 이때부터 라우터를 완전히 새로운 시선으로 바라보게 되었습니다. (라우터를 사면 같이 딸려오는) 엣지 가이드(edge guide)[15]를 이용하면 매우 쉽게 깨끗하고 일률적인 장부 구멍을 빠르고 효율적으로 파낼 수 있습니다. 또한 라우터는 다도/그루브 홈 파기, 반턱 가공에도 무척 강한데, 테이블쏘에서 할 수 없는 상황이거나

---

14) 캐비닛 테이블쏘는 대형 테이블쏘로 모터 및 집진부가 아래 밀폐형 캐비닛에 설치되고, 큰 테이블이 얹어져 있는 형태임. 주로 공방에서 사용함.

15) 한쪽 끝은 판재의 옆면에 기대고 다른 쪽 끝은 라우터의 아랫부분에 고정되는 형태의 가이드로 판재 옆면과 평행하게 라우터를 이동시킬 수 있게 하는 장치.

하이브리드 목수의 공구들

가난한 이의 CNC? ■ 멋진 CNC 기계는 아니지만, 잘 세팅된 라우터와 지그만 있다면 수압/자동대패의 처리 능력을 넘어서는 크고 거친 판재의 평을 잡을 수 있습니다.

라우터 테이블 ■ 테이블 아래에 장착된 라우터는 면의 모양을 깎고, 결구를 가공하고, 모서리를 다듬는 등 더 다양한 기능들을 제공합니다.

컴팩트한 라우터 ■ 트리머는 이미 조립된 가구의 모서리를 가공하거나 좁은 공간에서 작업할 때 매우 유용합니다.

위험한 경우에는 라우터가 좋은 대안이 됩니다. 아주 많은 서랍을 만들어야 하는 상황이라면 저는 주로 라우터와 도브테일 지그를 이용하여 일을 처리합니다. 아주 넓은 판재의 평을 잡아야 한다면 수동 CNC 기계와 흡사하게 두 개의 평행한 레일로 구성된 라우터 지그를 사용[16]하면 됩니다. 길이 2,400mm에 폭 600mm에 이르는 거대한 저의 작업대 상판도 라우터 평 잡기 지그로 가공되었고 결과도 매우 만족스러웠습니다. 좀 더 섬세한 측면을 보자면 라우터는 우아하고 예술적인 상감(inlay)을 위한 홈 파기도 할 수 있습니다.

제가 쓰는 라우터

목수들은 갖고 싶은 걸 필요한 것으로 둔갑시키는 데 능합니다. 실제 목수들은 단 하나의 라우터만 있으면 됩니다. 좋은 품질의 2.25마력 플런지[17] 라우터 정도면 당신이 하고자 하는 모든 것을 다 할 수 있습니다. 하지만 워낙 라우터가 여러 방면으로 사용되다보니 각 작업에 할당되어 세팅된 전용 라우터 몇 개가 있으면 더 편리하긴 합니다. 이런 이유로 우리 주위에서 10개 이상의 라우터를 가진 목수들을 볼 수 있는 겁니다. 제 생각에도 10개는 과하다고 생각됩니다. 하지만 보통의 경우 3개의 라우터를 갖추는 것이 최적이라고 생각합니다. 그 세 가지는 플런지 라우터, 라우터 테이블에 설치된 튼튼한 라우터, 그리고 가볍고 섬세한 작업을 위한 트리머(trimmer)[18]입니다.

1/2", 1/4" 비트를 장착할 수 있는 2.25마력 가변속도 플런지 라우터는 다양한 단면과 결구 모양을 가공하는 데 사용될 수 있습니다. 이 라우터는 손으로 쥐고 고정된 나무 위를 움직이면서 가공하는 방식입니다. 라우터 테이블의 경우는 이와 반대로 라우터는 고정되어 있고 나무를 움직이면서 가공하는 방식입니다. 라우터 테이블에 사용되는 라우터는 솟은 패널 비트와 패턴 비트[19]를 사용할 수 있도록 적어도 3마

---

16) 수압/자동대패가 가공할 수 있는 폭의 제한이 있기 때문에, 이를 초과하는 넓은 폭의 판재의 평을 잡을 수 없음. 이럴 경우 CNC를 이용하여 평을 잡는 것이 보통이나 라우터 지그를 사용하면 다소 지루하더라도 CNC기 없는 공방에서 큰 판재의 평을 잡을 수 있음.

17) 플런지(plunge) 기능은 날물을 수직으로 내릴 수 있는 기능으로, 플런지 베이스를 단 라우터는 판재의 중간부터 가공하거나, 가공 깊이를 손쉽게 조정할 수 있음.

18) 우리나라에서는 주로 '트리머'라고 부르지만, 기능적으로는 라우터와 다르지 않고, 모터의 힘이나 콜렛의 크기만 차이날 뿐이기 때문에 미국에서는 작은 라우터(small palm router)라고 부름.

19) 원통 모양의 비트에 같은 직경의 베어링이 위, 아래 또는 위/아래 모두에 달려 있어 미리 만들어둔 패턴을 따라 판재의 모양을 가공할 수 있는 비트.

력 이상의 강력한 힘을 가지고 있으며 다양한 크기의 비트를 사용할 수 있는 전용 라우터를 쓰는 게 좋습니다. 제가 추천하는 세번째 라우터는 거대한 테이블용 라우터의 대척점에 있는 것으로서 아주 작은 크기의 트리머입니다. 어떤 경우는 공간이 나오질 않아서 큰 플런지 라우터를 사용하지 못할 경우도 있는데, 이럴 때 트리머가 제 역할을 합니다. 모서리를 부드럽게 다듬어야 할 판재들이 산더미처럼 쌓여 있을 때도 트리머가 딱 좋습니다. 가볍기 때문에 한 손으로도 다룰 수 있으며 따라서 오래 작업해도 피로가 덜 합니다.

밴드쏘

밴드쏘는 직선과 곡선을 모두 자를 수 있는 공방의 필수 절단 기계입니다. 밴드쏘의 구조는 단순합니다. 얇은 띠 모양의 톱날이 원형으로 이어져 있고, 이것이 두 개의 큰 바퀴에 걸려 회전하는 방식입니다. 작업물은 이 두 개의 바퀴 사이에 위치하게 되며, 바퀴에 걸려 회전하는 톱날로 작업물을 밀어 절단합니다. 밴드쏘 톱날은 용도에 따라 작업물의 재질에 따라 다양한 구성과 크기를 가지고 있습니다.

테이블쏘의 위험성이 잘 알려지게 되면서 하이브리드 목수를 포함한 다수의 목수들이 테이블쏘 대신에 밴드쏘를 더 많이 사용하기도 합니다. 밴드쏘로 테이블쏘를 대신하려면 창의적인 해법과 세팅의 변경이 필요합니다. 하지만 어떤 사람들은 안전하기만 하다면 이런 번거로움 정도는 감내할 수 있다고 생각합니다. 저는 저의 테이블쏘를 팔아 치울 생각은 없습니다. 하지만 밴드쏘를 점점 더 많이 사용하게 되는 저를 발견하게 됩니다. 이 말은 밴드쏘의 기능이 매우 다양하다는 것을 의미합니다.

밴드쏘 사용법

저는 밴드쏘로 네 가지 작업을 합니다. 켜기, 리쏘잉, 곡선 자르기, 결구 가공하기 등입니다.

켜기는 나무의 결방향으로 절단하는 작업으로 판재의 폭을 줄이게 됩니다. 켜기는 보통 테이블쏘에서 하는 작업입니다만 안전이 우려될 때는 밴드쏘를 사용합니다. 테이블쏘에서 안전하게 켜려면 그 판재에 하나의 평평한 넓은 면과 평평한 옆면이 있어야 합니다. 그렇지 않으면 테이블쏘 정반과 펜스에 밀착되지 않아 킥백이 발생할 수 있습니다. 게다가 나무를 길게 켤 때는 경우에 따라 켜고 난 끝 부분이 서로 붙는 경향이 있습니다. 이렇게 되면 켜는 판재가 톱날의 뒷부분을 치고 들어갈 수 있기 때문에 킥백이 일어날 가능성이 높아집니다. 그래서 저는 아직 대패 치지 않은 거친 판재일 경우 밴드쏘로 켭니다. 켜는 과정에서 이 판재가 휘는 것을 발견할 수 있지만, 밴드쏘로 켤 때는 킥백이 발생하지 않습니다. 그

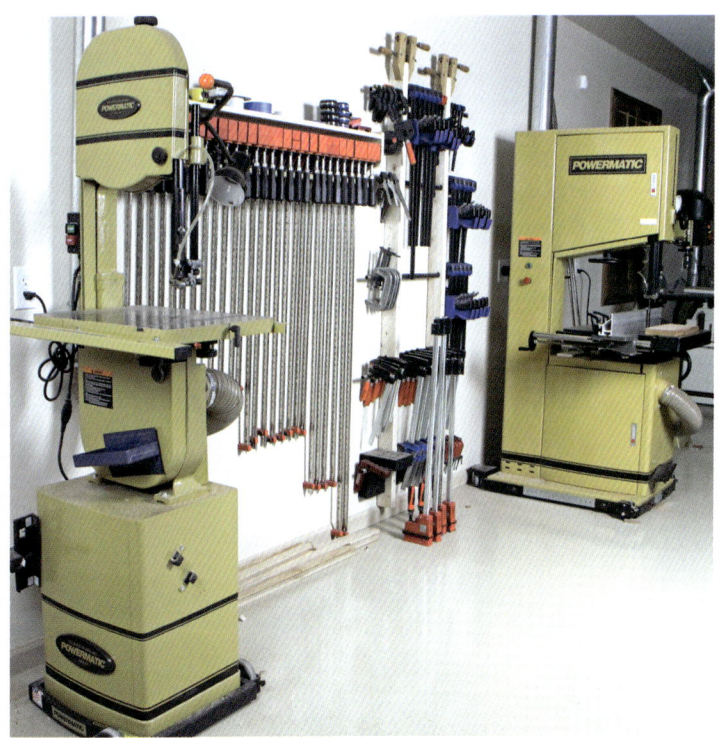

즐거움을 두 배로 ■ 제 공방에는 두 개의 밴드쏘가 있습니다. 14인치 밴드쏘는 급격한 곡선을 절단할 수 있으며, 24인치 밴드쏘는 리쏘잉과 완만한 곡선을 자를 수 있습니다.

리쏘잉 ■ 3마력의 모터와 잘 연마된 톱날을 장착한 24인치 밴드쏘는 넓은 판재을 얇게 켜서 빠르게 베니어를 만들 수 있습니다.

리고 이를 통해 이 판재가 성질이 고약한 놈이라는 걸 알게 되고 이후 작업 시 각별히 더 주의를 하게 됩니다. 판재의 평과 직각을 다 잡은 이후에는 테이블쏘를 이용하여 최종 크기로 정밀 재단할 수 있습니다.

리쏘잉(resawing)[20]은 켜기와 비슷하지만 두꺼운 판재를 얇은 두 개의 판재로 가르는 걸 뜻합니다. 리쏘잉을 통해서 우리는 공방에서 직접 얇은 베니어를 만들 수 있습니다. 상업적으로 판매되는 베니어는 보통 0.8mm 정도의 두께지만, 공방에서 만드는 베니어는 샌딩까지 마치고 나면 2.5mm 정도로 만들어집니다. 이 정도는 두꺼워야 베니어에 본드를 발라 무늬목 작업을 해도 만족스런 내구성을 보장할 수 있습니다. 베니어를 당신의 작품에 활용할 수 있다면 작품 제작에 새로운 가능성의 세계가 열리는 격입니다. 현란한 무늬의 아름다움과 비싸고 귀한 수종의 고급스러움을 당신의 작품에 맘껏 표현할 수 있기 때문입니다. 독보적인 아름다움을 가진 판재를 하나만 가지고 있다 할지라도, 이것을 리쏘잉 후 베니어를 만들어 테이블 상판에 펼쳐 붙이면 기분이 매우 좋습니다.

곡선 절단이 필요한 경우는 언제나 밴드쏘가 해결사 역할을 합니다. 밴드쏘에 좁은 폭의 톱날을 쓸 경우 스크롤쏘처럼 복잡한 모양과 급격한 커브를 자르는 데 사용할 수 있습니다. 제 공방에서는 주로 길고 완만한 곡선을 자르는데, 이 경우 19mm 폭의 톱날을 써도 무방합니다.

밴드쏘에서 결구 가공을 하는 건 매우 재밌는 일입니다만 때로는 고정관념을 깨야 할 때도 있습니다. 쉽게 생각할 수 있는 인기 있는 두 가지 결구법은 (뒤의 기술 부분에서 다룰) 주먹장과 장부 결합입니다. 하이브리드 방법론을 밴드쏘에 적용하여 이 두 결구를 가공하는 것은 다른 어떤 방법에도 뒤지지 않는 매우 빠르고 효율적인 방법입니다.

제가 쓰는 밴드쏘

저는 두 개의 밴드쏘를 가지고 있는데, 하나는 24인치 모델이고, 다른 하나는 14인치 모델입니다. 24인치 밴드쏘는 켜기와 리쏘잉 전용으로 사용되는데, 19mm 폭에 카바이드 팁으로 무장한 톱날을 사용합니다. 이 밴드쏘의 테이블은 크고 넓어서 덩치 큰 거친 판재들도 올려놓고 작업할 수 있습니다. 작은 14인치 밴드쏘는 주로 곡선 절단과 다른 일반적인 자르기 용도로 사용됩니다. 이 밴드쏘에는 6mm 폭의 얇은 톱날이 장착되어 있기 때문에 급격한 곡선도 절단할 수 있습니다. 대부분의 목수들은 하나의 밴드쏘만 가지고 있는 경우가 많습니다. 그래서 작업에 따라 톱날을 교체하기도 합니다. 만일 제가 하나의 밴드쏘만 가지고 있다면 범용으로 사용할 수 있는 12mm 폭, 3TPI,[21] 후크 모양[22]의 날어김[23]이 적은 톱날을 사용할 겁니다. 이 정도의 톱날이면 웬만한 곡선 절단을 할

---

20) Wood Whisperer Ep.16 - How to Cut Your Own Veneer on a Bandsaw 참조.

곡선 절단을 위한 얇은 톱날 ■ 작품에 사용되는 다양한 곡선을 구현하기 위해 14인치 밴드쏘를 애용합니다. 좁은 폭의 톱날은 급한 곡선도 자를 수 있습니다.

마무리 절단 ■ 14인치 밴드쏘로 다양한 마무리 절단을 할 수 있습니다. 예를 들어 대형 밴드쏘에서 톱길을 낸 주먹장을 완성하기 위해 14인치 밴드쏘로 버릴 부분을 깨끗하게 잘라낼 수 있습니다.

---

21) Teeth per Inch의 약자로 인치당 톱니가 몇 개 있는지를 나타냄.

22) 영어로는 'Hook Teeth'이며, 일반 톱날에 비해 톱니 사이가 깊이 파여진 낚시 바늘 같은 모양임. 이 파여진 곳을 톱날 골(gullet)이라 하며, 골이 깊을수록 톱밥이 잘 빠져나옴.

23) 톱은 절단 과정의 마찰을 줄이기 위해 톱니가 좌우로 어긋나 있는데 이 어긋난 정도를 날어김(set)이라 함.

허리를 보호하자 ■ 커다란 판재를 적당한 크기로 절단하기 위해서 바닥에 폼보드를 놓고 그 위에 판재를 올려두세요. 원형톱과 직접 만든 가이드를 이용하면 빠르고 쉽게 정확한 재단을 할 수 있습니다.

트랙쏘는 옵션 ■ 원장을 자를 일이 많다면 트랙쏘를 고려해볼 만합니다. Festool 트랙쏘는 테이블쏘 못지않은 놀랄 만치 정교한 재단 능력과 효율적인 집진 기능을 제공합니다.

수 있으며, 톱니 사이의 골(gullet)이 깊어 톱밥이 잘 빠져 나와 마찰을 줄이고 모터의 부하를 감소시킵니다. 그리고 날어김이 적은 톱날을 사용하면 톱날에 의한 절단폭(kerf)이 더 좁고 깨끗한 절단면을 얻을 수 있습니다.

원형톱과 트랙쏘

휴대형 원형톱(portable circular saw)의 작동 방식을 보면 좀 무섭습니다. 왜냐하면 잡고 있는 손에서 불과 몇 cm 안에 5,000rpm으로 회전하는 톱날이 있기 때문입니다. 여러 가지 면에서 원형톱은 들고 다니는 테이블쏘라 할 수 있습니다. 다행스럽게도 잘 사용하기만 한다면 원형톱은 매우 안전하며 편리합니다. 원형톱이 발전된 형태인 트랙쏘(track saw)[24]는 훨씬 더 매력적이지만 좀 비쌉니다. 트랙쏘는 테이블쏘만큼의 직진성을 보장하기 위해 길고 똑바른 알루미늄 트랙에 흔들림 없이 장착되어 슬라이딩될 수 있습니다. 일반적인 원형톱도 톱날을 업그레이드하고 가이드를 직접 만들어 사용하면 비슷한 정도의 결과를 얻을 수 있습니다.

원형톱 사용법

원형톱과 가이드를 쓰든 트랙쏘를 쓰든 제 공방에서 이들 톱의 역할은 합판이나 MDF 원장을 적당한 크기로 자르는 겁니다. 만성적인 허리 디스크를 앓고 있는 저로서는 4×8 합판 원장을 테이블쏘 위에 올리고 싶지 않습니다. 대신 저는 공방 바닥에 단단한 폼보드 몇 장을 깔고 그 위에 합판을 올려놓습니다. 그런 다음 원형톱을 이용하여 들 만한 크기로 대충 절단합니다. 물론 최종적인 정확한 재단은 테이블쏘에서 합니다. 이런 2단계 재단법을 한번 해보면, 이후로는 절대 커다란 합판을 테이블쏘에 올려놓으려고 낑낑대지 않을 거라 장담합니다.

원형톱은 긴 원목 판재를 적당한 크기로 대충 자르는 데도 사용됩니다만(보통은 이 경우 직쏘를 더 선호합니다), 간혹 원형톱이 아니면 도저히 절단할 수 없는 경우도 있습니다. 예전에 제 작업대 상판으로 쓸 100mm 두께의 원목 판재를 적당한 길이로 잘라야 했습니다. 이 원목 판재는 너무 크고 무거워서 테이블쏘에 올려서 절단할 수도 없었고, 각도절단기에도 무리였습니다. 이 경우 유일한 절단법은 원형톱을 이용하여 앞뒤로 두 번 절단하는 겁니다. 첫 번째는 자를 곳의 위쪽에서 두께의 절반을 조금 넘게 자르고, 이후 원목 판재를 뒤집은 다음 반대편에서 나머지 두께를 자르는 식입니다. 물론 이렇게 2단계로 자른 단면이 깨끗한 평면이 될 리 없으니 블록 플레인의 사랑이 필요합니다. 하지만 작업대 상판 마구리면이 뭐 얼마나 매끈해야 하겠습니까? 이렇게 원형톱만이 할 수 있는 고유의 절단 영역이 있기 때문에 가지고 있으면 좋습니다.

제가 쓰는 원형톱

저는 일반적인 원형톱과 트랙쏘 둘 다 가지고 있습니다. 트랙쏘는 Festool TS55 제품입니다. 사실 이 두 공구는 중복입니

---

[24] 국내에서는 '플런지쏘'라고 주로 부르지만, 플런지는 톱날이 수직으로 움직이는 기능을 의미함. 글에서처럼 레일에 올려서 사용하는 원형톱인 경우는 트랙쏘라고 부르는 것이 적절함.

직쏘로 곡선 절단 ■ 직쏘는 곡선 절단에 능합니다. 그래서 밴드쏘를 살 만한 돈이 없거나 공간이 없다면 직쏘가 훌륭한 대안이 됩니다.

직쏘로 초벌 자르기 ■ 크고 거친 목재를 자를 때 직쏘는 간단하고, 안전하고, 예측 가능한 결과를 보여줍니다.

다. 왜냐하면 트랙쏘는 원형톱이 할 수 있는 모든 일뿐 아니라 더 이상의 것도 할 수 있으니까요. 저의 교육용 비디오[25]에서는 다른 방법과 공구들도 소개해야 하기 때문에, 원형톱을 가지고 있어야 합니다. 트랙쏘의 기능이 훌륭한 만큼 가격도 비싸기 때문에 모든 목수들이 가지고 있지 않기 때문입니다. 다행스럽게도 트랙쏘의 유용성이 점점 알려지면서, 많은 제조사들이 트랙쏘 제품을 내놓고 있습니다. 그 결과 트랙쏘의 가격이 많이 내려갔고, 이제는 큰 부담 없이 살 수 있는 옵션이 되었습니다. 만일 이미 당신이 좋은 품질의 원형톱을 가지고 있다면, 톱날을 좋은 것으로 업그레이드하고 가이드를 만들어 사용하는 것으로 충분합니다.

직쏘

직쏘는 곡선 절단에 특화된 작은 휴대형 전동 톱입니다. 새로 공방을 차리느라 예산이 빠듯한 분들에게 저는 종종 대형 밴드쏘를 사기 전에 좋은 직쏘를 먼저 사라고 권합니다. 적어도 초기에는 대부분의 사람들이 밴드쏘를 곡선 절단용으로 쓰기 때문입니다. 적어도 곡선 절단에서는 직쏘도 밴드쏘에 못지않은 기능을 제공하는데다가 공간도 훨씬 적게 차지하고 가격도 훨씬 쌉니다. 적절한 톱날을 사용한다면 직쏘는 나무뿐 아니라 철판이나 플라스틱도 절단할 수 있습니다. 하지만 석재는 안 됩니다. 안타깝게도 직쏘의 절단 품질은 썩 좋지 못합니다. 절단면이 다소 거칠기 때문에 후속적인 다듬기 작업이 필요합니다. 하지만 이럴 때 쓰려고 수공구들을 샀던 거 아닌가요? 당신의 공방에 밴드쏘가 들어왔다 할지라도 직쏘는 여전히 다양한 상황에서 끼다로운 문제를 해결할 수 있습니다. 예컨대 거칠고 반듯하지 못한 나무를 초벌로 자르는 작업 등입니다.

직쏘 사용법

저는 이미 밴드쏘를 가지고 있기 때문에 직쏘를 그리 자주 사용하지는 않습니다. 하지만 크고 거친 목재를 작은 크기로 나눌 때는 직쏘를 사용합니다. 사람들은 제가 직쏘를 사용하는 모습을 보고 놀라곤 합니다만 저에게는 직쏘를 사용하는 합리적인 이유가 있습니다. 반듯하지 않은 거친 목재를 회전하는 톱날로 자르는 것은 사실 겁나는 일입니다. 원형톱, 각도절단기, 테이블쏘 등은 절단하는 중에 목재가 의도치 않게 움직이면 킥백을 일으킵니다. 자르는 목재가 거칠수록 회전하는 톱날에 끼거나 톱날 쪽으로 움직일 가능성이 많습니다. 반면 단순히 아래위로 왕복하는 톱날을 가진 직쏘는 킥백의 위험성이 없습니다. 직쏘는 가볍고 다루기 쉽습니다. 그리고 빠르고 편하게 목재를 자를 수 있습니다. 거친 목재를 자를 때는 빠르고 효율적으로 잘리는 공격적인 톱날을 쓰면 되기 때문입니다. 이렇게 직쏘로 적당한 크기로 잘랐다면 이후 평면 잡고, 대패 치는 등의 판재 가공 공정으로 진행할 수 있습니다.

제가 쓰는 직쏘

초벌 재단을 위해서 고급 직쏘를 살 필요는 없습니다. 직쏘의 주 임무는 톱날을 잘 붙잡고 있는 것이고, 시장에서 가장 싼

---

25) 저자는 The Wood Whisperer라는 사이트와 Youtube 채널을 통해 목공 관련 비디오 캐스트를 제공하고 있음.

직쏘도 그 정도는 다 합니다. 하지만 당신이 중요한 대목에서 곡선 절단을 해야 하거나, 밴드쏘 대용으로 쓸 요량이라면 적절한 품질의 전문가급 직쏘를 사는 게 좋습니다.

수압대패와 자동대패

많은 목수들은 홈센터[26]에서 대패 가공된 판재를 사는 것으로 목공의 긴 여정을 시작합니다. 이 판재들은 지정한 두께로 대패 가공되었고, 면들은 완벽한 평면이고 서로 평행이며, 직각으로 재단되었다고 믿기 쉽습니다. 하지만 가공하는 단계에서는 완벽하게 되었다 할지라도, 마트의 진열대에 몇 주 또는 몇 달 있다보면 틀어지고 휘는 변형이 오게 마련입니다. 그래서 새로 입문하는 목수들도 오래지 않아 지역의 하드우드 판매상으로부터 거친 제재목을 사서 돈을 아끼고, 필요할 때 직접 대패 가공하는 식으로 낭비를 면하게 됩니다.

네모반듯한 판재를 만드는 두 가지 큰 도구는 수압대패(jointer)와 자동대패(thickness planer)입니다. 이 둘은 따로 살 수도 있고, 이 두 기능이 합쳐진 복합기 하나를 살 수도 있습니다. 사람들은 종종 저에게 둘 중 어떤 것을 먼저 사야 하느냐고 묻습니다. 만만치 않은 이 두 기계의 가격을 생각해보면 하나씩 차례로 사는 것이 일반적입니다. 그리고 의심의 여지없이 먼저 사야 할 기계는 자동대패입니다. 판매상으로부터 구입하는 거친 제재목들은 대부분 대충 평이 맞는 상태입니다. 이럴 경우 자동대패로 한 면씩 번갈아가며 살짝 깎아내면 원하는 두께로 만들 수 있습니다. 이런 방법을 '수압대패 건너뛰기(skip planing)'라고 하는데, 작업을 시작하는 판재의 평이 비교적 맞을 경우 괜찮은 결과를 얻을 수 있습니다. 하지만 작업하는 판재가 휘어져 있거나 비틀려 있다면 자동대패는 단순히 휘어진 모양을 따라 깎아내기만 할 뿐 판재의 평을 잡지는 못합니다. 만일 당신이 자동대패밖에 없다면 거친 제재목을 살 때 이런 점을 반드시 고려해야 합니다.

수압대패와 자동대패 사용법

자동대패는 넓은 면의 평을 잡아줍니다. 하지만 좁은 옆면은 어떻게 할까요? 반듯한 판재를 뽑는 방법은 여러 가지 있습니다. 예를 들어 라우터로 평을 잡는 방법도 있고, 테이블쏘 썰매를 이용하는 방법도 있습니다. 전통적인 방법으로는 조인터 플레인(jointer plain)[27]을 이용하여 한 면의 평을 잡기도

---

26) 미국을 비롯한 DIY 문화가 발달된 곳에 있는 인테리어와 가구 자재를 판매하는 큰 마트를 의미함. 우리나라에는 인천에 있는 'HomeCC'가 비슷한 유일한 매장임.

27) 조인터 플레인은 판재의 평을 잡기 위한 대패로서 긴 대팻집이 특징임. 보통 510~610mm(20~24인치) 길이이며, 이 긴 대팻집 때문에 넓은 판재의 평을 잡는 데 유리함.

기준면 평 잡기 ■ 평면과 직각이 잡힌 판재 없이는 목공하기 어렵습니다. 수압대패는 거친 판재를 반듯한 판재로 만드는 필수적인 도구입니다.

옆면 평 잡기 ■ 평을 잡은 기준면을 펜스에 기대어 수압대패에 투입하면 옆면의 평이 잡히고, 기준면과 옆면이 직각이 됩니다.

하이브리드 목공

합니다. 사실 이런 방법들은 숙달만 되면 결과도 괜찮아서 자동 대패만 가지고 있어도 큰 불편이 없습니다. 그래서 어떤 목수들은 수압대패를 사지 않아도 된다고 생각합니다.

물론 저도 수압대패 없이 살아남으라 한다면 못할 것도 없습니다만, 굳이 그러고 싶진 않습니다. 수압대패는 평탄한 기준면을 잡아준다는 점에서 반듯한 판재가 필요한 목공에서 아주 중요한 역할을 합니다. 평을 잡는다는 것은 한 면을 완전히 평탄하고 똑바르게 만든다는 뜻입니다. 이렇게 평을 잡은 기준면을 펜스에 기대어 수압대패에 밀어 넣으면 인접하는 옆면 또한 평이 잡히면서 기준면과 직각을 보장하게 됩니다. 이렇게 인접한 두 면의 평을 잡고 직각을 맞추었으면 이제 자동대패에 밀어 넣어 가공하지 않은 다른 넓은 면을 기준면과 평행하게 가공합니다. 이런 과정을 거치는 것이 수압대패 건너뛰기를 하는 것보다 훨씬 더 안정적인 결과를 만들어냅니다. 마지막으로 테이블쏘의 펜스에 가공된 옆면을 기대고 원하는 폭으로 켜면 네 개의 면이 모두 반듯하게 가공되는 것입니다.[28]

어떤 사람들은 수압대패 없이 목공을 할 수도 있겠지만, 저는 거친 나무를 평탄하고 네모반듯한 판재로 만드는 데 수압대패가 꼭 필요하다고 생각합니다.

제가 쓰는 수압대패와 자동대패

저는 Powermatic 8인치 수압대패를 사용합니다. 저는 종종 6인치 수압대패를 사야 할지, 8인치를 사야 할지 물어보는 메일을 받습니다. 저의 대답은 분명합니다. 8인치 수압대패입니다. 제가 구입하는 나무들의 폭은 대부분 6인치에서 8인치 사이입니다. 만일 제 수압대패가 6인치 폭이라면 제가 다루는 대부분의 나무들이 이 폭을 넘어서기 때문에 기준면을 잡기 위해 뭔가 다른 작업을 추가로 해야 합니다. 하지만 8인치 수압대패라면 제 공방에 있는 나무의 90% 정도를 처리할 수 있습니다. 저는 8인치 수압대패가 가장 효율적이라고 생각합니다. 시중에는 더 넓은 폭의 수압대패들도 있습니다만 이런 것들은 아주 많이 비쌉니다. 결론적으로 8인치 수압대패의 가성비가 가장 좋습니다.

제가 쓰는 자동대패는 Powermatic의 15인치 모델입니다. 아마 당신은 제가 옛날에 20인치 자동대패를 가지고 있었다는 걸 알지도 모르겠습니다. 그런데 20인치 자동대패의 전체 폭을 다 써본 적이 거의 없습니다. 왜 그런지는 잠깐만 생각해보면 알 수 있습니다. 저는 8인치 수압대패를 사용합니다. 그러니 8인치 이하의 판재가 주로 자동대패로 투입됩니다. 물론 가끔씩 더 넓은 집성판재나 엄청나게 넓은 판재를 다루기도 합니다. 하지만 이런 경우는 아주 드뭅니다. 그래서 저는 20인치 자동대패를 팔고 15인치로 다운-그레이드했습니다. 아직까지는 15인치 이상의 용량이 필요한 상황을 직면하지는 못했습니다. 그리고 15인치 자동대패는 차지하는 공간도 작습니다. 큰 게 항상 좋은 건 아닙니다.

자동대패 가공하기 ■ 자동대패는 기준면과 평행한 윗면을 원하는 두께로 빠르게 깎아줍니다.

수압대패 건너뛰기 ■ 수압대패 건너뛰기(skip-planing)는 거의 평이 맞는 판재의 양면을 조금씩 깎는 방법으로 넓은 판재의 평을 잡는 공법입니다.

---

28) Wood Whisperer Ep.6 - How to Mill Lumber Using a Jointer 참조.

각도절단기, 슬라이딩 각도절단기

각도절단기는 자르기에서는 독보적인 도구입니다. 직각으로 자르든, 45도로 자르든, 비스듬히 자르든,[29] 심지어 이 둘을 섞어 (크라운 몰딩의 모서리를 자를 때처럼) 복합각으로 자르든 각도절단기는 이 모든 것을 쉽게 해낼 수 있습니다. 각도절단기의 발전된 형태는 톱날이 레일이나 팔 관절(articulated arm)을 따라 앞뒤로 움직일 수 있는 슬라이딩 각도절단기입니다. 이런 기능은 각도절단기의 자를 수 있는 폭을 늘려주고 더 유연한 자르기 기능을 제공합니다. 좋은 카바이드 톱날을 사용할 경우 각도절단기로 자른 단면은 거의 손을 대지 않아도 될 정도로 매끈합니다.

각도절단기 사용법

테이블쏘로도 자르기를 할 수 있기 때문에 이 둘은 기능이 중복됩니다. 하지만 자를 나무가 각도절단기에 올라갈 수만 있다면, 저는 주로 각도절단기를 사용합니다. 왜냐하면 빠르고, 쉽고, 정확하기 때문입니다. 각도절단기에 보조 펜스(auxiliary fence)와 스톱(stop)이 추가된다면 같은 길이로 많이 잘라야 하는 작업을 효율적으로 할 수 있습니다. 저는 잘라야 할 나무가 각도절단기에 올라가지 못할 정도로 폭이 넓은 경우에만 테이블쏘를 사용합니다.[30]

제가 쓰는 각도절단기

저는 지난 몇 년 동안 여러 종류의 각도절단기를 써왔습니다. 그리고 그들 모두 품질이 꽤 좋았습니다. 저에게 필요했던 기능은 45도와 90도로 사선으로, 그리고 비스듬히 정확하고 깨끗하게 자르는 것이었습니다. 대부분의 저렴한 각도절단기들도 약간의 조정과 톱날 업그레이드만 한다면 이 정도 요구사항은 아무 문제가 없습니다. 더 좋은 결과를 얻으려면 보조 펜스와 틈 없는 인서트(zero clearance insert)[31]를 고려해야 합니다. 테이블쏘와 마찬가지로 각도절단기에 틈 없는 인서트를 사용하면 작업물을 더 잘 지지하고 뜯김(tear-out) 현상을 줄일 수 있습니다.

슬라이딩 각도절단기 ■ 각도절단기도 훌륭하지만 슬라이딩 각도절단기는 더 좋습니다. 슬라이딩 기능 덕분에 더 넓은 폭의 판재를 자를 수 있습니다.

각도절단기 애드온 ■ 보조 펜스, 스톱, 그리고 클램프만 있으면 반복적으로 자르기 매우 좋습니다. 게다가 정확합니다.

랜덤 오비탈 샌더

랜덤 오비탈 샌더(random orbital sander)[32]는 진동하는 것뿐 아니라 불규칙한 패턴으로 왕복운동도 하는 범용 샌더입니다. 불규칙한 패턴으로 움직이기 때문에 사포가 만드는 스크래치 패턴이 잘 감추어지게 됩니다. 예전에는 거친 사포부터 고운 사포까지 랜덤 오비탈 샌더만으로 모든 마감 전 준비를

---

29) 45도로 자른다(mitered cut)는 의미는 톱의 수직을 유지한 상태에서 톱의 방향만 45도로 틀어 자른 것이고, 비스듬히 자른다(beveled cut)는 의미는 톱을 비스듬히 눕혀서 자르는 것임.

30) Wood Whisperer Ep. 53 - Reviewing Miter Saw Safety with the Festool Kapex 참고.

31) 틈 없는 인서트(zero-clearance insert)는 구입 시 딸려오는 인서트와 달리 톱날 주위에 틈이 없음. 이 때문에 좁게 재단한 부재가 인서트 틈으로 빠지는 사고를 막을 수 있고, 작업물을 빈틈없이 받쳐주기 때문에 나뭇결이 뜯기지 않아 절단 품질이 향상됨. 보통 직접 만들어 사용함.

32) 우리나라에서는 원형 샌더기라고도 부름. 대조적으로 사각 샌더기도 있지만 원형 샌더기의 샌딩 효율이 더 높다는 평임.

하이브리드 목수의 공구들

랜덤 오비탈 샌더 ■ 샌딩은 필요악입니다. 그나마 집진이 잘 되면 견딜만 합니다.

했습니다. 히지민 요즘은 스크래퍼와 대패 같은 저의 수공구 친구들 덕에 마지막 단계로 #220 사포만을 사용합니다. 기계 샌딩을 최소화할 수 있다는 것은 하이브리드 목공의 매우 중요한 이점 중 하나입니다.

샌딩하는 사포의 방수와 상관없이 언제 샌딩을 끝내야 하는지 아는 것이 더 중요합니다. "특정 샌딩의 단계가 끝났다는 걸 어떻게 알 수 있나요?"라는 질문을 너무도 많이 받았습니다. 저는 되도록이면 어떤 목수들이라도 따라할 수 있는 시스템적인 해법을 제시하려고 노력합니다. 제가 샌딩의 진행도를 측정하는 방법도 그렇다고 볼 수 있습니다. 사실 단순한 방법입니다. 그냥 샌딩할 표면을 연필로 쓱쓱 그려주기만 하면 됩니다.

랜덤 오비탈 샌더 사용법

저는 샌딩하기 전에 부드럽고 뭉툭한 연필로 샌딩할 표면을 가볍게 전체적으로 쓱쓱 그려줍니다. 연필 가루는 표면에만 있는 게 아니라 날물과 전단계의 거친 사포로 인해 생긴 흠집과 스크래치에도 끼어 들어갑니다. 샌딩은 초당 25mm(1인치)의 느린 속도로 일정하게 진행합니다. 그리고 연필로 그린 표시가 다 지워지기 전까지 사포의 방수를 올리지 않습니다. 연필 표시가 다 지워지면 더 높은 방수의 사포로 교체하며, 작업할 판재의 표면에 다시 연필로 쓱쓱 그려줍니다. 다시 샌딩을 시작하고, 모든 연필 자국이 지워질 때까지 중단하지 마세요. 더 고운 사포로 올라갈 때마다 표면의 스크래치는 점점 작아지고, 연필 자국도 더 빨리 지워지게 됩니다. 이런 시스템적인 방법을 사용하지 않으면 표면이 전체적으로 고르게 샌딩되었는지 알기 어렵고, 언제 다음 방수로 진행할지 판단하기 어렵습니다.[33]

제가 쓰는 랜덤 오비탈 샌더

저는 여러 개의 랜덤 오비탈 샌더를 가지고 있습니다. 하지만 주로 사용하는 것은 6인치 모델[34]입니다. 같은 노력이라면 넓은 땅을 차지하는 큰 사포로 샌딩하는 것이 더 빠르게 작업할 수 있어 전체적인 프로젝트의 속도가 올라갑니다. 그리고 가능하다면 다양한 샌딩 패드를 사용할 수 있는 샌더기가 좋습니다. 만일 좁은 면을 샌딩한다면 좀 딱딱한 샌딩 패드를 사용해야 모서리가 둥글게 깎이지 않습니다. 샌딩할 때 생기는 나무 먼지는 건강에 해롭기 때문에 반드시 진공청소기(shop vac)나 샌더기 전용의 집진기를 사용해야 합니다. 대부분의 샌더기에는 먼지를 뽑아낼 수 있는 흡입구가 있으며, 여기에 집진 호스를 연결할 수 있습니다. 저는 절대로 집진 장치 없이 샌더기를 사용하지 않습니다.

---

33) Wood Whisperer Ep.161 - Sanding Efficiency 참조.

34) 일반적으로 판매되는 원형 타입의 샌더기는 사포의 직경에 따라 5인치(125mm)급과 6인치(150mm)급이 있음.

건강한 폐를 위하여

어떤 공구를 가지게 되면 필연적으로 일련의 책임까지 지게 됩니다. 최고의 TV쇼인 New Yankee Workshop의 Norm Abram 가라사대 "당신이 산 기계에 딸려온 안전수칙 문서를 반드시 읽고 이해하고 따르라."라고 했습니다. 우리 모두는 회전하는 톱날이 얼마나 무서운지 잘 알고 있습니다만, 간과하기 쉬운 또 하나의 안전 문제가 있습니다. 바로 집진(dust collection)입니다. 제 공방의 기계들은 모두 집진관의 네트워크에 연결되어 있으며, 이 뒤에는 5마력의 Clear Vue 사이클론[35]이 받치고 있습니다. 공기청정기도 쓸 만하고, 진공청소기도 먼지로 어질러진 공방을 치우는 데 훌륭한 역할을 하지만, 먼지를 만드는 소스로부터 직접 집진하는 것만큼 효율적인 방법은 없습니다. 이 나무 먼지들이 절대로 공방을 자유롭게 떠다닐 수 없게 한다면, 제 공방은 깨끗하게 유지될 것이고, 제가 미세먼지를 들이마실 일도 적을 겁니다.

메인 집진관은 제 공방 천정의 왼쪽에 위치하고 있으며, 각 기계들로 분기됩니다. 각 기계 근처에는 블라스트 게이트(blast gate)가 있어서 해당 기계를 집진 시스템에서 분리하고 흡기를 제어할 수 있습니다. 사이클론 시스템에 연결되지 않은 각도절단기, 라우터, 샌더, 원형톱 등은 별도의 집진기를 사용합니다.

저의 이런 쓸 만한 집진 시스템에도 불구하고, 먼지가 많이 발생할 수 있는 작업을 할 때는 3M 7500 방진 마스크를 사용합니다. 저는 이 마스크의 우스꽝스러워 보이는 분홍색 미립자 필터를 명예의 훈장이라고 생각합니다. 이것은 세상을 향해 "(창피를 무릅쓰고) 분홍색 마스크를 쓸 만큼 내 건강을 신경 쓰고 있다고!"라고 외치는 것입니다. 농담이 아니고 정말로 당신의 집진 시스템이 아무리 훌륭하다 할지라도 미세먼지는 아주 작은 틈을 비집고 나와 공방의 공기 중을 떠다니게 됩니다. 그러니 보험 드는 셈치고 이런 추가적인 방진법을 강구하세요.[36]

저는 이제 겨우 36살이고, 제 남은 인생을 나무와 함께 보낼 것입니다. 그러므로 저의 폐를 보호하는 것은 매우 중요합니다.

---

35) Wood Whisperer Ep.200 - Installing a Clear Vue CV1800 Cyclone 참고.
36) Wood Whisperer Ep.87 - Safety Video: Dust, Fumes & Respirators 참고.

다음 페이지에 계속

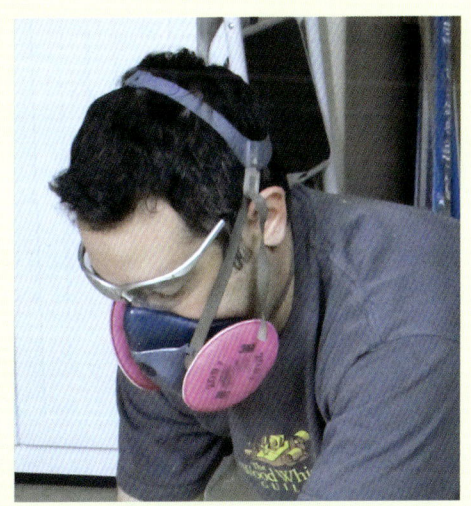

방진 마스크 – 확실한 방책 ■ 좋은 집진 시스템을 갖추었더라도, 아주 작지만 가장 해로운 미세먼지로부터 저를 보호하기 위해 방진 마스크를 착용합니다.

막강한 사이클론 ■ 만일 배관(duct)을 통해 집진하려면, 힘과 효율성이 좋은 사이클론에 투자하는 걸 고려하세요.

건강한 폐를 위하여

블라스트 게이트로 흡기력 개선 ■ 각 기계에 블라스트 게이트를 설치하여 사용하지 않을 때는 닫아 놓습니다. 이렇게 함으로써 사용하는 기계의 흡기력이 높아집니다.

먼지를 많이 발생하는 기계 ■ 밴드쏘로 리쏘잉할 때는 엄청난 먼지가 발생합니다. 먼지 발생 소스에서 직접 집진하면 먼지가 공방을 떠돌아다니지 못합니다.

이동식 집진 시스템 ■ 가능하다면 라우터나 샌더기 같은 이동식 공구들도 전용 집진 시스템이나 진공청소기에 연결하는 것이 좋습니다.

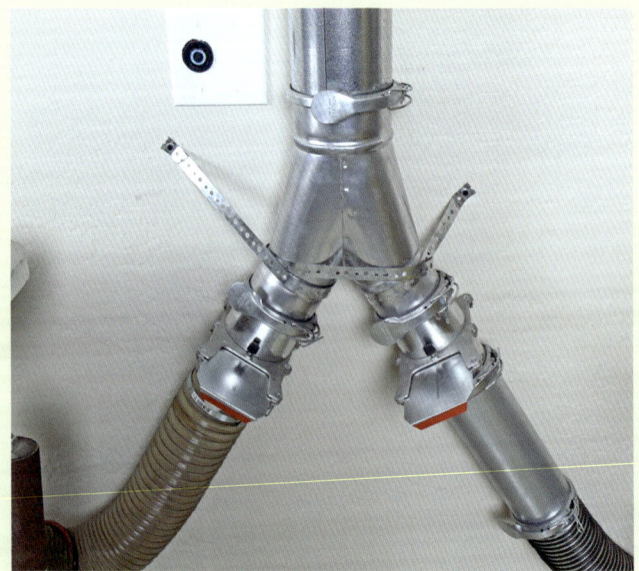

나눔과 배려 ■ 많은 수의 저의 기계들이 집진관에 연결되어야 합니다. 그래서 바지 Y관을 사용하여 하나의 집진관으로 연결되게 합니다.

다른 전동공구들

제가 사용하지만, 하이브리드 목공에 직접적으로 필요하지 않은 기계들도 있습니다. 이들 기계들은 한번은 짚고 넘어갈 필요가 있으며, 가능하다면 당신의 목공 병기창에 갖추어 놓는 것이 좋습니다.

드릴 프레스

대부분의 목수들은 하나 이상의 전동 드릴을 가지고 있습니다. 손으로 들어 사용하는 전동 드릴도 꽤 유용하지만, 정교한 가구 제작에 있어 드릴 프레스의 다재다능함과 정확성을 따라올 수는 없습니다. 프로젝트의 성공에서 수직으로 구멍을 뚫는 것이 매우 중요한 경우가 많으며, 그게 바로 드릴 프레스가 가장 잘하는 것입니다. 펜스와 깊이 조절장치(depth stop)가 있으면 완벽하게 수직인 구멍을 정확한 깊이로 빠르고 쉽게 몇 번이고 반복하여 뚫을 수 있습니다. 또한 드릴 프레스에서는 특수 용도의 드릴 비트를 안전하게 사용할 수 있습니다. 예를 들어 전동 드릴을 손에 쥐고 포스너비트(fostner bits)[37]로 구멍을 뚫으려 하면 고정되지 못하고 이러저리 움직이는데, 드릴 프레스로 하면 아무 문제가 없습니다.

스핀들 샌더

스핀들 샌더(oscillating spindle sander)는 곡면을 주로 다루는 목수들에게 매우 요긴한 기계입니다. 부드러운 곡면이 필요할 때는 스핀들 샌더로 빠르게 가공할 수 있습니다. 스핀들 샌더는 다양한 직경의 스핀들로 교체할 수 있어서 가공하고자 하는 곡면의 곡률에 맞게 사용할 수도 있습니다. 또는 큰 직경의 스핀들을 사용하여 완만한 곡면을 미세하게 다듬는 데 사용할 수도 있습니다. 물론 수공구로도 곡면을 다듬을 수 있지만, 스핀들 샌더를 이용하면 시간을 많이 아낄 수 있습니다.

비스킷 조이너

비스킷 조이너는 가지고 있으면 편리한 도구입니다. 저는 비스킷 조이너로 힘을 많이 받는 구조를 만드는 데 사용하는 걸 권하지 않습니다. 하지만 비스킷 조이너는 정렬(alignment)을 하는 데 매우 뛰어납니다. 예를 들어 테이블 상판을 만들기 위해 두 개의 판재를 집성한다고 해봅시다. 옆면에 발라진 본드는 매우 강력하게 결합되기 때문에 별도의 보강은 필요 없습니다. 하지만 집성 과정에서 두 판재 간에 계단이 생기지 않게 정렬하여 접착하는 건 까다롭습니다. 테이블 상

---

37) 직경이 큰 구멍을 뚫거나 보링하기 위한 용도로 사용되는 드릴 비트로, 직경이 크다 보니 저항이 크고 고정이 쉽지 않음.

드릴 프레스 ■ 핸드 드릴도 훌륭하지만, 드릴 프레스는 정확하고, 다재다능하며, 반복 작업이 가능합니다.

곡면 가공을 위해 ■ 저는 곡면 작업을 참 많이 합니다. 스핀들 샌더는 곡면을 초벌 가공하는 데 큰 도움을 줍니다.

정렬을 쉽게 ■ 비스킷 조이너는 판재의 정렬을 유지하기 때문에 집성의 실패를 막아줍니다.

판이 클수록, 그리고 집성하는 판재의 수가 많을수록 어려움은 더 커집니다. 이럴 때 비스킷은 환상적인 해결책을 제공합니다. 접합될 면 양쪽에 좁은 반원형의 홈을 파주고, 여기에 비스킷을 끼워주면 이것이 쪽매(spline) 역할을 해서 두 판재가 움직이지 않도록 해줍니다. 솔직히 말하면 요즘은 비스킷 조이너를 많이 쓰지 않습니다. 막강한 Festool 도미노 때문입니다. 도미노는 매우 좋은 품질의 촉맞춤(loose tenon) 결합을 만들 수 있는 도구입니다. 가장 작은 도미노 핀을 이런 정렬의 용도로 사용할 수 있습니다.

각끌기

각끌기(hollow chisel mortiser)는 하나의 일만 할 수 있고, 그 일을 꽤 잘합니다. 각끌기는 회전하는 비트를 장착하고, 작업물로 내려 뚫는다는 점에서 드릴 프레스와 비슷합니다. 단 하나의 차이점은 드릴 비트를 둘러싸는 사각형 모양의 끌이 달려 있다는 겁니다. 드릴 비트가 둥근 형태로 나무를 깎아내면, 사각형 끌이 나머지 부분을 각 지게 깎아냅니다. 펜스와 스톱블록이 있다면 대량으로 직사각형 모양의 장부 구멍을 파낼 수 있으며, 숫장부의 모서리를 줄로 갈아 둥글게 만들 필요가 없습니다. 하지만 이 각끌기는 두 개의 단점이 있습니다. 첫째는 이 기계가 단 하나의 용도에만 사용될 수 있다는 겁니다. 만일 당신의 공방이 좁다면 단 하나의 역할만 할 수 있는 기계에게 바닥이나 상판 공간을 내주기 망설여질겁니다. 둘째로 각끌기를 셋업하고 튜닝하는 것이 까다롭다는 겁니다. 사각 끌과 드릴비트는 정확하게 세팅되어야 하고, 사각끌은 펜스에 대해 정확하게 직각이 되도록 조정되어야 합니다. 이런 세팅을 할 줄 알게 되면, 일은 좀 더 쉬워질 겁니다. 만일 당신이 많은 장부 구멍을 파야 한다면 각끌기를 고려해볼 만합니다.[38]

사각 구멍 파기 ■ 각끌기는 드릴 프레스와 비슷하지만 드릴 비트를 감싸는 사각형의 끌이 장착되었다는 점이 다릅니다. 각끌기를 이용하면 장부 구멍을 반복적으로 가공할 수 있습니다.

목선반

먼저 고백을 하겠습니다. 저는 제 목선반(lathe)을 그리 많이 사용하지 않습니다. 제 친구들 중에는 공방에서 하루 종일 목선반을 돌려 나무 그릇과 펜 등 아름다운 것들을 즐겁게 만드는 이들이 있습니다. 저도 가끔씩은 목선반으로 만드는 걸 즐기긴 합니다만, 그보다는 가구를 만들고 결구를 맞추는 일이 저에겐 더 큰 즐거움인 것 같습니다. 그렇다고 목선반이 필요 없다고 얘기하는 건 아닙니다. 가구의 부속 중에는 목선반으로만 만들 수 있거나, 목선반으로 만드는 것이 훨씬 효율적인 것들이 있습니다. 예를 들어 둥근 막대나 아름다운 둥근 다리, 둥근 손잡이 등은 디자인 측면에서 매우 중요합니다. 목선반이 없다면 이런 둥근 부속을 위해 다른 사람에게 부탁해야 하고, 그건 별로 재미없는 일입니다. 당신이 스스로 목선반 작가(turner)가 아니라고 생각해도 목선반은 가구를 만드는 사람에게 좋은 투자 항목입니다.[39]

둥글게 만들기 ■ 아름다운 그릇, 꽃병, 펜을 만들지 않더라도, 대부분의 가구 제작자들은 둥근 가구 부속을 만들기 위해 목선반을 들이고 싶어 합니다.

---

38) Wood Whisperer Ep.151 - Hollow Chisel Mortiser - Purchase, Use, and Maintenance 참고.

39) Wood Whisperer Ep.175 - How to Turn a Tool Handle 참고.

목공 무사 ■ 제 수공구를 들고 있으면 마치 목공 무사가 된 것 같습니다. 내 칼을 받아라~

■ 반드시 갖추어야 할 수공구들

수공구들은 새로운 것이 아닙니다. 하지만 요즘 목수들은 그들의 공방을 기계로 가득 채우고 나서야 수공구에 관심을 가지고 좋은 점을 알게 됩니다. 그래서 많은 목공 입문자에게 수공구는 얇게 켠 베니어 이후로 가장 새롭고 멋진 것으로 여겨집니다. 하지만 이것은 새로 목공에 눈을 뜬 사람들에게 국한되는 현상이 아닙니다. 수년 동안 스스로를 목수라고 불러온 많은 이들이 날카로운 끌과 얇은 대팻밥(shaving)에서 새로운 재미를 발견하고 있습니다. 인터넷 덕분에 많은 적극적인 수공구 지지자들이 자신의 노하우와 관점을 전 세계 사람들과 공유하고 있습니다. 이런 결과로 우리는 요즘 수공구 르네상스를 경험하고 있습니다.

이런 최신 경향의 증거는 굳이 힘들게 찾지 않아도 됩니다. 목공 잡지들은 수공구와 기계의 사용법과 리뷰를 균형 있게 다루기 시작했습니다. 그리고 전적으로 수공구의 위대함을 추앙하는 셀 수 없이 많은 목공 블로그들이 생겼습니다. 인기 있는 목공 포럼의 수공구 섹션은 어느 때보다 더 많은 사람들이 웅성대고 있습니다. 최근에는 몇몇 저명한 목수들이 수공구를 이용한 목공에 초점을 맞춘 새로운 유료 온라인 강좌를 개설하기도 했습니다.

다수의 소규모 수공구 제작자들은 수공구에 대한 새로운 관심에 부응하였고, 그들의 행보는 놀랄 만합니다. Lie-Nielsen Toolworks 사는 오래되고 퇴역한 수공구 디자인을 되살려 새로운 생명을 불어넣은 업체로 유명합니다. Lee Valley Tools[40] 사 역시 오래된 디자인을 되살리면서도, 많은 이들이 극찬하는 현대적인 개선을 해내고 있습니다. Bridge City Tool Works, Sauer & Steiner Toolworks, Brese Planes 사와 같은 최고급 브랜드들은 예술이라고 불릴 만한 매우 아름다운 수공구들을 만들고 있는데, 이들의 가격은 저의 모기

---

40) Veritas라는 브랜드의 프리미엄급 수공구들을 생산하고 있음.

지 대출 월 상환액보다 더 높습니다. 심지어 Scott Meek Woodworks 사의 내 친구 Scott Meek같이 목수들이 직접 나무로 된 대패를 만들어 파는 식의 작고 독립적인 메이커들도 있습니다.

우리가 좋아하는 목공 이벤트들은 어떤가요? 몇 년 전만 해도 제가 참여했던 모든 목공 전시회들이 목공 기계를 중심으로 진행되었습니다. 최근 들어 가장 흥미진진하고 널리 알려진 전시회 중 하나인 Woodworking in America는 수공구 전용의 전시회로 시작되었습니다. 물론 요즘의 Woodworking in America는 기계도 비교적 공평하게 다룹니다만, 여전히 세미나나 참여 업체 선택에 있어 수공구의 비중이 더 높습니다.

수공구를 구하고 배우는 데 지금보다 더 쉬웠던 적이 없습니다. 사실 수공구를 탐구하는 것은 분석마비 증후군(paralysis by analysis)[41]으로 인해 고민만 하고 실행은 하지 못하는 뚜렷하면서도 다소 좋지 않은 길로 빠질 가능성이 있습니다. 설상가상으로 당신이 원하는 수공구 종류를 결정했다 할지라도 다양한 가격대의 제품들이 있기 때문에 얼마나 돈을 투자해야 하는지 고민해야 합니다. 다행히 제가 앞서 소개드린 공구 구입에 대한 가이드라인이 이런 진퇴양난의 상황을 벗어나는 데 도움을 드릴 겁니다. 하지만 이 가이드라인을 활용하려면 품질이 좋고 기능적인 하이브리드 목수의 공구들은 어떠해야 하는지에 대한 생각은 좀 갖추어야 합니다. 아래에서 제가 언급하는 수공구들은 제가 실제로 프로젝트를 진행하면서 필요로 했던 것들을 나열한 것입니다. 수년간의 목수로서의 경력 동안 어떤 공구들은 버려졌고, 어떤 공구들은 새로 도입되었습니다. 어떤 공구들은 기능이 비슷하지만 서로 다른 접근법을 가지고 있습니다. 그래서 아마도 약간의 중복을 느낄지도 모르겠습니다. 이 모든 공구 목록들은 개인적인 경험을 통해 계속 진화해나가는 것이라는 걸 잊지 마세요. 그리고 이 목록들은 하이브리드 목공을 위한 당신만의 전략적인 수공구 컬렉션을 구축하는 데 어떤 출발점일 뿐이라는 것도 명심하세요.

41) 이럴까 저럴까 너무 생각만 많아 실제 행동을 하지 못하는 증후군. 결정장애와 비슷한 맥락.

연마

20명의 목수들에게 연마(sharpening)하는 방법을 물어보면 아마 20개의 다른 대답을 듣게 될 겁니다. 설상가상으로 이 20개의 다른 연마 방법이 모두 훌륭한 결과를 만들어낼 겁니다. 이런 여러 선택사항들 때문에 혼돈의 나락으로 빠지지 마세요. 대신 당신에게 맞는 연마법을 찾아내고 그것을 고수하세요. 저의 목공 경력 초기, 최상의 연마법을 찾던 시절에는 동시에 너무 많은 연마법을 시도하는 바람에 엉망이 된 적이 있습니다. 단 하나의 진실은 어떤 상황에서도 제일 좋은 것은 없다는 겁니다. 어떤 것들은 더 낫고, 더 쉽고, 더 빠르고, 더 저렴한 해법일 겁니다. 하지만 모두에게 그리고 모든 상황에서 최선일 수는 없습니다. 당신의 주목표는 번거로움을 최소화하면서 무딘 날을 날카롭게 만드는 겁니다. 연마 과정이 길고 힘들다면 필요한 만큼 충분히 날물을 연마하지 못할 겁니다. 하지만 만일 날카롭게 날을 세우는 데 몇 초밖에 걸리지 않는다면 당신의 날물이 무뎌졌음을 느끼자마자 망설임 없이 바로 날을 연마할 겁니다. 날물을 연마하는 주기가 길면, 날물이 손상되어 수리해야 할 수도 있습니다. 그러므로 연마를 적게 하는 방법은 연마를 더 자주하는 겁니다. 정말로요.

세상에는 다양한 연마 시스템이 있습니다. 가장 단순하게는 유리판 위에 고운 사포를 붙여놓고 하는 방식에서, 비싸게는 모터로 동작하는 습식 그라인더를 이용할 수 있습니다. 이 중에서 어떤 연마 시스템을 택할지 결정하는 것도 쉽지 않습니다. 명심해야 할 것은 이 모든 연마 시스템들은 모두

점진적인 변화 ■ 이 둘은 모두 스무딩 플레인입니다. 하지만 왼쪽의 나무로 만든 수제 대패와 오른쪽의 쇠로 만든 저각 대패는 손맛이 확연히 다릅니다.

상호 공존 ■ 매년 개최되는 Woodworking in America는 수공구와 기계 모두를 존중하는 교육적인 컨퍼런스입니다.

무엇을 먼저 사야 하나?

이것은 제 메일함에 한 해에만 수백 통씩 쌓이는 오래된 질문입니다. 바로 '어떤 수공구를 먼저 사야 하나?'라는 질문입니다. 하지만 맥락이 주어지지 않으면 이 질문에 대한 대답은 불가능합니다. 대부분의 경우 저는 왜 제가 바로 직접적인 추천을 할 수 없는지에 대해 사람들이 이해할 수 있도록 오히려 질문 몇 개를 답장으로 보냅니다. 어떤 공구들을 지금 가지고 있는지, 무엇을 만들고 싶은지, 판재를 네모반듯하게 가공할 때 그걸 수공구로 할 건지 기계로 할 건지 등입니다. 문제는 대부분의 초보 목수들이 이 질문에 대한 답을 모른다는 겁니다. 바로 이 때문에 어려운 겁니다. 어떤 공구를 살 거냐는 판단은 질문자의 목공 여정에서 무엇을 할 것인지에 달려 있습니다. 그런데 목공 여정의 초기에는 이조차도 스스로 알기 어렵습니다. 당신이 이 책을 읽고 있기 때문에 나는 당신이 하이브리드 방법론에 관심이 있다고 간주할 것입니다. 그리고 당신이 기계를 어느 정도 갖추고 있으며 경험도 있다고 볼 겁니다. 이런 정보에 기초하여 몇 개의 추천을 드리겠습니다.

항상 예리하게 ■ 당신의 날물은 연마되어야 합니다. 그래서 좋은 연마 시스템을 찾고, 그것을 고수해야 합니다.

연마 시스템

네, 압니다. 저도 첫 번째 사야 할 걸로 연마 시스템을 추천하는 게 뭔가 순서가 뒤바뀐 것 같다는 걸요. 이건 마치 자동차를 갖지도 않은 십대들에게 엔진오일 교환하는 법을 가르치는 것 같다고 나 할까요. 하지만 자동차와 마찬가지로 수공구도 적절하게 날을 연마하는 관리를 하지 않으면 제대로 동작하지 않습니다. 만일 당신이 연마에 대한 기본적인 이해도 없다면, 당신의 수공구는 멋져 보이는 장식품에 지나지 않습니다. 저도 수공구로 작업한 결과가 형편이 없어서 몇 년 동안 사용을 꺼려한 적이 있습니다. 당시 저의 블록 플레인은 사나운 이빨을 가진 듯 저의 나무를 죄다 뜯어 놓았습니다. 문제의 원인은 수공구 자체에 있었지만, 저는 제 자신을 탓했습니다. 제가 만일 대팻날 연마 방법을 제대로 배웠더라면, 작업 결과도 좋았을 것이고 계속해서 그 대패를 사용했을 겁니다. 그래서 저를 수공구의 더 넓은 세계로 인도했을 겁니다. 이런 이유로 저는 수공구 세계를 향한 여정의 첫 단계로 연마 기술을 먼저 익히라고 권하는 겁니다.

끌 ■ 끌은 결구를 가공하는 데 필수적입니다.

끌

끌 세트는 목공에서 필수품입니다. 대부분의 목수들은 이미 끌 세트를 가지고 있습니다. 비록 그것을 깡통 따개로만 쓰는 경우도 있지만요. 끌은 결구를 만드는 데만 사용되는 것이 아니라 더 다양한 용도가 있습니다. 프로젝트를 진행하면서 모서리를 다듬거나 모양을 만드는 데 끌이 아니면 안 되는 경우가 종종 있습니다. 끌을 제대로 사용할 줄 알게 되면, 다양한 문제에 대한 해결사 역할을 톡톡히 할 겁니다.

라우터 플레인

제가 라우터 플레인을 사기 전에는 라우터 플레인이 왜 필요한지 몰랐습니다. 장부나 홈을 깨끗하게 정리해야 할 때, 라우터 플레인은 저의 주력 무기입니다. 라우터 플레인은 깊이 설정을 할 수 있기 때문에 사용하기 쉬우며, 특히 기계를 주로 사용하는 사람들에게 친숙한 방식입니다. 라우터 플레인은 과도기적 공구의 완벽한 예로서, 수공구와 기계 간의 틈새를 연결해줍니다. 그래서 서툰 목수들에게 수공구 사용의 첫 번째 성공 사례로 자리매김할 수 있습니다.

전기가 필요 없다 ■ 다재다능한 라우터 플레인은 홈이나 장부를 다듬는 데 뛰어납니다.

하이브리드 목공   41

날카로운 날 ■ 적절한 연마재와 좋은 기술을 가지고 있다면 당신의 날물은 항상 면도날 같은 날카로움을 유지할 겁니다.

저의 연마 키트 ■ 저는 Shapton 세라믹 숫돌, 거친 DMT 다이아몬드 숫돌, 그리고 Veritas MKII 호닝가이드를 사용합니다.

세라믹 숫돌 ■ Shapton 세라믹 숫돌은 전통적인 물숫돌과 달리 오래 사용할 수 있습니다. 그리고 미리 물에 담가놓을 필요가 없습니다.

것은 아닙니다. 하지만 세상에는 당신의 예산에 부합하면서도 비슷한 해법을 제공하는 많은 브랜드와 그의 대체품들이 있기에, 이런 저런 점을 고려하여 절충할 수 있음을 염두에 두기 바랍니다. 제가 소개하는 연마 시스템은 제가 가진 대부분의 대팻날과 끌을 연마하는 데 쓰입니다. 만일 이 절에서 언급하는 날물이 특별한 취급을 필요로 한다면 그것에 대해서도 다룰 것입니다.

물숫돌

제 연마 시스템은 물숫돌(waterstone)[42]을 기반으로 합니다. 시장에는 다양한 형태의 품질 좋은 숫돌들이 있습니다. 이 중에서 서로 다른 크기의 연마 입자를 양면에 나누어 붙인 양면 숫돌은 예산에 민감한 목수들에게 최상의 가성비를 제공합니다. 제가 쓰는 숫돌은 Shapton 사의 세라믹 숫돌입니다. 이 숫돌은 전통적인 물숫돌에 비해 잘 마모되지 않으며, 연마 전 오랫동안 물에 담가 놓을 필요가 없는 장점이 있습니다. 물숫돌은 다양한 범위의 입자 크기(grit-size)를 채용한 제품들이 있는데, 저는 #1,000, #5,000, #8,000[43]이 세 개만을 씁니다. 이 세 개의 연마 입자 크기는 각각 중간, 고움, 아주 고움이라고 간주할 수 있습니다. 모든 물숫돌은 사용하면서 마모되기 마련이고, 숫돌 가운데가 파여지는 경향이 있기 때문에 숫돌의 표면을 깨끗하게 하고 평을 잡을 수 있는 방안도 있어야 합니다. 추가적으로 당신의 날물이 깨지거나 해서 모양이 형편없다면 날 모양을 빨리 잡기 위해 아주 거친 숫돌도 있어야 합니다. 이 두 문제를 해결하기 위해 저는 DMT DuoSharp[44] 숫돌을 사용합니다. 이 다이아몬드 숫돌은 10만 원이 넘는 가격이라 싸지 않습니다. 하지만 한번 사두면 굉장히 오래 쓸 수 있습니다. 이 숫돌은 쉽게 날 모양을 다시 잡을 수 있을 정도로 충분히 거칠며, 제가 가진 세 물숫돌의 평을 잡을 수 있을 만큼 충분히 큽니다. 물숫돌을 사용하고 난 뒤 이 다이아몬드 숫돌에 대고 문지르기만 하면 깨끗하게 숫돌 표면을 청소하고 평까지 잡을 수 있습니다.

똑같은 일을 한다는 겁니다. 그것은 바로 점점 더 고운 연마재로 올라가면서 쇠로 된 날물을 갈아내는 겁니다. 이런 일을 하는 데는 연마재와 날물의 형태(form factor)라는 딱 두 개의 변수만 있을 뿐입니다. 저는 시중에 나와 있는 거의 모든 연마 관련 제품들을 써보았습니다. 그런 과정을 통해 저에게 맞고 좋은 결과를 만드는 방법에 정착을 했고 앞으로도 저와 함께 할 것입니다. 그런데 저의 선택이 결코 저렴한

---

42) 서양의 전통적인 숫돌은 오일을 윤활재로 사용하는 오일 숫돌(oilstone)이었음. 하지만 번거롭고 관리하기 힘들어 요즘은 일본식 물숫돌이 보편적임.

43) 숫돌이나 사포의 연마 입자 크기(grit-size)를 나타내는 수치는 가로 세로 1인치 정사각형 안에 들어간 연마 입자의 갯수를 의미함. 따라서 숫자가 커질수록 연마 입자는 작으며 더 고운 연마재임.

44) DMT의 DuoSharp는 10인치와 8인치 두 크기로 판매되는데, 저자가 사용하는 것은 10인치 모델임. 또한 DuoSharp도 다양한 거칠기로 제공되는데, 저자가 사용하는 건 블랙 다이아몬드 급으로 #220에 해당하며 입자 크기는 60마이크론임.

호닝가이드

마지막으로 추천하고 싶은 아이템은 호닝가이드(honing guide)입니다. 호닝가이드는 날물을 고정된 각도로 잘 붙잡는 역할을 하는 조그만 지그입니다. 어떤 목수들은 이 호닝가이드에 대해 단호하게 반대합니다만 저는 호닝가이드가 매우 쓸모 있다고 생각합니다. 특히 초보 목공인들에게요. 끌이나 대팻날을 오랜 시간 동안 정확한 각도로 유지한다는 것은 매우 어려운 일입니다. 만일 당신이 날물 연마 기술을 터득하기 위해 몇 년을 투자할 용의가 있다면, 프리핸드(freehand) 연마법은 배우기에 재미있고 유용한 기술일 수 있습니다. 개인적으로 저는 더 나은 프리핸드 연마 전문가가 되기보다는 더 나은 목수가 되길 원합니다. 연마가 최종 목적

숫돌 평 잡기 ■ 물숫돌을 사용하고 나면 움푹 파이게 됩니다. 저는 날 연마 과정이 끝날 때마다 물숫돌을 거친 DMT 다이아몬드 숫돌에 대고 문지릅니다. 물숫돌의 표면이 깨끗해지면 평이 잡힌 겁니다.

지라면 호닝가이드는 그 목적지로 가기 위한 지름길에 불과합니다. 저는 이것이 상식이라 생각합니다. 하지만 간혹 손으로 연마하고 싶을 때, 프리핸드 연마법을 배우는 걸 단념하진 마세요. 제가 사용하는 호닝가이드는 Veritas MKII입니다. 이 제품은 호닝가이드 중에서 이것저것 삐까번쩍한 옵션이 많이 달려 있는 캐딜락에 비유할 수 있습니다. 하지만 많은 사람들은 2만 원 정도 하는 저렴한 호닝가이드를 애용합니다.

각 수공구의 날물은 각자 미묘한 차이들이 있어서 연마 과정이 조금씩 다릅니다. 하지만 기본적인 원리는 모두 같습니다. 뒷면(back)과 경사면(bevel)은 모두 평평해야 합니다. 그리고 이 두 면이 만나는 선은 매우 날카로워야 합니다. 이 두 면을 더 곱게 연마하고 광을 낼수록 날 끝은 더 날카로워집니다. 결론적으로 우리가 할 일은 날 끝을 예리하게 만들고 또 그것을 관리하는 겁니다.

예산에 맞는 호닝가이드 ■ 왼쪽의 Veritas MKII는 호닝가이드의 캐딜락이라고 할 수 있습니다. 그러나 오른쪽의 2만 원짜리 호닝가이드도 꽤 제 역할을 합니다.

뒷날 평 잡기

날 연마 과정은 뒷날의 평을 잡는 것으로부터 시작됩니다. 끌이나 대패의 뒷면 전체 평을 잡는 것은 어렵고 시간이 많이 걸리는 일입니다. 고맙게도 대부분의 경우 날끝에서부터 25~50mm 지점까지만 평을 잡으면 됩니다. 왜냐하면 뒷날에 기대어 작업하는 영역이 딱 그 정도이기 때문입니다. 그리고 뒷날 평 잡는 날물을 사고 나서 한 번만 해주면 되는 작업입니다. 뒷날을 문지르는 작업은 단순하면서도 호닝가이드 없이 손으로 할 수 있습니다. 날의 뒷부분을 숫돌에 밀착시킨 후 한 손은 손잡이나 날의 다른 끝을 잡고, 다른 손은 날끝 부분을 숫돌에 지긋이 눌러줍니다. 그 상태에서 날물을

날카롭다는 것은? ■ 날끝은 두 평면이 만나는 선입니다. 이 경우 연마된 경사면과 끌의 뒷면이 만나는 선이 예리합니다.

하이브리드 목공   43

앞뒤로 왕복합니다. 이때 숫돌 전체를 고르게 쓰도록 노력해야 하며, 날 끝의 25~50mm 정도만 숫돌에 문지르면 됩니다. 만일 새로 산 날물이고 공장에서 정밀하게 평이 잡혀 나온 제품이라면, 바로 #5,000의 고운 숫돌로 건너 뛸 수 있습니다. 이어서 반짝이는 광을 내면 됩니다. 만일 당신이 중고 날물을 구했을 경우에는 고운 숫돌에 뒷날의 평을 테스트해볼 수 있습니다. 10~20번 정도 뒷날을 문지른 뒤에 뒷날을 바라보았을 때 날 끝 부분에 일정한 영역의 광이 연마되었다면 이 날물의 평이 맞는 겁니다. 이럴 경우 바로 #8,000 숫돌로 본격적인 광을 내면 됩니다. 만일 뒷날의 연마되는 부분이 고르지 않으면 더 거친 숫돌로 되돌아가서 처음부터 평을 잡아야 합니다. 각 숫돌 별로 충분한 시간을 뒷날을 갈아 뒷날의 스크래치 패턴이 일정하고 전체적으로 연마되는지 확인해야 합니다. 이런 과정이 고통스럽게 느껴진다 해도 어쩔 수 없습니다. 원래 연마라는 것이 그렇습니다. 다행스럽게도 뒷날의 평을 한번 잡고 나면 다시 뒷날의 평을 잡아야 할 일은 거의 없습니다. 이후로는 가장 고운 숫돌로 약간씩 광을 내면서 관리하면 됩니다. 당신이 수공구를 사게 되면 각 날물들에 대해 한 번은 해야 하는 꼭 필요한 시간과 노력의 투자라고 생각하세요.

앞날 연마하기

뒷날 평을 잡았으면 이제 관심을 앞날 경사면(bevel)에 집중해야 합니다. 날의 각도는 공구의 종류와 기능에 따라 다릅니다. 그러므로 당신의 필요에 맞는 적절한 날 각도를 찾아내야 합니다. 호닝가이드를 이용하여 원하는 날 각도로 날물을 고정하세요. 뒷날 평 잡기 과정과 비슷하게 숫돌별로 앞날 전체를 일정한 스크래치 패턴이 되도록 갈아줍니다. 날 끝이 대략 예리하게 될 정도까지 진행하면 됩니다. 이 과정에서 날 뒤쪽을 손으로 만져보면 살짝 튀어나온 버(burr)를 느낄 수 있을 겁니다. 이 버는 앞날이 제대로 끝까지 연마되었다는 걸 나타내는 좋은 징표입니다. 버는 앞날의 쇠가 뒤로 넘어가 접혀진 것을 의미합니다. #8,000 숫돌까지 이런 식으로 계속 진행합니다. 버를 제거하기 위해서는 날을 뒤집어서 #8,000 숫돌에 대고 뒷면을 살짝 문질러주면 됩니다. 다시 앞날을 연마한 다음 뒤로 넘어온 버를 또 제거합니다. 하지만 이때 생기는 버는 전보다 작을 겁니다. 이 단계까지 진행했으면 당신의 날물은 충분히 날카로운 상태입니다. 그래서 당신 팔의 털을 쉽게 면도할 수 있을 정도입니다. 아, 물론 털이 있다면 말이죠. 이렇게 한번 앞날을 잘 연마해두면, 앞으로 필요할 때마다 호닝가이드에 물려서 빠르게 다시 날을 세울 수 있습니다. 자주 날을 갈면 가장 고운 숫돌로 앞날을 갈고 뒷날의 버를 제거하는 작업만 해도 쉽게 예리한 날

뒷날 평 잡기 ■ 날카로운 날을 만들기 위한 첫 번째 단계는 뒷날을 평평하게 만드는 겁니다.

거울같은 광 내기 ■ 거울 같은 광을 내기 위해서는 끌이나 대패의 뒷날을 #8,000 숫돌에 갈아야 합니다.

앞날 연마하기 ■ 호닝가이드를 이용하면 쉽게 앞날을 #8,000 숫돌까지 연마할 수 있습니다.

을 유지할 수 있습니다. 만일 날을 자주 갈지 않으면 #1,000 이나 #5,000 숫돌부터 시작해야 할 겁니다. 날 끝이 깨지거나 심한 상처를 입었다면 당신이 가진 가장 거친 숫돌로부터 날 모양을 다시 잡거나, 벤치 그라인더를 이용할 수도 있습니다.[45]

이단각

날 연마 시간을 획기적으로 줄이기 위해 날 끝 부분에 이단각(micro bevel)을 만들 수 있습니다. 앞날을 연마한 다음 날물을 1~2도 정도 들고, 날 끝 부분만 살짝 갈아내는 겁니다. Vertias MKII 호닝가이드를 사용한다면 손잡이를 돌리는 것만으로 쉽게 이단각 세팅을 할 수 있습니다. 앞날의 끝 부분만 살짝 갈아내는 것이기 때문에 시간이 오래 걸리지 않아야 합니다. 그리고 이단각 부분은 1.5mm를 넘기지 않도록 하는 것이 좋습니다. 앞쪽에서 이단각을 낸 뒤에 뒤쪽으로 넘어간 버를 제거하면 완성됩니다. 그렇다면 대체 이단각을 내는 목적이 무엇일까요? 바로 빠른 연마를 위한 겁니다. 연마할 때 마찰시켜야 하는 날의 면적이 넓을수록 시간이 더 걸립니다. 만일 아주 좁은 이단각만 연마해도 된다면, 1분 안에 날끝을 예리하게 만들 수 있습니다. 그리고 좋은 호닝가이드를 가지고 있다면 이단각 연마를 빠르고 일관성 있게 할 수 있습니다. 예를 들어 제 끌이 무뎌진 걸 느낀다면, 이단각의 각도에 맞게 호닝가이드에 끌을 세팅한 다음 #8,000 숫돌에 10번 왕복합니다. 그리고 호닝가이드에서 끌을 분리한 다음 끌의 뒷면을 10번 왕복하여 버를 제거합니다. 이는 앞서 보았던 연마 과정과 동일합니다.[46] 한편 이단각이 모든 공구에 모든 상황에서 유용한 것은 아닙니다. 그러니 섣불리 당신의 모든 날물에 이단각을 만들지 말고, 먼저 그것이 효율적인지 알아보셔야 합니다.

제 연마 시스템은 싸지 않습니다. 하지만 빠르고 정확합니다. 이단각을 사용하고, Shapton 숫돌을 쓰고, 좋은 호닝가이드를 사용한다면, 더 이상 연마가 두려운 과정이 아닙니다. 사실 저는 몇몇 시도를 통해 연마 방법을 개선하고 있으며, 이를 통해 날물이 항상 날카롭게 연마되어 있으면 저도 매우 만족스럽습니다. 연마는 사실 깊은 주제이며, 그래서 이를 전문적으로 다룬 책도 있습니다. 저는 당신이 직접 탐구하고 실험하면서 당신의 방법을 찾기 바랍니다. 하지만 항상 이것만은 명심하세요. 결국 날카로운 날끝을 만드는 게 연마의 유일하고 궁극적인 목적이라는 걸요. 목표를 달성하기 위한 여러 방법론보다는, 실제 그 목표를 이루는 것이 훨씬 더 중요합니다.

빛나는 앞날 ■ 뒷날과 같은 방식으로 자신을 비춰볼 수 있을 정도로 앞날의 광을 내세요.

면도할 만큼 날카롭게 ■ 솔직히 별로 권하고 싶지 않지만, 날물로 당신 팔의 털을 쉽게 면도할 수 있으면 잘 연마된 것임을 알 수 있습니다(물론 당신 팔에 털이 있는 경우에만요).

이단각 ■ 빠른 연마를 위해 날 끝 부분에 작은 이단각을 만듭니다. 이단각의 작은 면적은 갈아내야 할 쇠의 양이 적다는 걸 의미합니다.

---

45) Wood Whisperer Ep.181 - My Sharpening System 참고.
46) Wood Whisperer Ep.220 - 60 Seconds to Sharp! 참고.

다른 연마 방법들

날을 연마하는 방법은 다양합니다. 해마다 새로운 도구들이 연마의 어려움을 해결해줄 거라며 시장에 출시됩니다. 이들 도구들은 각자의 장점과 단점이 있습니다. 하지만 이들 대부분은 기존의 연마법들을 약간 변형한 것에 불과합니다. 어떤 방법을 택하느냐는 개인의 취향에 달려 있습니다. 그래서 연마를 위한 장비와 기술에 대한 다른 선택 사항들을 알아보겠습니다.

맨손으로(프리핸드)

프리핸드 연마법의 단순함에 대해서는 이견이 없을 겁니다. 그저 날물을 손에 쥐고 연마재 위에 올려 왕복하면 됩니다. 프리핸드 연마법은 그것을 배우고자 하는 이들에게 높은 자유도를 제공합니다. 한창 작업하는 중간에 끌날이 무뎌진 것을 느꼈다고 해봅시다. 프리핸드 방법의 경우 다시 날을 세우고 하던 작업에 복귀하는 데까지 몇 초밖에 걸리지 않습니다. 또한 너무 호닝가이드에 의지하게 되면 간혹 곤경에 빠지게 될 수도 있음을 명심하세요. 상당수의 끌과 공구 날물들이 호닝가이드에 맞지 않기 때문에[47] 프리핸드 연마법 외에 다른 방법이 없을 수도 있습니다.

습식 그라인더

벤치 그라인더는 날각도를 바꾸거나 손상된 날을 고치는 데 유용합니다. 하지만 거칠고, 회전수가 빠르며 고열이 발생하기 때문에 날끝을 날카롭게 광내기에는 적합하지 않습니다. 회전수가 낮은 습식 그라인더(wet grinder)는 완전히 다른 녀석입니다. 습식 그라인더는 고운 입자 크기를 가진 큰 숫돌이 아래에 담겨진 물을 통과하면서 천천히 회전합니다. 이 물은 날물이 숫돌에 마찰될 때 발생하는 열을 식혀주는 역할을 합니다. 딸려 있는 지그는 날물을 정확한 위치에 고정할 수 있어, 항상 일정한 결과를 보장합니다. 이 기계는 가죽으로 된 바퀴[48]도 가지고 있어 극도로 날카로운 연마를 할 수 있습니다.

습식 그라인더를 당신의 연마 시스템으로 채용하려 한다면, 이것이 오목한 경사면을 만든다는 점을 알고 있어야 합니다. 습식 그라인더의 연마석이 둥글기 때문에 이 모양을 따라 날물의 가운데가 약간 오목해집니다. 그라인더로 연마한 다음 추가적인 광내기 작업을 하려 한다면, 이 오목함이 프리핸드로 연마할 때 안정적으로 자세를 잡는 데 도움을 주기도 합니다. 왜냐하면 오목한 날을 숫돌에 대면 두 개의 접점이 생기기 때문입니다. 하지만 모든 경우에 습식 그라인더가 적합한 것은 아닙니다. 제가 주로 쓰는 일본 끌의 경우 오목한 날을 만들지 말라고 합니다. 왜냐하면 일

---

47) 대표적으로 날끝이 틀어져 있는 스큐 끌(skew chisel), 단면이 삼각형인 도브테일 끌, 날이 직각 모양인 직각 끌, 다양한 모양의 조각도, 목선반용 칼 등은 호닝가이드를 사용하기 까다로움.

48) 예로부터 가죽은 가장 고운 숫돌의 역할로 사용되었음. 면도기를 가죽에 쓱쓱 문지르던 이유도 이 때문임. 가죽으로 연마하는 걸 'stropping'이라고 함.

맨 손으로 하라 ■ 익힐 수만 있다면 프리핸드 연마 기술은 훌륭한 자산입니다.

습식 그라인더 ■ 비싸긴 하지만, 습식 그라인더는 빠르고 효율적으로 날을 세울 수 있습니다. 습식 그라인더는 벤치 그라인더에 물을 통과하는 구조가 추가되어 냉각이 잘 되는 이점이 있습니다.

어마무시한 연마법 ■ 어마무시한 연마법은 최고 가성비 상을 받을 만합니다. 왜냐하면 방수 사포와 평면만 있으면 되니까요.

목수의 절친? ■ 다이아몬드 숫돌은 비싸지만, 오랫동안 쓸 수 있습니다. 저는 다이아몬드 숫돌을 거친 연마가 필요할 때나 다른 물숫돌의 평을 잡는 데에만 사용합니다. 하지만 다이아몬드 숫돌만으로 연마 시스템을 구축하지 못할 이유는 없습니다.

본 끌은 얇은 철을 두드려 펴고 이를 여러 겹 접어 만드는 접쇠 방식의 재질이기 때문에 오목하게 파이면 강도가 약해지기 때문입니다.

어마무시한 연마법

'어마무시한 연마(scary sharp)'[49] 시스템은 두 개의 상을 받았습니다. 하나는 그 멋진 이름이고, 다른 하나는 가장 저렴한 방법이라는 겁니다. 이 방법은 방수 사포(wet-dry sandpaper)[50]와 평평한 면만 있으면 가능합니다. 평평한 면으로는 주로 평평한 유리나 석재 타일을 사용합니다. 사포는 스프레이 접착제로 평평한 면에 단단히 붙일 수 있으며, 단순히 물만 발라도 제법 잘 고정됩니다. 이 방법의 큰 한계 중 하나는 아주 고운 입자의 사포가 없다는 겁니다. 대부분의 방수 사포는 #2,000 정도가 가장 고운 겁니다. #5,000 이상의 고운 연마재로 광을 내고 싶다면 이 방법을 사용할 수 없습니다. 하지만 #2,000 정도로도 제법 날카로운 날을 만들 수 있긴 합니다.

이 연마법은 시간이 가면서 사포를 계속 소비하는 문제가 있습니다. 처음에는 저렴한 연마법 같지만 유지비가 꽤나 많이 듭니다. 그러므로 장기적으로 이 방법이 과연 비용 대비 효율적인 방법인지를 고민해야 합니다.

다이아몬드 숫돌

저는 물숫돌의 평을 잡거나 손상된 날을 수리하기 위한 매우 거친 다이아몬드 숫돌을 가지고 있습니다. 하지만 다이아몬드 숫돌을 주 연마재로 사용하지는 않습니다. 그런데 다이아몬드 숫돌만으로도 충분히 연마를 할 수 있습니다. 다이아몬드 숫돌도 물숫돌과 비슷한 기능을 하며, 다양한 입자 크기의 숫돌들이 생산됩니다. Norton이나 DMT 사에서 만드는 고품질의 다이아몬드 숫돌은 매우 일률적으로 연마되며 내구성도 뛰어나 오래 쓸 수 있습니다. 다이아몬드 숫돌은 평을 잡을 필요가 없어 관리하기도 편합니다. 단지 사용 후 간단하게 헹궈주기만 하면 됩니다.

저는 이 모든 연마법을 다 해보는데, 결국 물숫돌과 호닝가이드로 다시 돌아오게 되었습니다. 그게 저한테 맞더군요. 당신도 시간이 가면서 당신에게 맞는 연마법을 찾게 될 겁니다. 그리고 그것이 좋은 결과를 만들어 낸다면 누가 당신에게 시비를 걸 수 있겠습니까?

---

49) 사포를 이용한 연마는 오랜 역사를 가지고 있지만, 이에 scary sharp라는 이름이 붙은 것은 1994년 유즈넷에서 어떤 사람이 사포를 이용한 연마를 소개하면서 익살스럽게 이름을 붙인 데서 기원함. 사포와 유리만 있으면 되니 저렴하고, 숫돌처럼 패이지도 않으니 어마무시한 연마법이라는 것.

50) 방수 사포는 일반적인 종이 사포와 달리 물에 젖더라도 돌돌 말리지 않아, 습식 샌딩에 주로 사용됨.

하이브리드 목수의 공구들

평끌 ■ 제가 주로 사용하는 평끌은 Fujihiro 일본 끌입니다. 저는 일본 끌을 사용할 때의 손맛을 좋아하는데, 이 끌은 강한 타격에도 날을 잘 유지합니다.

멈춘 다도 ■ 끌은 여러 방면에서 편리하게 사용됩니다. 라우터로 책장의 옆면에 멈춘 다도 가공을 하면 끝부분이 둥글게 되는데, 끌을 이용하여 쉽게 직각으로 만들 수 있습니다.

평끌

잘 연마된 평끌(bench chisel) 세트를 빼고 목수의 연장 세트를 완성할 수 있을까요? 대답은 "아니요."입니다. 제 공방에서 만들어지는 모든 프로젝트들은 모두 끌의 도움을 받았습니다. 끌은 다양한 모양, 스타일, 크기의 것이 있고, 넓은 가격대를 형성하고 있지만 기본적으로 똑같은 구조를 가지고 있습니다. 나무 또는 플라스틱으로 만들어진 손잡이와 쇠로 만들어진 끝이 잘 연마된 날물로 구성됩니다.

끌은 공방에 없어서는 안 될 다재다능한 일꾼이며, 단순히 날 각도를 바꾸는 것만으로도 그 기능과 용도가 변경될 수 있습니다. 만일 끌을 나무의 표면을 살짝 벗겨내는 용도로 많이 사용한다면 날 각도를 15~20도로 만드는 것이 좋습니다. 끌의 날끝은 매우 가는데다가 저각의 날은 손상되기 쉬워 섬세하게 다루어져야 합니다. 결구를 가공하는 등의 일반적인 용도로 사용하려면 끌을 망치로 내려쳐야 하는데, 이를 위해 대부분의 목수들은 날 각을 25~30도로 유지합니다. 만일 주로 장부 구멍을 가공하거나 매우 거친 작업을 위해 오직 망치로 때리는 식으로만 사용한다면 날 각을 35도로 유지하는 것이 훨씬 좋습니다. 단지 날 각도를 바꾸는 것만으로 이런 기능적 변화가 가능하다는 게 놀랍습니다.

아마 당신은 하나의 끌 세트만을 가지고 있을 것입니다만, 저는 가능하다면 두 개의 끌 세트를 갖추라고 권합니다. 왜냐하면 날 각도에 따라 끌의 용도가 달라지기 때문입니다. 당신은 어떨지 모르겠지만, 저는 즉흥적으로 끌의 날 각도를 변경하는 걸 좋아하지 않습니다. 그래서 특정한 작업에 맞는 전용의 끌들을 다양한 크기로 갖추는 것이 더 낫다고 생각합니다.

평끌 사용법

끌은 공방에서 톱만큼이나 중요한 공구입니다. 그리고 그 용도는 정확히 세기 어렵습니다. 끌을 다루는 것에 익숙해질수록, 끌을 사용할 수 있는 영역을 더 많이 찾아낼 수 있기 때문입니다. 제가 끌을 사용하는 몇몇 공통적인 경우는 모든 타입의 결구를 미세 가공하고, 라우터 비트로 만든 둥근 장부 구멍을 직각으로 만들고, 삐져나와 마른 본드를 제거하는 등입니다. 잘 연마된 끌의 재능은 한계를 모릅니다. 하지만 이거 한 가지만은 하지 마세요. 제발 끌로 뭔가를 여는 데 사용하지 마세요. 한번은 제 아내가 제 끌을 가져다가 페인트 캔을 따는 데 사용한 적이 있습니다. 지금도 그 생각만 하면 오싹합니다.

제가 쓰는 평끌들

믿으실지 모르겠지만, 저는 현재 세 개의 평끌 세트를 가지고 있습니다. 첫 번째 세트는 중요하지 않은 영역에 막 쓰는 용도입니다. 결구를 가공할 때는 보통 이 세트를 사용하지 않습니다. 대신 그 외의 일반적인 DIY 작업에 두루 사용합니다. 이 세트는 꽤 저렴해야 할 겁니다. 저는 오래된 Marples[51] 끌 세트를 막 쓰는 용도로 사용합니다. 그리고 이 끌들은 30도로 날각을 잡았습니다.

---

51) 1828년에 설립된 영국의 전통적인 공구 제조사로, 지금은 미국 IRWIN 사에 합병되어, IRWIN/Marples 브랜드로 제품이 나옴. 이 끌 세트는 현재 $50 안쪽으로 살 수 있음.

두 번째 세트는 고급 세트입니다. 이 고급 세트의 끌들은 결구를 미세 가공하거나 다른 섬세한 작업을 위해 주로 사용됩니다. 이 아름다운 끌 세트들은 아주 예리하게 연마되며, 날 끝을 오랫동안 유지할 수 있는 품질 좋은 쇠로 만들어졌습니다. 그럼에도 불구하고 솔직히 말하면 저는 이 끌들을 제 아기를 다루듯 조심스레 다룹니다. 이 좋은 끌을 사려면 예산이 좀 빠듯할 겁니다. 그렇다고 전 재산을 터는 미련한 짓은 하지 마세요. 저는 일본 끌을 너무 좋아합니다. 그래서 저는 Fujihiro[52] 끌 세트를 가지고 있으며, 날 각도를 25도로 연마했습니다.

세 번째 세트는 장부 끌(mortising chisel)입니다. 장부 끌의 쇠 부분은 강한 타격을 견딜 수 있도록 매우 두껍습니다. 당신이 수공구만 사용하는 목수든, 하이브리드 목수든 간에 장부 끌이 있으면 장부 구멍을 가공할 때 나무를 가리지 않고 다양하게 사용할 수 있습니다. 제가 가지고 있는 장부 끌 세트는 Lie-Nielsen 사의 것입니다. 장부 끌의 사용법에 대해서는 나중에 나올 '고려해야 할 수공구' 편에서 다룰 겁니다.

만일 당신이 목공에 입문하는 단계라면 한 번에 여러 개의 끌 세트를 사라고 절대 권하지 않습니다. 대신 당신의 첫 번째 끌 세트는 저렴한 걸 사라고 권합니다. 그리고 그걸로 끌의 사용법과 연마법을 익히세요. 그러다 보면 결국 정말로 좋은 끌에 투자할 준비가 될 겁니다. 그때는 처음에 샀던 저렴한 끌 세트를 막 쓰는 용도로 격하시키면 됩니다. 이때가 되어야 당신의 작업 영역과 취향에 대해 더 잘 파악할 수 있으며, 그렇기 때문에 당신에게 정말 필요한 끌 세트를 살 수 있게 됩니다. 당신의 목공 경력 초기에 너무 좋은 끌을 사게 될 경우, 그것이 결국 돈 낭비로 귀결될 수도 있습니다. 왜냐하면 나중에 그 끌의 스타일이나 브랜드가 자신에게 맞지 않는다는 걸 깨달을 수 있기 때문입니다.

---

52) 일본의 Hida Tools에서 만드는 끌로 세트에 $1,000를 넘는 비싼 가격에 판매되고 있음.

저렴하지만 예리하다 ■ 이 저렴한 Marples 끌들은 날 끝을 예리하게 유지하며, 결구를 미세 조정하는 데 사용할 수 있습니다.

장부 끌 ■ 두꺼운 몸체의 장부 끌은 강한 타격을 잘 버텨냅니다.

고품질 작업을 위한 고품질 끌 ■ 가장 말끔해야 하는 눈에 잘 띄는 부분의 작업은 저의 일본 끌이 도맡아 합니다.

쇠망치와 나무망치

끌을 때리는 다양한 선택 ■ 황동과 나무로 된 여러 망치들이 있지만 모두 다 끌을 타격하기에 부족함이 없습니다.

많은 경우 끌로 작업할 때 손이나 몸으로 눌러서 힘을 가합니다. 끌의 날 끝을 선에 정확히 대고, 끌 손잡이를 단단히 잡은 다음 그대로 끌에 기대어 미는 식입니다. 대부분의 경우 이렇게 하면 제어 가능하고 정확한 작업이 가능합니다. 하지만 어떤 경우는 약간 타격의 도움이 필요합니다. 예리하게 연마된 끌은 단단한 하드우드에서도 제법 제 역할을 할 수 있지만, 망치가 약간만 더 도와준다면 두꺼운 하드우드도 문제없이 가공할 수 있습니다. 사실 저는 제 할아버지로부터 물려받은 나무망치를 가지고 있습니다. 이 나무망치는 목봉에 짧은 각목을 붙인 단순한 형태입니다. 하지만 이보다 더 근사한 것을 원한다면 여러 가지 옵션이 있습니다.

저는 나무망치와 황동 망치 둘 다 좋아합니다. 시중에는 제가 가진 것보다 더 멋진 나무망치들이 판매되고 있고, 심지어 제가 만들 수도 있지만, 할아버지의 허름한 나무망치도 충분히 제 역할을 잘하고 있습니다. 일반적으로 나무 손잡이를 가진 끌은 나무망치로 타격합니다. 하지만 언제나 예외는 있습니다. 나무 손잡이를 가진 장부 끌을 사용할 때 가끔씩은 좀 더 강한 힘이 필요하다고 느낄 때가 있습니다. 그럴 땐 황동 망치를 꺼내어 사용합니다.

황동 망치에 대해서는 아픈 기억이 있습니다. 캘리포니아 Santa Rosa에서 주먹장 수업을 받을 때입니다. 한창 목공에 심취했을 때였는데, 우연히 Glen-Drake 사의 아름다운 황동 망치를 살 기회가 생겼습니다. 이 황동 망치들은 너무 아름다워서 망치계의 캐딜락이라 할 만했습니다. 그리고 캐딜락만큼이나 비쌌습니다. 하지만 저는 쉐보레만큼의 돈밖에 없었습니다. 저는 그 황동 망치를 구입해서 너무 흥분되었지만, 제 아내는 전혀 아니었습니다. 십 년이 지났지만 이때 산 멋진 황동 망치들은 여전히 그 아름다움을 뽐내고 있습니다. 하지만 그 가격의 절반이면 살 수 있는 Lee Valley의 Journeyman 황동망치도 비슷한 정도의 성능이라는 걸 알게 되었기에 속이 쓰립니다.[53]

---

53) Glen-Drake 사의 황동 망치는 $60~80 정도의 가격인 반면, Lee Valley의 Veritas 망치는 $30 정도임. 저자는 무려 3개의 Glen-Drake 황동 망치를 삼.

나무에는 나무로 ■ 나무 손잡이 끌은 나무망치로 때립니다.

나무에 황동으로 ■ 일본 끌은 황동 망치로 강하게 때리더라도 링 모양의 쇠로 된 갱기(ferrule)가 끼워져 있어 나무 손잡이가 쪼개지지 않습니다.

라우터 플레인

라우터 플레인은 하이브리드 목수의 공구함에서 가장 중요한 공구일 수 있습니다. 첫 구매 목록에 라우터 플레인이 포함되는 것에 대해 논쟁이 있을 수 있습니다. 하지만 수공구 위주의 목수들뿐 아니라 하이브리드 목수들에게도 라우터 플레인은 매우 유용합니다. 제가 목공을 시작하고 수년 동안 라우터 플레인을 우연찮게 접하곤 했지만 이상하게도 그의 가치를 알지 못했습니다. 라우터 플레인을 본 저의 첫 반응은 "어느 바보가 20,000rpm으로 회전하는 비트로 무장한 라우터를 두고 수동 라우터를 쓰겠냐?"는 거였습니다. 당시 저는 라우터 플레인이 미세 가공 도구로서의 잠재력을 가지고 있다는 것을 알아차리지 못했습니다. 라우터 플레인의 특별한 점은 전동 라우터와 비슷하게 일정한 깊이로 일률적인 작업을 할 수 있다는 것입니다. 다른 대패들과는 달리 라우터 플레인은 설정한 깊이에 도달하면 더 이상 나무를 깎아내지 않습니다. 이것은 목수들이 기계의 세계에서 경험했던 매우 편리한 기능입니다.

많은 초보 목수들이 수공구의 자유로운 본성에 겁을 먹습니다. 왜냐하면 수공구에는 줄자가 붙어 있지도 않고, 펜스나 깊이 제한 장치도 없기 때문입니다. 그래서 라우터 플레인 같은 공구는 깊이를 조절할 수 있는 간단한 장치 하나 때문에, 수공구 초보자들의 진입 장벽이 낮습니다. 라우터 플레인에 만족한 목수는 자신감을 가지게 되어, 손재주가 필요할 수 있는 수공구 세계로의 모험을 떠날 수 있습니다. 라우터 플레인이 새로 나타난 공구가 아님에도 불구하고, 모든 취향의 목수들에게 요즘 인기를 얻고 있습니다. 이것이 할 수 있는 일과 어떻게 쓰는지를 알게 된다면, 위대한 목공으로의 퀘스트(quest)를 함께 할 강력한 동맹군을 얻게 되는 격입니다.

라우터 플레인은 가운데가 뚫려 있는 넓은 베이스, 두 개의 둥근 손잡이, 그리고 베이스의 구멍으로 튀어나온 L 모양의 날로 구성된 단순한 형태입니다. 이런 생김새 때문에 라우터 플레인은 오래전부터 '쭈그렁 할망구 이빨(old hag's tooth)'이라는 별명으로 불리었습니다. 이 표현으로 마음에 상처를 받았을지 모를 할머니들께 사과를 드립니다. 대팻날은 고리(collar)를 가진 기둥에 고정되며, 손잡이를 돌리는 것만으로 깊이 조절이 가능합니다. 대팻날은 작업의 종류에 맞게 다양한 폭과 모양의 것으로 바꿔 끼울 수 있습니다.

매끈한 홈 파기 ■ 라우터 플레인은 전동 라우터로 판 홈의 거칠고 울퉁불퉁한 밑바닥을 말끔하게 다듬는 데 최고입니다.

정밀한 깊이 조절 ■ 라우터 플레인의 깊이 조절 손잡이를 돌려서, 대팻날이 베이스에서 얼마나 튀어나올지를 미세하게 조절할 수 있습니다.

잘 보인다 ■ 라우터 플레인은 대팻날이 튀어나온 부분에 넓게 뚫린 공간이 있어서 작업하고 있는 과정을 잘 볼 수 있습니다.

베이스 확장 ■ 12mm 합판으로 만든 확장 베이스를 라우터 플레인에 부착하면 장부의 옆면을 쉽게 다듬을 수 있습니다.

선택 가능한 날 ■ 대부분의 라우터 플레인은 여러 개의 선택할 수 있는 날 모양이 있습니다. Veritas 브랜드의 경우 아주 작은 날도 있습니다.

라우터 플레인 사용법

제가 라우터 플레인을 가장 즐겨 쓰는 경우는 장부의 옆면(cheek)을 다듬을 때입니다. 다른 대패와 달리 라우터 플레인은 깊이 제한 기능이 있습니다. 그러므로 라우터 플레인으로 장부의 옆면을 다듬은 다음, 뒤집어 뒤쪽도 똑같은 깊이로 다듬는다면 장부는 항상 두께의 중심에 위치하게 됩니다.

저는 홈이나 반턱을 가공할 때 주로 테이블쏘를 사용합니다. 수작업으로는 도저히 테이블쏘의 작업 속도를 능가할 수 없을 겁니다. 하지만 가끔씩은 판재가 평평하지 않을 수도 있고, 다도날이 판재를 밀어올리는 경향이 있기 때문에 목표로 정한 깊이로 가공되지 않는 경우가 많습니다. 이럴 때 라우터 플레인이 출동하여 가공된 홈의 깊이를 모두 일정하게 다듬을 수 있습니다. 또한 당신이 멈춘 다도(stopped dado)를 만들어야 한다고 생각해봅시다. 이 작업은 전동 라우터가 우선적으로 고려되지만, 테이블쏘로도 홈이 끝나는 지점 바로 앞에서 멈추는 식으로 멈춘 다도 가공을 할 수 있습니다. 다도날은 둥글기 때문에 테이블쏘로 멈춘 다도를 가공하면 끝 부분이 경사로와 같은 모양이 됩니다. 이럴 때도 라우터 플레인이 홈을 깨끗하게 다듬는 데 제격입니다.[54]

라우터 플레인은 경첩을 달기 위한 얕은 홈을 파는 데도 안성맞춤입니다. 문짝의 좁은 옆면에 라우터를 대고 얕은 홈을 파는 것은 까다롭기도 하고 위험하기도 합니다. 하지만 라우터 플레인은 우아하게 이 작업을 해낼 수 있습니다.

제가 쓰는 라우터 플레인

저는 Veritas 사의 대형 라우터 플레인을 가지고 있으며, 몇 년 동안 훌륭한 일을 해왔습니다. 이 모델은 다양한 크기의 날을 사용할 수 있으며, 인치와 미터 단위 모두 공급됩니다. 저는 1/4"(6mm)와 1/2"(12mm) 날 만으로 거의 모든 작업을 합니다.

---

54) Wood Whisperer Ep.156 - Cleaning Up Dados with a Router Plane 참고.

라우터 플레인 날 연마하기

라우터 플레인의 날은 연마계에서 별종입니다. 이 날은 호닝가이드에 끼울 수 없는 모양이어서 오로지 프리핸드 연마만 가능합니다. 다행히 보기와 달리 그리 어렵지 않습니다.

날의 바닥부터 연마를 시작합니다. 손가락 하나를 날의 경사면에 대고 지그시 아래로 누릅니다. 다른 손으로는 기둥의 아래쪽을 잡아서 날이 숫돌에 밀착되도록 도와줍니다. 이 상태에서 밀었다 당겼다 하면서 숫돌에 문지르면 됩니다. 그런데 해보니 당기는 방식이 더 좋은 결과를 보여주어서, 저는 보통 당긴 다음 날을 살짝 들어 멀리 옮긴 다음 다시 당깁니다. 일반적으로 거울 같은 광을 내는 데 그리 오랜 시간이 필요하지는 않습니다.

경사면에 광을 내기 위해서는 날의 기둥이 걸리적거리지 않을 공간이 필요합니다. 충분한 높이의 자투리 나무 위에 숫돌을 올려놓거나, 숫돌을 작업대의 모서리 쪽으로 옮기는 방법이 있습니다. 한 손가락으로는 경사면이 숫돌에 밀착되도록 누르고, 다른 손으로는 숫돌 위를 움직이도록 합니다. 날을 비스듬히 놓고 숫돌 표면 위로 당겼다 밀었다를 반복합니다. 마찬가지로 거울 같은 광을 내는 데는 당기는 동작이 더 효율적입니다. 뒤로 넘어간 버(burr)를 제거하기 위해 연마를 마치기 전 가장 고운 숫돌에서 뒷면을 다듬어줍니다.

Veritas 라우터 플레인의 장점 중 하나는 날의 끝부분이 기둥에서 분리된다는 점입니다. Veritas 사에서 제공하는 연마 지그를 이용하면 뒷날과 앞날 연마를 쉽게 할 수 있습니다. 비록 이 지그가 모든 날들을 지원하지는 않지만, 가능한 날인 경우 매우 편리하게 연마할 수 있습니다.

라우터 플레인 연마에서 중요한 다른 측면은 평행입니다. 뒷날의 평을 완벽하게 잡았다 할지라도, 그것이 라우터 플레인의 베이스와 평행을 이룬다는 걸 보장하지는 않습니다. 만일 이 평행이 맞지 않는다면 라우터 플레인으로 깎아낸 면의 한쪽이 더 깊게 파이게 됩니다. 이를 고치기 위해서는 똑같은 두께의 두 개의 가이드 블록을 준비하여 그 위에 라우터 플레인을 올려놓아야 합니다. 그리고 이 블록 사이에

숫돌을 놓은 뒤에, 라우터 플레인의 날을 내려서 숫돌에 닿도록 합니다. 라우터 플레인을 앞뒤로 몇 번 움직인 다음 뒷날의 상태를 확인하세요. 필요하다면 날을 더 내려야 하지만, 자칫 숫돌이 파이지 않도록 주의해야 합니다. 몇 번만 왕복해보면 날 끝부분이 고르게 연마되지 않는다는 걸 알아차릴 수 있습니다. 그렇다면 날 끝부분이 전체적으로 고르게 연마될 때까지 계속해서 왕복해야 합니다. 날 밑바닥에 새로운 평면이 다 만들어졌다 해도, 날 밑바닥의 평이 틀어질 걸 대비하여 나중에 이 평행 맞추기 작업을 다시 해야 합니다.

모양은 다르지만 원리는 같다 ■ 라우터 플레인의 날은 특이하게 생겼지만, 다른 날물과 마찬가지로 뒷날의 평을 잡아야 합니다.

경사면 연마 ■ 경사면을 연마할 때 걸리적거리지 않게 하기 위해 숫돌을 자투리 나무 위에 받쳐둡니다.

새로운 발전 ■ Veritas 라우터 플레인은 날끝(cutterhead)이 분리됩니다. 긴 연장 지그에 날끝을 고정하면, 연마가 식은 죽 먹기입니다.

평행을 만들어라 ■ 가끔은 날끝이 라우터 플레인의 바닥과 평행이 아닐 수도 있습니다. 양쪽 지지대 위에 라우터 플레인을 올려 연마함으로써 이 문제를 해결할 수 있습니다.

하이브리드 목수의 공구들

어깨 수술 ■ 숄더 플레인은 대팻집 끝까지 나온 대팻날과 좁은 몸체를 가지고 있어 장부 어깨의 직각을 잡고 다듬는 데 완벽한 도구입니다.

중형 또는 소형? ■ 가능한 한 가장 큰 숄더 플레인을 사세요. 작은 어깨 부위를 다듬는다 할지라도 큰 숄더 플레인이 더 편하고 쉽습니다.

숄더 플레인

숄더 플레인은 여러 용도로 사용될 수 있습니다만, 그 이름이 암시하듯 어깨(shoulder)를 대패질하는 데 주로 사용됩니다. 장부(tenon)를 만들다보면 세팅이나 기술의 미세한 차이로 장부 어깨의 높이가 서로 다른 경우가 종종 발생합니다. 장부 어깨는 마구리면(end grain)이기 때문에 깨끗하고 정확하게 다듬기 까다롭습니다. 이 일을 위해 기계를 미세하게 세팅하여 사용하는 것은 거의 불가능에 가깝습니다. 문제를 해결하기 위해 손을 대다 보면 일을 더 그르치는 경우가 허다합니다. 다행히 숄더 플레인은 이 문제를 아주 잘 해결할 수 있으며, 문제를 해결하는 최선의 도구이기도 합니다.

숄더 플레인은 가장 큰 것도 32mm 정도로 폭은 좁고 키가 큽니다. 숄더 플레인의 날입(mouth)은 양쪽 옆이 뚫려 있으며, 대팻날이 대팻집 바깥과 같은 선까지 나와 있습니다. 그래서 숄더 플레인의 옆면을 장부 측면에 대고 안정적으로 마구리면인 장부 어깨를 다듬을 수 있는 겁니다. 숄더 플레인으로 장부 어깨에서 얇은 대팻밥을 뽑아낼 수 있으며, 이를 통해 네 개의 어깨 면 높이를 정밀하게 맞출 수 있습니다.

다양한 크기의 숄더 플레인이 시중에 나와 있지만, 저는 가능하면 가장 큰 것을 사라고 권합니다. 대부분의 경우 무거운 대패일수록 대패질이 더 잘 됩니다. 그리고 대팻날 폭이 넓으면 장부 측면이나 넓은 턱(rabbet)을 다듬을 때 더 유리합니다. 게다가 큰 숄더 플레인을 가지고 있다면 다음 절에서 다룰 래빗 블록 플레인을 사지 않아도 될지 모릅니다.

숄더 플레인 사용법

저는 숄더 플레인을 주로 결구를 미세 가공하는 용도로 사용합니다. 왜냐하면 구조상 직각을 유지하며 대팻밥을 뽑아낼 수 있으므로 장부 측면, 장부 어깨, 턱(rabbet), 반턱(half-lap) 등을 다듬는 데 최적이기 때문입니다.

제가 쓰는 숄더 플레인

저는 두 개의 숄더 플레인을 가지고 있습니다. Veritas 사의 중형과 대형 숄더 플레인입니다. 이 두 대패들은 잘 만들어진 제품이고 사용하면 기분이 좋습니다. 하지만 써보니 대형 숄더 플레인이 더 편하고 사용하기 쉽더군요. 만일 당신이 첫 번째 숄더 플레인을 사야 하는 상황이라면, 큰 것을 사라고 권하고 싶네요.

래빗 블록 플레인

우리는 이미 18페이지의 공구 구매에 대한 논의에서 래빗 블록 플레인의 특성과 이점에 대해 자세히 살펴보았습니다. 하지만 약간만 반복해보겠습니다. 래빗 블록 플레인은 손바닥만 한 크기의 편리한 대패로 일반적인 블록 플레인과 비슷하게 생겼습니다. 한 가지 큰 차이점은 래빗 블록 플레인은 대팻날의 폭이 대팻집의 폭과 같다는 겁니다. 그래서 대팻집 옆면에서부터 대팻날이 시작됩니다. 이러한 특징으로 옆면에 바짝 붙여 미세 가공해야 하거나 기준면에 기대어 직각인 다른 면을 가공하는 데 사용될 수 있습니다. 가장 대표적인 사용처는 장부 측면을 가공하는 것입니다. 이 대패는 장부 어깨에 바짝 붙여서 장부 측면을 아름답게 한 꺼풀 벗겨낼 수 있는 능력을 가지고 있습니다.

어떤 모델들은 또 다른 편리한 기능인 니커(nicker)를 가지고 있습니다. 니커는 대팻집 측면에 심어진 조그만 원형 칼인

데, 대팻날 바로 앞 양쪽에 위치하고 있습니다. 이 대패는 주로 결 직각방향으로 대패질하는 데 주로 사용되는데, 이 니커가 대팻날에 앞서 섬유질을 잘라주기 때문에 뜯김을 막고 깨끗한 대패질을 가능케 합니다.

래빗 블록 플레인 사용법

래빗 블록 플레인이 다른 공구들, 예를 들어 숄더 플레인, 라우터 플레인, 일반 블록 플레인 등과 기능이 겹친다는 걸 인정하지 않을 수 없습니다. 저는 래빗 블록 플레인을 장부 측면뿐 아니라 턱, 반턱 등의 다른 형태의 결구를 다듬는 데도 사용합니다. 만일 제가 래빗 블록 플레인을 샀을 때 일반 블록 플레인을 가지고 있지 않았더라면, 아마도 일반 블록 플레인을 나중에 살 일은 없었을 겁니다. 일반 블록 플레인으로 할 수 있는 모든 일은 래빗 블록 플레인으로도 할 수 있기 때문입니다. 한 가지 차이점이 있다면 많은 사람들이 일반 블록 플레인에 있는 대팻날과 대팻집 사이의 간격을 필요로 한다는 겁니다. 이 간격은 대패질을 할 때 필요 이상으로 나무를 파고들지 않게 하는 역할을 합니다. 래빗 블록 플레인의 경우 구석을 날카롭게 하는 것이 주목적이기 때문에 이와 같은 용도로는 쓰이지 못합니다.

이렇게 다양한 기능을 가진 본성 때문에 래빗 블록 플레인은 반드시 갖추어야 할 공구 목록에 꼭 들어갑니다. 반면에 일반 블록 플레인은 두 번째 단계에서 고려해볼 수 있는 공구입니다. 당신이 이미 가지고 있는 공구의 구성에 따라, 당신의 목적과 작업 방법에 따라 래빗 블록 플레인은 매우 탁월한 추가 품목이 될 수 있습니다.

제가 쓰는 래빗 블록 플레인

저는 Lie-Nielsen 사의 래빗 블록 플레인을 가지고 있습니다. 이 대패는 높은 품질의 공구이며 탱크처럼 든든합니다. 그리고 원하는 모든 일을 척척 해냅니다. 그리고 여기에 달린 니커는 결 직각방향으로 대패질하더라도 깨끗한 마무리를 가능케 합니다.

완소 아이템 ■ Lie-Nielsen 사의 래빗 블록 플레인은 제가 가장 많이 쓰는 수공구 중 하나입니다.

한번에 장부 측면 가공 ■ 래빗 블록 플레인은 일반 블록 플레인만큼 폭이 넓기 때문에, 장부 측면을 한 번에 다듬을 수 있습니다.

니커가 뜯김을 방지 ■ 양 측면에 달린 동그란 니커는 대팻날에 앞서 섬유질을 잘라주어 뜯김을 방지합니다.

하이브리드 목수의 공구들

동양과 서양의 만남 ■ 왼쪽의 서양톱은 제법 얇은 톱길을 만들지만, 오른쪽에 있는 등대기톱만큼은 아닙니다.

든든한 일꾼 등대기톱 ■ 결구를 위해서는 서양식 톱을 쓰지만, 흑단 플러그를 자르는 등의 다른 일에는 모두 등대기톱을 씁니다.

양날톱 ■ 양날톱은 톱의 양끝에 다른 모양의 톱니가 달려 있어 두 가지 일을 할 수 있습니다. 보강물이 없기 때문에 절단 깊이의 제한도 없습니다.

주먹장톱, 등대기톱, 양날톱

테이블쏘와 밴드쏘가 있다면 커다란 톱들은 하이브리드 공방에서 거의 쓸 일이 없습니다. 하지만 작은 톱들은 정교한 작업을 할 때 여전히 유용합니다. 저는 가끔씩 수공구로 결구 가공(예를 들어 주먹장)하는 걸 즐깁니다. 결구 가공을 위해서는 작고 단단하며 톱날이 얇고 날어김이 적은 톱이 이상적입니다. 날어김(set)은 톱니가 평평한 톱몸에서 번갈아 돌출되어 있는 모양을 뜻합니다. 날어김이 적은 톱으로 자르면 톱길(kerf)이 매우 좁습니다. 이것은 주먹장 등의 결구를 가공할 때 필요로 하는 중요한 요구사항이기도 합니다. 이 용도를 위해 저는 보통 서양식 주먹장 톱(dovetail saw)이나 일본식 켜기용 등대기톱(dozuki)을 추천합니다. 이 두 톱은 톱날의 위쪽에 톱날이 휘지 않도록 잡아주는 단단한 보강 철물이 달려 있습니다. 하지만 이로 인해 톱으로 자를 수 있는 깊이의 한계가 생깁니다. 이런 이유로 저는 이 톱을 작은 결구 부위와 튀어나온 부분을 잘라내는 용도로 사용합니다. 대부분의 가구 부위에서 이 정도의 깊이 제한이 문제되는 경우는 그리 많지 않습니다.

서양식 톱과 일본식 톱은 몇 가지 차이점이 있습니다. 가장 큰 차이는 톱질이 되는 방향과 톱길의 폭입니다. 서양식 톱을 주로 쓰는 목수가 일본식 등대기톱을 처음 사용하는 경우 당길 때 잘리는 걸 느끼고 놀라곤 합니다. 오래전부터 서양식 톱만 계속해서 사용해왔다면, 이런 차이점에 적응하기 힘들 수도 있습니다. 일본식 톱은 톱니의 다른 배치 때문에 당길 때 잘립니다. 바로 이 때문에 일본식 톱날은 서양식에 비해 얇아도 됩니다. 그래서 일본식 톱의 톱길은 폭이 매우 좁습니다.[55] 좁은 톱길은 여러 면에서 장점이 있지만, 연관된 다른 측면을 고려할 필요가 있습니다. 예를 들어 주먹장을 등대기톱으로 자른다면, 일반적인 띠톱(coping saw)이나 실톱(fretsaw) 날들은 두꺼워서 등대기톱으로 자른 틈에 들어갈 수가 없습니다. 그래서 띠톱이나 실톱으로 주먹장의 버릴 부분을 따내는 작업이 어려울 수 있습니다. 대안은 끌만으로 버릴 부분 전체를 처음부터 따 내던가, 좀 더 가는 실톱날을 구해서 사용해야 합니다. 그런데 가는 실톱날은 자르는 데 시간이 오래 걸립니다. 그럼에도 불구하고 등대기톱으로 주먹장 가공하는 걸 선호한다면, 버릴 부분을 따내기 위한 방안을 마련해야 합니다.

또 다른 다재다능한 톱으로 일본식 양날톱(japanese ryoba)이 있습니다. 일본식이기 때문에 역시 당길 때 잘립니다. 양날톱은 양쪽 모두 톱날이 달려 있고 따라서 톱날을 잡아주는 보강 철물이 없기 때문에 쉽게 구별이 됩니다. 양날톱이 다재다능한 이유는 한쪽 톱날은 톱니가 커서 켜기에 강하고, 다른 쪽 톱날은 톱니가 작아서 자르기에 좋다는 겁니다. 많은 사람들이 양날톱으로 주먹장이나 정교한 결구를 가공하는 데 사용합니다. 게다가 보강물이 없어서 깊이 제한이 없다는 장점도 있습니다. 팔방미인들이 늘 그렇듯, 이 양날톱도 모든 경우에 다 이상적인 것은 아닙니다. 다행스럽게도 양날톱은 다양한 크기의 것들이 있습니다. 그리고 작은 크기의 톱일수록 더 고운 톱니를 가지고 있습니다. 그러므로 깨끗한 절단면을 원한다면 작은 크기의 양날톱을 고르세

---

[55] 일반적으로 서양식 주먹장 톱의 톱날 두께는 0.5mm, 톱길 폭은 0.66mm 정도이며, 일본식 등대기톱의 경우 톱날 두께가 0.3mm, 톱길 폭은 0.45mm 정도로 훨씬 더 날렵함.

요. 더 거칠고 빠른 절단을 위해서는 큰 양날톱을 고르면 됩니다.

작은 톱들의 사용법

제 작은 톱들의 사용처는 주먹장과 같은 결구 가공에만 국한되지 않습니다. 작업대 이곳저곳을 오가며 일반적인 절단과 돌출 부위 자르기 작업에 두루 사용됩니다. 예를 들어 필요한 길이로 목봉(dowel)을 자르고, 그린&그린56) 스타일의 흑단 플러그(ebony plug)를 자르고, 기계로 작업하기에 곤란하거나 위험한 경우의 모든 절단 작업들이 해당됩니다.

제가 쓰는 작은 톱들

저는 Lie-Nielsen의 서양식 주먹장 톱과 일반적인 등대기톱 둘 다 가지고 있습니다. 주먹장 톱은 주먹장이나 작은 장부를 가공하는 등의 정교한 작업에 사용합니다. 등대기톱은 보다 일반적인 용도로 사용하는데, 사실 모든 분야와 모든 상황에서 이 등대기톱을 우선적으로 사용합니다. 등대기톱의 톱날은 바꿔 낄 수 있기 때문에, 날어김이 없는 톱날을 끼우면 목심제거톱(flush trim saw)으로도 변신이 가능합니다. 저는 양날톱을 가지고 있지는 않습니다. 왜냐하면 제가 가진 다른 공구들과 중복이 되기 때문입니다. 하지만 조그만 톱들을 새로 갖출 생각이라면 양날톱 또한 고려 대상이 될 수 있습니다.

목심제거 톱

제가 초보 목수일 때는 합판 또는 판재를 연결하기 위해 나사못을 자주 사용했습니다. 나사못 머리가 들어갈 카운터싱크(countersink) 구멍을 팠으며, 나사못 머리를 숨기기 위해 작은 목심(dowel)에 본드를 바르고 카운터싱크 구멍에 끼워 넣었습니다. 본드가 마르고 나면 표면에서 돌출된 목심을 어떻게든 해결해야 했습니다. 당시 제가 알고 있던 유일한 방법은 튀어나온 목심을 샌더기로 갈아내는 거였습니다. 하지만 불행하게도 목심은 마구리면이 돌출되기 때문에 목심 주위의 면보다 덜 갈리게 됩니다. 그러다 보면 무심코 목심 주면의 합판 베니어가 다 깎여나가는 경우도 있었습니다. 또는 원목 판재인 경우에는 목심을 중심으로 굴곡이 만들어지기도 했습니다. 목공 포럼에 이와 같은 애로사항을 토로하고 조언을 구해보니 해결책이 있었습니다. 바로 목심제거톱(flush-trim saw)이었습니다. 이후로 목심제거톱은 제가 가장 많이 쓰는 수공구가 되었으며, 하이브리드 목수의 비밀 병기 리스트의 최상위를 차지하였습니다.

목심제거톱은 이 같은 마술을 위한 두 가지 중요한 특성이 있습니다. 첫째는 톱날이 매우 얇고 잘 휜다는 겁니다. 톱날을 판재 위에 둔 채 손잡이를 살짝 들어주면서 아래쪽으로 일정한 압력을 가해주기만 하면 됩니다. 이렇게 하면 톱을 앞뒤로 움직이더라도 톱날이 판재의 표면에 밀착됩니다. 다른 톱이라면 이렇게 앞뒤로 움직이면 톱니에 의해 표면에 상처가 생겨 큰 문제가 될 겁니다. 하지만 목심제거톱의 두 번째 특성은 날어김이 없다는 겁니다. 즉, 톱니가 톱몸에서 전혀 돌출되지 않는다는 겁니다. 그래서 톱날을 표면에 밀착시켜 앞뒤로 움직이면 톱니 앞에 있는 나무만 잘립니다. 톱니 아래에 있는 나무에는 전혀 상처를 주지 않습니다.

그래서 튀어나온 목심을 잘라내는 경우, 이 톱이 얼마나 놀라운 일을 해내는지 볼 수 있습니다. 목심을 자른 후에 랜덤 오비탈 샌더나 샌딩 블록을 이용하여 가볍게 그 주위를

목심제거톱 ■ 목심제거톱은 얇고 유연한 톱날을 가지고 있으며, 톱니는 평평하고 날어김이 없습니다.

목심 자르기 ■ 저는 목심제거톱을 여러 용도로 사용하고 있습니다. 하지만 튀어나온 목심을 자르는 것이 주 용도입니다.

---

56) 그린 & 그린(Greene & Greene)은 그린 형제에 의해 설립된 건축 회사로 20세기 초반 활발한 활동을 하였음. 그들이 지은 방갈로식 저택은 아트 & 크래프트 운동의 모범으로 여겨짐. 그들은 작은 크기의 흑단 각재(ebony plug)를 요소마다 박아 넣어 자신만의 디자인 정체성으로 삼았음.

하이브리드 목수의 공구들

깔끔한 결과 ■ 목심을 자르고 나서 가벼운 샌딩만 해주면 마감할 준비가 끝납니다.

예상하지 못한 쓰임새 ■ 목심제거톱은 의외의 곳에 사용되기도 합니다. 예를 들어 큰 장부의 튀어나온 어깨를 잘라내는 데에도 사용될 수 있습니다.

다듬어주기만 하면 됩니다. 대부분의 경우 목심제거톱으로 거의 평면에 가깝게 잘라낼 수 있을 겁니다. 하지만 간혹 톱이 약간 들리면서 약간의 돌출 부분이 생길 수도 있습니다. 하지만 이럴 경우도 신경 써서 톱날을 아래로 지그시 누르며 다시 자르면 해결이 됩니다. 이 톱으로 절약되는 시간이 엄청 납니다.

목심제거톱 사용법

목심제거톱으로 할 수 있는 일들의 목록을 얼핏 보면 대수롭지 않을 수도 있습니다. 하지만 어떤 면을 기준으로 튀어나온 부위를 자르는(trimming) 일은 많은 상황에서 유용합니다. 앞서 언급했듯이 목심제거톱은 튀어나온 목심을 주변 평면에 맞게 잘라내는 용도에 완벽한 도구입니다. 톱질 몇 번 하는 것이 오랜 시간 동안 샌딩하는 것보다 더 좋은 결과를 보여줍니다.

좀 애매하지만 다른 용도를 제시해 보겠습니다. 테이블쏘로 장부를 가공하는 경우를 생각해봅시다. 종종 긴 어깨에 비해 짧은 어깨 쪽의 높이가 더 높은 경우가 생깁니다. 예를 들어 50mm 두께의 각재에 장부를 만드는 거라 장부 어깨가

제법 넓다면 목심제거톱을 이용하여 이 문제를 해결할 수 있습니다. 톱날을 긴 어깨 쪽에 밀착시킨 상태에서 조심스럽게 앞뒤로 움직이면서 짧은 어깨 쪽으로 조금씩 전진합니다. 이런 식으로 느리지만 확실히 튀어나온 짧은 어깨 쪽 살을 덜어낼 수 있습니다. 톱이 닿지 않는 부분만 날카로운 끌로 잠깐 정리해주면 됩니다.

일반적이지는 않지만 목심제거톱을 결구 가공에 사용할 수도 있습니다. 이 톱은 어떤 면에 기대어 톱질하는 데 탁월하기 때문에, 정확해야 하는 중요한 절단을 위해 어떤 면을 가이드로 사용할 수 있습니다. 예를 들어 손으로 장부의 어깨선을 자른다고 해봅시다. 어깨선에 맞추어 반듯한 블록을 클램핑한 다음 이 블록에 기대어 목심제거톱으로 어깨 부위를 자를 수 있습니다. 어떤 이는 초보나 이런 가이드가 필요하다고 하겠지만, 저는 이걸 스마트 하다고 여깁니다. 저는 장부를 손으로 가공하는 걸 권하지 않습니다(꼭 손으로 하고 싶다면야 …). 하지만 이렇게 활용할 수도 있다는 걸 이해하고 있다면, 완전히 다른 상황에서도 비슷한 해법을 떠올릴 수 있을 겁니다.

제가 쓰는 목심제거톱

저는 두 개의 목심제거톱을 가지고 있습니다. 하지만 솔직히 말해 어떤 브랜드인지 모르겠습니다. 오래된 톱은 나무 손잡이가 달려 있고 한쪽에만 톱니가 있습니다. 새로 산 모델은 검은 플라스틱 손잡이가 달려 있고 양쪽에 톱니가 있습니다. 이 두 톱 모두 제 역할을 하고 있기 때문에 목심제거톱을 고르는 데 까다롭게 굴 필요는 없을 것 같습니다.

스포크쉐이브

목수로서의 경력 초반부에 저는 곡선에 미쳐 있었습니다. 어느 순간 저는 전혀 어울리지 않는 곳을 포함한 모든 부분에 곡선을 넣으려 한다는 걸 깨달았습니다. 경지에 이르기 위해서는 선을 넘어야 할 때도 있습니다. 살아가고 배우는 것은 저의 숙명이기도 합니다. 그 기간 동안 저는 스포크쉐이브(spokeshave)가 곡선을 만들고 다듬을 때 얼마나 유용한지 배웠습니다. 저는 곡선을 자르기 위한 기계로 밴드쏘와 라우터를 사용합니다. 밴드쏘는 빠르게 곡선을 자를 수 있지만 절단면이 빨래판처럼 울퉁불퉁한 단점이 있습니다. 패턴 비트(flush-trim bit)[57]를 장착한 라우터와 템플릿을 이용하면 확실히 밴드쏘보다는 더 깨끗한 절단면을 얻을 수 있습니다.

---

57) 일자 비트에 같은 직경의 베어링이 아래, 위 또는 아래/위 모두에 달린 비트로 기준 템플릿의 곡선을 따라 겹쳐진 작업물을 템플릿과 같은 모양으로 가공할 수 있음. 이러한 속성으로 '패턴 비트', '일자 베어링 비트'라고도 함.

하지만 공정이 오래 걸리고, 여전히 절단면은 완벽하지 않습니다. 게다가 어떤 상황에서는 템플릿-라우터 방법으로 해결할 수 없기도 합니다. 이제 스포크쉐이브 얘기를 해보죠. 스포크쉐이브는 원래 의자의 둥근 기둥을 가공하기 위해 고안된 것입니다. 하지만 저는 목재를 곡선으로 가공하거나 곡선으로 된 부재를 다듬는 데 스포크쉐이브가 제격이라는 걸 알게 되었습니다. 대팻집이 매우 짧기 때문에 급격한 곡선도 쉽게 가공할 수 있습니다.

스포크쉐이브는 좁은 대팻집, 짧은 대팻날, 그리고 긴 두 개의 손잡이가 특징입니다. 이것은 당겨도 되고 밀어도 됩니다. 그래서 결 방향이 바뀌는 부분에서 매우 편리합니다. 곡면으로 된 부재는 적어도 한 번 이상 결 방향이 바뀌게 됩니다. 곡선을 따라 내려가면서는 결 방향이지만, 올라가면서부터는 엇결이 됩니다. 결 방향이 바뀔 때마다 스포크쉐이브를 180도 돌려 잡고, 반대 방향으로 대패질하면 계속해서 결 방향을 탈 수 있습니다. 결 방향에 따라 작업물을 돌려놓을 필요가 없기 때문에 저같이 게으른 사람에 매우 좋습니다.

스포크쉐이브는 세개의 대팻집 형태로 나옵니다. 평평한 것(flat), 둥근 것(round), 오목한 것(concave)입니다. 평평한 것은 일반적으로 널리 사용될 수 있고 곡면의 바깥쪽을 다듬기 좋습니다. 둥근 형태는 곡면의 안쪽을 다듬기 좋습니다. 오목한 형태는 목봉(spindle)이나 거의 원형에 가까운 작업물을 가공할 때 좋습니다.

스포크쉐이브 사용법

간단히 말해서, 스포크쉐이브는 곡면의 안쪽과 바깥쪽을 다듬는 데 사용됩니다. 기계로 잘려진 곡면은 거칠 뿐 아니라, 당신이 의도한 곡선을 정확하게 자르기도 어렵습니다. 스포크쉐이브로 미세하게 대팻밥을 뽑아내다보면 제가 원했던 그 곡선을 정확하게 구현할 수 있습니다. 대팻집이 작기는 하지만 여전히 대패이기 때문에 작은 요철을 깎아 매끈하고 부드러운 곡선을 만들 수 있습니다.

제가 쓰는 스포크쉐이브

저는 Veritas의 둥근(round) 것과 평평한(flat) 것, 두 개의 스포크쉐이브를 가지고 있습니다. 저의 작업 범위에서는 이 두 개만으로도 모든 곡면 대패질을 담당할 수 있습니다. 오목한(concave) 스포크쉐이브는 거의 사용하지 않습니다.

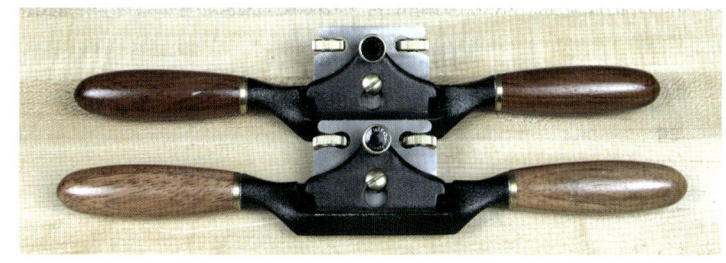

아름답고 유용하다 ■ 스포크쉐이브는 곡면을 다루는 목수들에겐 중요한 공구입니다. 좋은 스포크쉐이브를 가지고 있으면 곡면의 안쪽이든 바깥쪽이든 원하는 선까지 정밀하고 매끈하게 가공할 수 있습니다.

미묘하지만 중요한 차이점 ■ 시중에는 몇 가지 다른 형태의 스포크쉐이브가 있지만, 평평한 바닥과 둥근 바닥을 가진 것이 가장 유용하더군요.

짧지만 여전히 대패 ■ 다른 대패와 마찬가지로, 잘 튜닝된 스포크쉐이브는 얇은 대팻밥을 뽑아낼 수 있습니다.

결 방향

모든 판재는 결 방향(grain direction)을 가지고 있습니다. 이는 나무의 자연적인 본성이기 때문에 목수라면 나뭇결에 익숙해져야 합니다. 나뭇결을 쉽게 설명할 수 있는 비유로 강아지의 등에 난 털을 들 수 있습니다. 만일 제가 강아지의 머리에서 꼬리 방향으로 쓰다듬으면 제 손은 부드럽게 그의 털을 타고 넘어갑니다. 하지만 반대로 꼬리에서 머리 방향으로 쓰다듬으면 제 손은 거친 저항을 느끼게 됩니다. 제 강아지는 어느 방향으로 쓰다듬던 개의치 않습니다만, 한 방향은 확실히 결을 거스르는 것입니다. 나무도 마찬가지입니다. 결 방향으로 대패질을 하면 부드럽게 나무가 깎이며 뜯김 현상이 없습니다. 만일 결을 거슬러 대패질하면 대패가 턱턱 걸리는 느낌이 나면서, 나뭇결이 뜯기는 현상을 겪게 됩니다.

옆면으로 윗면의 결을 읽는다 ■ 윗면의 결 방향을 판단하기 위해서는, 옆면을 보세요. 왼쪽의 대패는 결 방향으로 가는 중이고, 오른쪽 대패는 결 반대 방향으로 가는 중입니다.

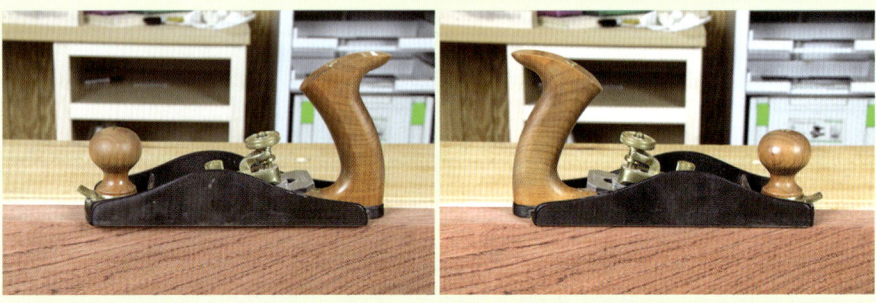

윗면으로 옆면의 결을 읽는다 ■ 옆면의 결 방향을 읽기 위해서는, 윗면을 보세요. 왼쪽의 대패는 결을 거스르는 방향이고, 오른쪽의 대패는 결 방향입니다.

목수라면 결 방향을 읽는 법을 알아야 합니다. 다행히 대부분의 판재에서는 쉽게 결 방향을 읽을 수 있습니다. 만일 판재 윗면의 결 방향을 알고 싶다면, 옆면의 무늬를 보세요. 만일 옆면의 결방향을 읽고 싶다면 윗면의 모양을 살피면 됩니다. 이러한 방법은 손대패뿐 아니라 전동 대패에도 매우 중요합니다. 이에 대해서는 네모반듯한 판재 뽑기(p.93) 부분에서 자세히 다룰 겁니다.

간혹 나뭇결 무늬가 분명치 않을 때가 있기 때문에, 어떤 판재의 경우에는 결 방향을 읽기에 충분한 시각적 판단 기준이 부족할 수도 있습니다. 이런 경우에 저는 스타킹 비법을 사용합니다. 당신의 공방에 필요하다면, 벌건 대낮에 남자가 스타킹을 사는 창피함 정도는 극복해야 합니다. 제 아내는 스타킹을 신지 않기 때문에, 저는 제가 직접 스타킹을 사야 했습니다. 그러고도 아직 잘 살아 있습니다.

스타킹 비법 ■ 미친 소리로 들리겠지만, 스타킹은 결 방향을 읽기 어려운 나무의 결 방향을 판단하는 데 도움을 줍니다.

스타킹을 뭉쳐 둥글게 만든 다음, 판재 위에 두고 양쪽 방향으로 움직여 보세요. 아마 한쪽 방향으로는 부드럽게 미끄러지고(결 방향), 다른 방향으로는 나무의 섬유질이 스타킹을 붙잡는다는 느낌(결 반대방향)이 들 겁니다. 다른 방법이 모두 실패했을 때, 이 스타킹 비법은 매우 유용합니다.

목공 줄이 다 같은 건 아니다 ■ 고품질의 수제 목공 줄은 기계로 만들어진 줄에 비해 엄청난 성능을 보여줍니다.

목공 줄

앞에서 저의 곡선에 대한 과도한 사랑에 대해 언급한 적 있습니다. 곡선을 만드는 데 사용될 뿐 아니라 재미있기도 한 공구가 바로 줄(rasp)입니다. 목공 줄(rasp)은 철공용 줄(file)과 비슷하게 생겼습니다. 하지만 줄의 표면을 가까이서 살펴보면 상당한 차이가 있음을 알 수 있습니다. 철공 줄은 일정한 간격의 홈이 촘촘히 배치된 반면, 목공 줄은 날카로운 작은 이빨이 빽빽히 들어서 있습니다. 이 이빨들은 펀치를 줄의 몸체에 대고 망치로 내려치는 스티칭(stitching)이라는 공정을 통해 만들어집니다. 목공 줄은 다양한 모양과 크기 그리고 거칠기로 만들어집니다. 모든 줄이 같지 않기 때문에, 당신이 곡선 작업을 많이 한다면 다양한 고품질의 핸드메이드 목공 줄에 투자할 필요가 있습니다.

다양한 종류들 ■ 곡선 가공을 많이 한다면, 다양한 크기, 모양, 거칠기의 목공 줄이 필요합니다.

목공 줄은 항상 프리핸드로 사용됩니다. 그러므로 이를 사용하는 데 자신감을 얻으려면 약간의 연습이 필요합니다. 다행히 대패와 달리 잘못된 한 번의 동작으로 큰 손상을 입히지는 않습니다. 줄을 어떻게 잡느냐, 어디에 압력을 가하느냐, 줄의 어느 부분이 나무에 닿느냐, 결 방향이냐 반대 방향이냐 등에 따라 작업 결과가 확연히 달라집니다. 만일 줄의 개념에 대해 전혀 모른다면, 자투리 나무를 바이스에 물려놓고 실컷 연습하는 것이 좋습니다. 몇 분 동안 재미를 보고 나면, 아마도 이 공구가 당신에게 해줄 수 있는 게 무엇인지에 대해 더 잘 알게 될 겁니다. 줄에는 펜스도 없고 깊이를 조절하거나 방향을 정하는 가이드도 없다는 사실에 두려움을 느낀다면, 무턱대고 줄을 쓰지 마세요. 저는 기준으로 삼을 선을 그리지 않은 상태에서는 거의 줄을 사용하지 않습니다. 특별한 예술적인 재능을 가지고 있지 않은 저는 눈대중으로 작업할 능력이 없습니다. 대신 기준 선을 그리는 것이 예술적인 과정을 시스템적인 과정으로 바꾸어주고, 결국엔 이것이 예술적인 결과를 만들어냄을 알게 되었습니다.

목공 줄 사용법

목공 줄의 가장 좋은 점 중 하나는 결 방향을 신경 쓰지 않

보이지 않는 곳에도 쓰인다 ■ 목공 줄은 네모난 장부의 모서리를 둥글게 깎아서, 끝이 둥근 장부 구멍에 끼울 수 있게 해줍니다.

고 아무 곳에나 사용할 수 있다는 겁니다. 만일 당신이 Maloof[58] 의자와 같이 조각이 가미된 가구를 추구하고 있다면, 당신은 빡빡한 직선의 세계를 버리고 자유로운 수작업에 의한 조각의 세계를 받아들이게 될 것이며, 자연스럽게 목공 줄이 당신의 가장 친한 친구가 될 것입니다. 저는 또한

---

58) Sam Maloof(1916~2009)는 미국의 대표적인 가구 디자이너이자 목수임. 유려한 곡선이 돋보이는 로킹 체어가 그의 대표작임.

하이브리드 목수의 공구들

라우터를 사용하지 못하는 경우, 작업물을 둥글게 하거나 모서리를 다듬는 데 목공 줄을 즐겨 사용합니다.

기계로 장부 가공을 할 때는, 장부의 모서리는 각이 져 있지만, 장부 구멍의 양 끝은 반원 형태입니다.[59] 이럴 때 목공 줄로 몇 번만 왔다 갔다 하면 장부의 모서리를 간단히 둥글게 만들 수 있으며, 둥근 장부 구멍에 맞춰 끼울 수 있습니다. 이렇게 하는 것이 둥근 장부 구멍을 끌로 각 지게 파는 것보다 더 빠르고 쉽습니다.

제가 쓰는 목공 줄

저는 자유로운 곡선 만들기를 즐겨 하기 때문에 다양한 모양과 크기, 그리고 거칠기 별로 많은 수의 목공 줄을 가지고 있습니다. 모든 사람들이 이렇게 많은 줄을 가져야할 필요는 없습니다. 평균적인 공방이라면 세 개 정도의 목공 줄을 권장하고 싶습니다. 크고 거친 줄, 크고 고운 줄, 작고 고운 줄 이렇게요. 두 개의 큰 줄은 대부분의 경우에서 거칠게 또는 세밀하게 갈아내는 용도로 사용될 수 있으며, 작은 줄은 비좁은 곳 같은 특수한 경우에 사용될 수 있습니다. 저는 최근에 저는 목공 줄 모두를 고품질의(그리고 비싼) Auriou 수제품(hand-stitched)[60]으로 업그레이드 했습니다. 초기 지출은 큰 타격을 주었지만, 시원스럽게 갈리는 것을 보면 고통이 경감됩니다.

---

59) 테이블쏘로 장부를 가공하면 직육면체의 형태가 되고, 라우터로 장부 구멍을 파면 끝이 반원 형태가 됨.
60) 망치로 펀치를 때려 한땀 한땀 만드는 수제품 줄로 개당 $100 정도의 가격임.

깎아서 만드는 의자 ■ Maloof 의자처럼 조각이 가미된 가구를 만들고자 한다면, 목공 줄을 자유자재로 다룰 수 있어야 합니다.

기준선과 줄

줄로 곡면을 깎아내는 작업은 순전히 예술적인 행위로 보일 수 있습니다. 줄로 작업할 때는 베어링도, 펜스도, 스톱도 없기 때문에 자칫하면 너무 많이 깎아낼 수도 있습니다. 오로지 당신의 손재주에 달려 있습니다. 하지만 이것이 뛰어난 천부적인 재능을 필요로 함을 뜻하지는 않습니다. 우리 대부분은 어떤 수단을 쓰던 원하는 선까지 나무를 깎아내는 정도는 다 할 수 있습니다. 이걸 목공 줄로 하는 건 식은 죽 먹기입니다. 비록 약간의 기술이 필요하지만, 정말로 시스템적인 과정을 통해 예술적인 결과를 만들 수 있습니다. 저 같이 전혀 예술적이지 않은 사람도 할 수 있는데, 당신이 못할 이유는 없습니다.

8/4[61] 체리 판재를 크게 둥글리는 시연을 해보겠습니다. 보통 저는 이 경우 줄로 둥글리지 않지만, 이 시연을 통해 간단한 기준선을 이용하면 자유롭게 손으로 목공 줄 작업을 하더라도 깨끗하고 일률적인 결과를 얻을 수 있음을 보여드릴 겁니다. 이 방법을 다른 모든 타입의 곡면 조각에 응용할 수 있습니다.

첫 번째 단계는 기준선을 그리는 겁니다. 판재의 양 끝에 곡선자(이 경우는 전기 테이프)를 이용하여 둥글려질 단면을 그려줍니다. 곡면의 위와 아래 지점을 연장하는 기준선을 조합 직각자(adjustable square)를 이용하여 윗면과 옆면에 그려줍니다. 이 선은 곡면의 양 끝 한계를 표시합니다. 우리는 먼저 곡면에 접하는 경사면(chamfer)을 먼저 깎아 만들 것이기 때문에, 45도 경사면의 양끝을 나타내는 두 번째 기준선을 그려줍니다. 이 경사면은 최대한 곡면과 가깝게 접하도록 하되, 곡면을 파고들지는 않게 해야 합니다.

커다란 경사면을 만들기 위해 거칠게 깎아내기 시작합니다. 하지만 선 안쪽으로 넘어가지 않도록 주의해야 합니다. 줄을 45도로 단단히 고정하여 잡은 다음, 판재의 처음부터 끝까지 이동하며 깎아냅니다. 작업의 진도를 파악하기 위해 마구리면을 수시로 확인해야 합니다. 다음으로 만들어진 큰 경사면과 곡면의 끝을 연결하는 두 개의 작은 경사면을 가공합니다. 아래쪽 경사면은 줄을 거의 수직으로 세워야 합니다. 반면에 위쪽 경사면은 줄을 거의 수평으로 눕혀야 합니다. 마구리면에 세 개의 경사면이 만들어지면 이제 단면은 거의 곡선에 가까워집니다. 물론 아직은 목표로 하는 곡

---

61) 북미에서는 판재의 두께를 나타낼 때 쿼터(quarter) 시스템을 사용함. 예를 들어 4/4는 4쿼터라고 하고, 1인치(25mm) 두께임. 8/4는 8쿼터라고 하며, 2인치(51mm) 두께를 뜻함.

면에 가까운 평평한 면으로 되어 있습니다. 이제 나머지는 눈대중으로 부드러운 곡면을 만들면 됩니다. 길이 방향으로 이동하면서 평면이 만나는 모서리를 깎아 원하는 단면으로 만들어 줍니다. 자신도 모르는 사이에, 당신은 거의 완벽한 곡면을 오로지 손의 힘으로 만들어냈습니다.

저는 보통 이런 곡면을 만들기 위해 라우터를 사용합니다. 하지만 이 시연을 통해 보다 복잡한 모양과 곡선을 줄로 만들어낼 수 있는 기본 기술을 보여드렸습니다. 몇 개의 기준선을 제대로 그리고, 단지 시스템적인 접근으로 깎아내기만 하면, 당신이 목표로 한 곡면을 만들 수 있습니다. 이런 과정은 줄에만 국한되지 않습니다. 스포크쉐이브, 대패, 그리고 그라인더에 물린 조각날(carving blade) 등에 대해서도 똑같은 시스템적인 접근법을 사용할 수 있습니다.

단계1 ■ 양 끝 마구리면에 단면을 그립니다.

단계2 ■ 윗면과 옆면에 길이 방향으로 기준선을 그립니다.

단계3 ■ 곡면의 45도로 접하는 또 하나의 기준선을 그립니다.

단계4 ■ 먼저 단순한 45도 경사면을 만듭니다.

단계5 ■ 안쪽 기준선의 남은 정도로 진도를 파악하고, 선을 넘지 않도록 주의합니다.

단계6 ■ 줄을 앞으로 기울여서 두 번째 기준선에 닿는 두 번째 경사면을 만듭니다.

단계7 ■ 줄을 세워서 아래 기준선에 닿는 세 번째 경사면을 만듭니다.

단계8 ■ 단면들을 뭉개어 부드러운 곡면을 만듭니다.

하이브리드 목공

손가락을 보호하자

목공 줄로 작업을 하다보면, 마치 치즈를 가는 강판에 긁힌 것처럼 손가락이 쓰리고 아픈 것을 느끼게 될 겁니다. 오랫동안 편하게 작업하려면 당신의 예민한 손가락을 보호하기 위한 몇 가지 조치를 취해야 합니다. 먼저 보조 손잡이를 고려해보세요. 제가 쓰는 것은 Lee Valley에서 만든 것으로 줄의 끝 부분에 쉽게 부착할 수 있습니다. 한 손은 줄 손잡이를 잡고, 다른 손으로는 이 보조 손잡이를 잡으면, 당신의 손가락에 아무런 고통을 주지 않기 때문에 빠르게 작업할 수 있습니다.

두 번째 선택은 어떤 목공 줄에도 사용될 수 있으며, 걸리적거리지 않는 간편한 방법입니다. 바로 핑거 테이프(finger tape)[62]를 손가락에 감는 겁니다. 시중에서 쉽게 구할 수 있는 핑거 테이프가 얼마나 효과적인지 깜짝 놀랄 겁니다. 그냥 손가락 끝에 몇 번 감기만 하면, 목공 줄의 분노의 이빨로부터 당신의 손가락을 보호할 수 있을 뿐 아니라, 줄을 더 효과적으로 잡을 수 있어서 힘을 주기도 좋습니다. 오랫동안 줄로 깎아내야 한다면, 핑거 테이프만한 건 없습니다.

줄을 붙잡아라 ■ 보조 손잡이는 줄을 잘 잡을 수 있게 하고, 피로를 줄여줍니다.

고통을 막아주는 핑거 테이프 ■ 핑거 테이프는 오랫동안 줄을 사용해도 손가락이 아프지 않도록 보호해줍니다.

62) 암벽 등반하는 사람들이 손가락 보호를 위해 주로 쓰기 때문에 '클라이밍 테이프'라고도 함. 스포츠 용품점, 약국, 의료 기기점 등에서 구할 수 있음.

스크래퍼

제가 만나 본 모든 목수들은 스크래퍼(scraper)로 작업하는 장면을 처음 보았을 때 눈이 번쩍 뜨였다고 합니다. 대부분의 목수들은 스무딩 플레인과 샌더 외에 나무의 표면을 매끄럽게 다듬는 다른 방법이 있음을 발견하곤 놀라워합니다. 샌딩은 일반적으로 소음과 먼지 때문에 유쾌하지 못한 작업입니다.

먼지가 아니라 쉐이빙 ■ 잘 연마된 스크래퍼는 짧은 쉐이빙을 만들어냅니다. 만일 먼지만 나온다면 버(burr)가 무뎌졌거나 적절하게 연마되지 않은 겁니다.

스무딩 플레인은 연습이 필요하고, 밀도가 높고 무늬가 현란한 나무에서는 그 결과가 변덕스럽기도 합니다. 하지만 잘 연마된 카드 스크래퍼는 결 방향이나 밀도와 관계없이 뜯김 없는 매끈한 표면을 만들어줍니다. 게다가 사용법을 배우는 데 5초밖에 걸리지 않습니다.

스크래퍼의 비밀은 그 날에 있습니다. 스크래퍼의 날은 버니셔(burnisher)에 의해 스크래퍼의 모서리를 늘린 다음, 고리(hook) 모양으로 약간 구부려 만들어집니다. 이 고리는 작지만 날의 역할을 해서 나무의 표면을 긁어낸 아주 얇고 고운 쉐이빙(shaving)을 만듭니다. 자동대패, 수압대패, 테이블쏘에 의한 기계 자국은 스크래퍼로 두세 번만 밀면 없앨 수 있습니다. 스크래퍼로 작업하는 것은 랜덤 오비탈 샌더로 #80부터 #220으로 올려가며 샌딩하는 것보다 더 즐겁고 시간도 절약됩니다. 그리고 스무딩 플레인은 대팻날이 무뎌지면 나무에 상처를 주지만, 스크래퍼의 날이 무뎌지면 쉐이빙 대신 먼지가 나올 뿐 나무에는 아무런 상처를 주지 않습니다.

비록 스크래퍼가 확실히 샌딩에 비해 시간도 절약되고 힘과 돈도 아껴주지만, 그렇다고 해서 당신의 랜덤 오비탈 샌더를 아직 갖다 버리지는 마세요. 마감을 하기 전에 스크래퍼로 마무리된 표면이 바로 마감을 시작할 수 있는 상태인지 스스로 판단해야 합니다. 대부분의 경우 그렇지 못하더군요. 스크래퍼는 미세하지만 움직인 자국을 남기곤 하며, 이는 마감을 하면 더 도드라집니다. 그래서 저는 스크래퍼로 다듬은 표면을 #220 사포로 샌딩하여 마감할 준비를 합니다.

스크래퍼는 주로 세 가지 모양으로 나옵니다. 첫 번째는 소박한 카드 스크래퍼(card scraper)입니다. 카드 스크래퍼는 단순하게 보면 얇은 철판을 어떤 모양으로 자른 것입니다. 그 중에서 직사각형 모양이 가장 일반적입니다. 이는 평평한 표면, 곡면, 그리고 코너 안쪽까지 사용될 수 있습니다. 다른 모양으로는 직사각형 모양의 양 끝에 볼록한 곡선과 오목한 곡선을 가진 형태이고, 다른 하나는 거위목(gooseneck) 모양이 있는데, 모두 곡면을 다듬는 데 유용합니다.

스크래퍼는 여러 가지 두께로도 나옵니다. 그러므로 스크래퍼 세트를 지르기 전에 먼저 그 두께를 경험해보는 것이 좋습니다. 저는 두꺼운 카드 스크래퍼를 좋아하는데, 두꺼워야 연마도 쉽고 사용도 쉽기 때문입니다. 게다가 두꺼운 스크래퍼는 얇은 것에 비해 날의 날카로움을 더 오래 유지할 수 있습니다. 카드 스크래퍼는 저렴하기 때문에 여러 형태의 것을 사서 갖추어도 부담이 없습니다.

스크래퍼를 사용할 때의 한 가지 문제점은 열이 너무 많이 발생한다는 겁니다. 단단한 하드우드에 대고 대여섯 번 밀고 나면, 손가락이 델 정도로 뜨거워집니다. 간단한 비법을 소개드리면 흔히 냉장고에 붙여 놓는 명함 크기의 자석 광고물을 스크래퍼 앞뒤에 붙이는 겁니다. 이 자석 광고물은 뜨거운 열이 손가락에 닿는 걸 효과적으로 막아주기 때문에 스크래핑하는 것이 더욱 더 즐거워집니다. 스크래퍼 홀더(scraper holder)라는 것도 있어서, 이것을 사용하면 스크래퍼에 아예 손을 대지 않아도 됩니다.

두 번째 형태의 스크래퍼는 캐비닛 스크래퍼(cabinet scraper)로 Stanley No.80 모델 또는 그의 아류들을 지칭합니다. 캐비닛 스크래퍼의 날은 두껍고 45도로 날이 연마되어 있어 버니싱(burnishing)하기 쉽고, 양쪽에 편리한 손잡이가 있습니다. 캐비닛 스크래퍼는 카드 스크래퍼에 비해서 더 많은 쉐이빙을 벗겨낼 수 있으며, 바닥이 평평한 몸체(sole)가 있어서 여러 가지 이점이 있습니다. 이 평평한 바닥이 있기 때문에 판재를 집성하면 생길 수 있는 단차를 잡는 데 캐비닛 스크래퍼가 제격입니다. 보너스로 손잡이가 있어 스크래퍼를 직접 손으로 잡지 않기 때문에 뜨겁지 않다는 장점도 있습니다. 저는 10년 전에 eBay에서 No.80 캐비닛 스크래퍼 두 개를 구입했었습니다. 하나는 굳은 본드를 긁어내거나 거칠게 긁어내는 용으로 튜닝을 해놓았고, 다른 하나는 마감 준비를 위해 매끈한 표면을 만들 수 있도록 세팅되어 있습니다.

세 번째 형태의 스크래퍼는 벤치 플레인의 모양에 더 가까워서 보통 스크래퍼 플레인이라고 부릅니다. 이 형태의 스크래퍼는 몇가지 주목할 만한 장점을 가지고 있습니다. 첫째는 잡고 사용하기 편해서 오랫동안 사용할 수 있다는 겁니다.

모든 곳에 사용될 수 있는 모양 ■ 카드 스크래퍼는 다양한 모양으로 준비되어 있으며, 평면, 볼록한 면, 오목한 면 모두에 사용 가능합니다.

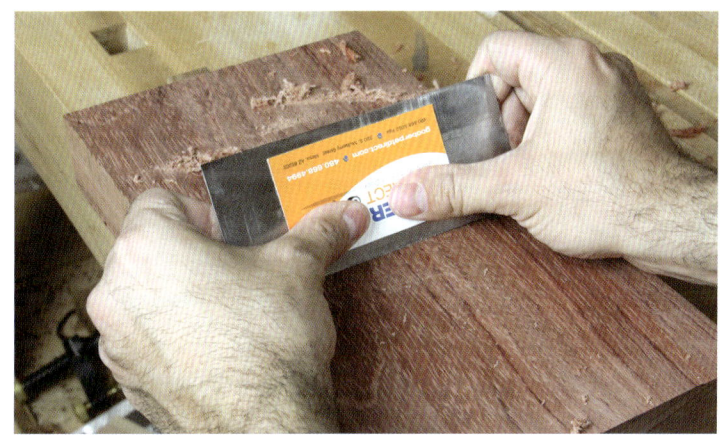

더 이상 뜨겁지 않게 ■ 냉장고에 붙어 있는 자석 광고물 같은 간단한 조치로 당신의 손가락을 스크래퍼의 뜨거운 열로부터 보호할 수 있습니다.

No.80 캐비닛 스크래퍼 ■ 캐비닛 스크래퍼의 넓은 베이스는 평면을 다듬는 데 도움을 줍니다.

카드 스크래퍼는 결국엔 뜨거워져서 당신의 엄지손가락을 피곤하게 만듭니다. 캐비닛 스크래퍼는 좀 더 편하지만 상체와 손가락만을 사용하기 때문에 쉬이 지칩니다. 스크래퍼 플레인은 앞뒤 손잡이(tote & knob)가 있는 전통적인 대팻집에 스크래퍼를 고정하는 방식으로 이런 문제들을 해결했습니다. 그래서 대패를 뒤에서 미는 강한 팔 힘과 다리 힘으로 효

카드 스크래퍼의 연마

스크래퍼를 연마하기에 앞서, 다른 날물에 비해 스크래퍼의 다른 점이 무엇인지 먼저 이해해야 합니다. 다른 날물의 경우 두 개의 평면이 만나는 선을 최대한 날카롭게 만드는 것이 목적인 반면, 스크래퍼는 모서리에서 늘여진 쇠로 버(burr) 또는 고리(hook)를 만드는 것이 목적입니다. 이를 위해서는 두 개의 도구가 필요합니다. 하나는 한 방향으로 패턴이 그려진 줄(single-cut file)이고, 다른 하나는 막대 모양의 버니셔(burnishing rod)입니다. 또한 공방에서 간단하게 준비할 수 있는 네모반듯한 각재도 있으면 좋습니다. 스크래퍼의 긴 모서리를 네모반듯한 단면으로 만들고, 3면을 매끄럽게 연마(honing)하는 걸로 시작됩니다. 오래 사용해 낡은 스크래퍼인 경우 물숫돌에 연마하기 전에, 줄로 모양을 잡는 것이 좋습니다. 이 작업은 스크래퍼를 바이스에 물려놓고 손 감각에 의지해 줄로 작업해도 되지만, 기준 각도(reference block)의 도움을 받으면 더 좋습니다. 네모반듯한 각재를 하나 준비한 다음 줄이 딱 맞게 들어갈 홈을 파줍니다. 그래서 줄을 이 홈에 끼우면 각재의 면에서 튀어나온 부분이 수직이 될 겁니다. 줄을 끼운 기준 각재를 스크래퍼 옆면에 대고, 줄로 스크래퍼 모서리를 앞뒤로 왕복하면 자연스럽게 완벽한 수직면을 만들 수 있습니다.

이렇게 스크래퍼 윗면이 깨끗하게 그리고 수직으로 모양이 잡혔다면, 이제 곱게 숫돌로 연마할 차례입니다. 기준 각재를 숫돌 위에 놓은 다음 스크래퍼를 이에 기대어 앞뒤로 왕복하면 줄로 간 윗면을 수직을 유지하면서 더 매끈하게 다듬을 수 있습니다. 이제 스크래퍼를 숫돌에 눕혀 문질러 끝부분 20mm 정도에 광을 내줍니다. 이것은 일반적인 날물의 뒷날 광내기 작업과 유사합니다. 이 광내기 작업은 #8,000 숫돌까지 진행합니다.

이제 스크래퍼의 윗면과 옆면은 완벽한 직각이며, 매끈하게 광까지 낸 상태입니다. 이제 스크래퍼 끝부분을 늘려서 버를 만들고 그것을 굴려서 고리를 만들면 됩니다. 이 여러 단계의 과정은 연습이 좀 필요합니다. 스크래퍼 끝부분을 늘리는 것은 버니셔(burnisher)를 이용합니다. 먼저 스크래퍼를 평평한 작업대 모서리에 끝이 약간 나오도록 눕혀놓고, 버니셔를 거의 수평으로 잡은 다음 끝에서 끝까지 쭉 밀면서 스크래퍼 끝을 눌러줍니다. 적당한 압력으로 대여섯번 반복하면 됩니다. 버니셔에 약간의 오일을 뿌려주면 마찰을 줄여주어 열 발생을 대폭 줄여줍니다. 다음으로 이제 스크래퍼를 세워 고정합니다. 어떤 사람들은 손으로 잡고 하기도 하지만, 저는 바이스에 스크래퍼를 고정하는 게 더 편하더군요. 버니셔를 약 5도 정도 기울여 잡고, 스크래퍼 끝에서 끝까지 쭉 서너 번 밀어줍니다. 중요한 것은 모서리 바깥쪽 방향으로 쭉 미는 겁니다. 첫 번째 과정에서 스크래퍼 끝부분의 쇠를 눌러 바깥으로 튀어나오게 했다면, 두 번째 과정은 이 튀어나온 버를 약간 구부려 둥글리는 겁니다. 마지막 과정은 버를 완전히 구부려서 고리 모양으로 만드는 겁니다. 이를 위해서 버니셔를 45도로 기울여 잡고 한두 번 밀어주면 됩니다. 이렇게 하고 나면 손가락으로 스크래퍼 끝을 만져 보았을 때 튀어나온 고리 모양이 느껴질 겁니다. 제대로 되었는지 확인하기 위해 자투리 나무에 대고 스크래핑을 해보세요. 제대로 쉐이빙이 나오지 않는다고 해서, 제일 처음에 했던 줄과 숫돌로 직각을 잡고 광을 내었던 작업부터 할 필요는 없습니다. 대신 스크래퍼를 바닥에 뉘여놓고 버니셔를 밀어 버를 만드는 과정부터 시작하면 됩니다.

캐비닛 스크래퍼 날의 연마는 카드 스크래퍼의 방법과 비슷합니다. 차이가 있다면 90도로 네모반듯한 날을 만드는 대신에, 45도의 경사면이 있다는 점입니다. 대팻날과 비슷하게 날의 뒷면과 경사면은 매끄럽게 평이 잡혀야 날카로운 선을 만들 수 있습니다. 연마는 프리핸드로 할 수도 있고 호닝가이드를 사용할 수도 있습니다. 버니셔를 사용하는 과정 역시 카드 스크래퍼와 비슷합니다. 단지 몇 가지 추가 작업이 필요할 뿐입니다. 캐비닛 스크래퍼 날을 경사면이 위를 향하도록 눕힌 다음, 약간의 버만 세워주면 됩니다. 버니셔를 55도 정도로 세운 다음, 경사면에 대고 네다섯 번 밀어줍니다. 55도라는 각도가 좀 어렵게 느껴진다면, 경사면이 45도라는 사실을 이용해서 10도 정도를 더 들어준다고 생각하면 됩니다. 만일 더 많은 쉐이빙을 만들어내는 고리를 만들고 싶다면, 버니셔를 60도 정도로 더 세워주고, 더 많은 힘을 주어 밀면 됩니다.[63]

줄로 쉽게 가는 법 ■ 줄을 두꺼운 각재에 끼우면, 정확하게 90도로 윗면을 만들 수 있습니다.

---

63) Wood Whisperer Ep.14 - How to Sharpen A Card Scraper, Wood Whisperer Ep.143 - Scraper Sharpening with William Ng 참고.

단계 1 ■ 일반적인 숫돌을 이용하여 윗면을 연마합니다. 이때 직각을 유지하기 위해 기준 각재에 기대면 편합니다.

단계 2 ■ 버를 제거하기 위해 스크래퍼의 평평한 옆면을 연마합니다. 기준 각재로 눌러주면 전체적으로 같은 압력을 가할 수 있습니다.

단계 3 ■ 윗면과 옆면을 연마하고 나면, 끝 부분이 매끈하고 일정해야 합니다.

단계 4 ■ 버니셔를 5도로 잡은 다음, 스크래퍼 끝을 쭉 밀어줍니다.

단계 5 ■ 스크래퍼를 바이스에 고정한 다음, 버니셔를 5도로 잡고 쭉 밀어줍니다.

단계 6 ■ 버니셔를 45도로 들고 밀어서 버를 고리 모양으로 만듭니다.

단계 7 ■ 시험삼아 스크래핑해봅니다. 그리고 시원스레 나오는 쉐이빙을 즐깁니다.

단계 8 ■ 캐비닛 스크래퍼의 날은 일반적인 대팻날과 같은 방식으로 뒷면과 경사면을 연마합니다.

단계 9 ■ 캐비닛 스크래퍼 날의 경사면을 위로 향하게 눕힌 다음, 버니셔를 55도로 잡고 밀어줍니다.

하이브리드 목공

율적인 작업을 할 수 있습니다. 그래서 더 많은 양의 나무를 깎아낼 수 있으며, 오랫동안 작업해도 덜 피곤합니다. 하지만 이런 형태는 두 가지 단점이 있습니다. 나무를 치고 들어가는 각도를 세팅하는 것이 다소 까다로우며, 매우 비싸다는 겁니다. 시장에서 흔히 구할 수 있는 것들은 Stanley No.112를 본 뜬 것들인데, 가격대가 $169부터 시작합니다.

스크래퍼 사용법

저는 판재 간의 높낮이 차를 없애고, 울퉁불퉁한 표면을 매끄럽게 하는 데 스크래퍼를 사용합니다. 기계를 사용하는 한 날 자국(milling mark), 뜯김(chatter mark), 그리고 탄 자국이 나올 수밖에 없음을 받아들여야 합니다. 다행스럽게도 스크래퍼로 몇 번 밀어대면 기계가 만들어낸 이런 결함들이 얼추 해결이 됩니다. 결국에는 고운 사포로 샌딩해야 하지만, 스크래퍼를 쓰면 귀찮고 언짢은 거친 샌딩을 하지 않아도 됩니다.

제가 쓰는 스크래퍼

당신의 공구함에는 반드시 여러 개의 카드 스크래퍼가 있어야 합니다. 그리고 가능하면 캐비닛 스크래퍼나 스크래퍼 플레인을 갖추는 것이 좋습니다. 이 둘은 기능이 중복되기 때문에 모두 갖출 필요는 없습니다만, 그래도 둘 다 있으면 좋습니다. 저는 두 개의 No.80 캐비닛 스크래퍼를 가지고 있지만, 스크래퍼 플레인은 갖고 있지 않습니다.

스크래퍼 플레인 ■ 스크래퍼 플레인에 끼워진 날은 두꺼운 버(burr)를 가지고 있으며 거의 수직으로 서 있습니다. 그리고 두 개의 황동 너트로 날의 각도를 조절할 수 있습니다.

집성된 판재들의 높낮이 차 없애기 ■ 스크래퍼 플레인은 집성된 판재들의 높낮이 차를 없애고 평면으로 만드는 데 효과적입니다.

타버린 절단면 ■ 이 체리 판재는 무뎌진 테이블쏘 날 때문에 절단면이 타버렸습니다.

긁어내기 ■ 몇 번만 스크래핑하면, 표면이 매끄럽고 깨끗하게 됩니다.

그무개와 마킹 나이프

애너하임에 있는 William Ng 목공 학교를 운영하는 저의 친한 선배 목수 William Ng이 저에게 소중한 조언을 한 적이 있습니다. 그는 이렇게 말해주었습니다. "좋은 목수가 되고 싶다면 연필을 써라. 하지만 위대한 목수가 되고 싶다면 칼을 써라." 그 이후로 저는 연필 대신 칼을 사용하여 마름질하고 금 긋는 과정을 개선시키려 노력했습니다.

연필로 금을 긋는 것이 문제가 되는 이유는 연필심이 제법 두껍기 때문입니다. 가장 직경이 작은 샤프심도 0.5mm나 됩니다. 게다가 일반적인 연필은 이 보다 더 두꺼운 선이 그려집니다. 0.5mm의 연필선을 전제로 하여 어떤 문제가 생길 수 있는지 한번 봅시다. 일반적으로 0.5mm라는 크기는 매우 작게 여겨집니다. 하지만 우리 세계에서 0.5mm는 장부가 장부 구멍에 딱 들어맞느냐 헐렁하냐, 물 샐 틈 없는 연귀 맞춤(miter joint)이냐 보기 흉한 틈이 생기느냐를 결정짓는 차이입니다. 당신이 0.5mm 연필로 자를 곳에 금을 그었다면, 심각한 선택의 순간에 맞닥뜨리게 됩니다. 선 바깥쪽을 잘라서 자른 뒤에도 선이 보이게 할 것인가? 선의 중간을 갈라 자를 것인가? 아니면 선 안쪽에 붙여 잘라 선이 보이지 않게 할 것인가라는 고민을 해야 합니다. 어떤 선택을 하든 당신은 전체 공정에서 그 선택의 일관성을 유지해야 합니다. 그러지 못한다면 아마 당신은 0.5mm의 저주에서 헤어나오지 못할 겁니다. 연필의 더 큰 문제는 둥근 연필심 끝 때문에 기준이 되는 자에 밀착하지 못한다는 겁니다. 실제로 자에 대고 연필로 선을 그리면, 눈으로도 확인할 수 있을 정도로 자와 선의 간격이 생깁니다. 이러한 간격 또한 작업을 할 때 항상 염두에 두어야 합니다.

그무개와 마킹 나이프 사용법

0.5mm 굵기의 연필 선에 비해 칼금은 어떤 차이가 있을까요? 첫째로 칼은 놀라울 정도로 얇은 선을 그릴 수 있습니다. 가볍게 눌러 칼금을 넣을 경우 그 두께는 거의 무시해도 될 정도입니다. 게다가 칼로 그려진 선은 실제로 당신이 자를 선 그 자체를 나타냅니다. 선을 남길 것인가, 반을 가를 것인가 하는 고민도 필요 없습니다. 대부분의 마킹 나이프(marking knife)는 뒷날이 평평하기 때문에, 이 면을 자에 붙여 그으면 정확하게 잘라야 할 곳에 금을 그을 수 있습니다. 칼을 사용하면 얻을 수 있는 다른 장점은 잘라야 할 곳의 섬유질을 깨끗하게 잘라준다는 겁니다. 이를 통해 깨끗하고 완벽한 절단을 할 수 있습니다.

어떤 종류의 칼날이든 마킹 나이프로 사용할 수 있지만, 되도록이면 양쪽이 경사면으로 되어 있는 칼날은 피하는 것이 좋습니다. 왜냐하면 연필과 비슷하게 자에 대고 칼금을 넣을 때 제대로 밀착되지 못하는 문제가 생길 수 있기 때문입니다. 그래서 저는 뒷날은 평평하고 경사면이 한쪽에만 있는 칼날, 그리고 편리한 손잡이를 가진 것을 가장 좋은 마킹 나이프라고 생각합니다.

마킹 게이지(marking gauge), 커팅 게이지(cutting gauge) 등으로도 불리는 칼날을 가진 그무개는 마킹 나이프와 비슷합니다. 차이점이라면 칼날이 나무 기둥의 끝에 붙어 있으며,

그무개 ■ 그무개를 이용하여 장부의 어깨선에 칼금을 넣어주면, 기계로 장부 가공할 때 뜯김이 발생하지 않습니다.

제 그무개들 ■ 그무개들은 다양한 형태와 크기의 것들이 있습니다. 어떤 것이든 그 역할을 잘 해냅니다.

마킹 나이프 ■ 마킹 나이프는 기준선을 긋는 것뿐 아니라, 섬유질을 잘라줌으로써 다음 단계에서 깨끗한 작업이 가능하도록 해줍니다.

하이브리드 목공

이 기둥은 움직일 수 있도록 펜스(fence)의 구멍에 끼워져 있다는 겁니다. 그무개는 장부와 같은 결구의 윤곽선을 긋는 데 편리합니다. 직각자와 마킹 나이프를 사용하는 대신에, 그무개를 사용하면 설정한 간격으로 옆면과 평행한 선을 쉽게 그을 수 있습니다. 그러므로 같은 간격의 선을 여러 번 그려야 하거나, 한 판재의 여러 면에 그려야 한다면 그무개가 최선의 도구입니다. 그무개는 다양한 형태의 것이 있는데, 되도록이면 모든 것을 써보라고 권하고 싶습니다. 왜냐하면 그무개 형태에 대한 개인적인 선호도가 다양하기 때문입니다.

저는 주로 장부의 어깨선을 긋기 위해 그무개를 사용합니다. 비록 기계를 이용하여 장부를 가공한다 할지라도, 미리 칼금을 넣어 섬유질을 잘라 놓으면 깔끔한 절단면을 만들 수 있습니다. 또한 칼로 그어놓은 선은 기계를 통한 절단 위치를 세팅하는 데 완벽한 기준선이 될 수 있습니다. 불행히도 그무개는 칼날이 달린 기둥의 길이에 의해 그릴 수 있는 간격이 제한됩니다. 딱 여기까지가 그무개가 활약할 수 있는 영역입니다. 예를 들어 경첩을 심을 영역이나 주먹장의 기준선을 그을 때 등에 사용할 수 있습니다.[64]

---

64) Wood Whisperer Ep.164 - How to Use Marking Gauge 참고.

팔방미인 ■ 잭 플레인은 평을 잡고, 표면을 다듬는 등 여러 가지 일을 할 수 있습니다.

제가 쓰는 그무개와 마킹 나이프

저는 여러 형태의 그무개를 가지고 있습니다. 황동으로 장식된 전통적인 형태의 그무개, 쐐기로 기둥을 고정하는 형태인 일본식 그무개, 그리고 Veritas의 둥근 칼 그무개(wheel marking gauge)들입니다. 저는 여러 형태의 그무개를 구입하여 써 보았습니다. 그중에서 가장 많이 쓰는 그무개는 전통적인 형태의 것입니다. 하지만 저는 다른 형태의 그무개도 계속 가지고 있을 겁니다. 변덕 부릴 자유가 저에게 있기 때문이죠. 제가 쓰는 마킹 나이프는 Czeck Edge Hand Tool 사에서 만든 아름답고 조그만 칼입니다. 이 칼은 너무 예뻐서 쓰는 것보다 보는 즐거움이 더 큽니다.

잭 플레인

반드시 갖추어야 할 수공구에 대한 이야기가 끝나가는 이 시점에서, 당신은 아마 '벤치 플레인은 왜 안 다루나?'라고 생각할 겁니다. 수공구에 대해 배우기 시작하는 몇몇 목수들은 벤치 플레인(bench plane)[65] 풀세트를 모두 사야 하는 걸로 생각하곤 합니다. 결국에는 작업대 뒤의 벽에 걸릴 벤치 플레인들의 아름다운 컬렉션이 완성되어야 비로소 공방의 모양이 잡힌다고요. 사실 제 홈페이지에서 가장 많이 받는 질문 중의 하나는 "어떤 벤치 플레인을 가장 먼저 사야 하나요?" 입니다. "어떤 수공구를 가장 먼저 사야 하나요?"라는 질문을 해야 하는데, 아무도 그러지 않습니다. 사실은 적어도 하이브리드 목수에게 아름답고 비싸고 커다란 이런 대패들이 필수적이지 않습니다. 그리고 하이브리드 공구 키트에 큰 가치를 제공하지도 않습니다. 오로지 수공구만으로 거친 판재의 평면과 직각을 잡고 매끈한 표면을 만들겠다는 의도가 아니라면 당신의 수압대패, 자동대패, 그리고 테이블쏘가 그 일을 하도록 시키세요. 이 기계들은 그런 일을 하라고 만들어진 것들입니다.

이 절에서 다루려고 하는 벤치 플레인 중 하나는 잭 플레인(jack plane)입니다. 잭 플레인이 놀라울 만큼 다재다능하기 때문입니다. 팔방미인을 뜻하는 영어 표현인 jack-of-all-trades가 연상되듯, 잭 플레인은 거칠게 나무를 덜어내고, 평면을 잡고, 표면을 매끈하게 정리하는 등 할 수 있는 게 많습니다. 하이브리드 목수로서 벤치 플레인의 세계로 모험을 떠나고자 한다면, 잭 플레인은 좋은 출발점이 될 것이고, 벤치 플레인 중 필요한 단 하나의 대패입니다.

---

65) 벤치 플레인은 보통 대팻날을 베벨-다운으로 장착하고, 덧날이 있는 구조의 대패를 의미함. 대조적으로 블록 플레인은 베벨-업에 덧날이 없는 대패를 지칭함.

거친 컷에서 미세한 컷까지 ■ 날을 얼마나 내미느냐에 따라 잭 플레인은 다양한 두께의 대팻밥을 뽑아낼 수 있습니다. 사진의 대팻밥 두께는 각각 0.05mm, 0.1mm, 0.18mm입니다.

잭 플레인 사용법

잭 플레인의 대팻날을 많이 내밀면 빠르게 나무를 많이 깎아낼 수 있습니다. 그래서 거칠고 넓은 판재의 평면을 대충 잡는 데 안성맞춤입니다(p.96 참조). 잭 플레인은 350~500mm(14~20인치) 정도 되는 긴 대팻집을 가지고 있기 때문에 평면을 잡고 옆면을 직선으로 가공하는 데 좋습니다. 그리고 대팻날을 아주 잘 연마하면 매우 얇은 대팻밥을 뽑아낼 수도 있습니다. 그래서 잭 플레인은 빠르고 효율적인 마무리 대패로서의 역할도 할 수 있습니다. 예를 들어 패널의 표면을 매끄럽게 다듬고, 서랍과 문짝의 미세 조정에도 사용될 수 있습니다. 요즘은 저각(low-angle)을 가진 잭 플레인도 나오는데, 이들 대패들은 날의 경사면이 위로 향하는 베벨-업 디자인을 채택하고 있습니다. 이 덕분에 대팻날을 교체하는 것만으로 다양한 경사각을 구현할 수 있습니다.[66]

모양에 따라 기능이 결정됨 ■ 잭 플레인은 크기로 따지면 스무딩 플레인과 조인터 플레인의 중간입니다. 이것은 양 극단에 치우치지 않는 중용의 묘를 살릴 수 있음을 의미합니다.

제가 쓰는 벤치 플레인

저는 현재 표준 No.5 잭 플레인을 가지고 있습니다. 하지만 슬프게도 거의 사용하지 않습니다. 저의 공구 컬렉션은 오랜 기간 동안에 걸쳐 만들어졌고, 다른 목수들처럼 저도 일단 지르고 나서 후회하는 나쁜 습관을 가지고 있습니다. 그래서 저는 스무딩 플레인(smoothing plane)과 아주 긴 No.7 조인터 플레인(jointer plane)까지 가지고 있습니다. 결과적으로 잭 플레인은 저에게서 제대로 된 실력을 발휘하지 못하고 있습니다. 저는 제 공구들을 편애하지 않기 때문에 표면을 매끄럽게 다듬어야 한다면 스무딩 플레인을, 평면을 잡아야 한다면 조인터 플레인을 사용합니다. 만일 제가 이 컬렉션을 처음부터 다시 구성할 수 있다면, 저는 아마도 저각 잭 플레인을 택할 겁니다. 그리고 나머지 대패를 살 돈으로, 없으면 아쉬울 다른 공구들에 투자할 겁니다.

---

66) Wood Whisperer Ep.169 - How to Mill Wide Boards 참고.

작업대

엄밀하게 따지자면, 작업대(workbench)는 공구로 취급하기 어려울 겁니다. 하지만 작업대는 모든 목공방에서 필수적인 장치이고, 이 절에서 다룰 만한 가치가 있습니다. 많은 목수들이 테이블쏘를 가리켜 '공방의 심장'이라고 이야기하지만, 하이브리드 목수들과 수공구 위주의 목수들은 작업대를 진정한 목공 활동의 중심이라고 생각합니다. 우리는 기계를 사용하기도 합니다. 하지만 결국에는 가공하던 부재를 작업대에 고정시켜 두고 마무리 작업을 하게 됩니다. 설사 그것이 전동 샌더로 간단한 샌딩을 하는 것이라 할지라도요.

최근 몇 년 동안 작업대 만들기가 대유행을 했습니다. 셀 수 없이 많은 책과 블로그 글, 잡지 기사, 비디오와 DVD들이 이 주제를 다루었기 때문에, 너무 많은 정보로 오히려 혼란을 겪을 수도 있습니다. 게다가 많은 사람들이 자신이 만든 작업대에 대해 과도한 자랑을 하기도 해서, 마치 취미 안의 취미가 된 듯합니다. 제가 이런 집착을 못마땅하게 생각하는 건 아닙니다만, 약간의 객관성을 갖추는 것이 장기적으로 바람직합니다. 다른 도구와 마찬가지로 우리는 특정한 작업대의 가치를 평가할 수 있고, 이를 통해 그 작업대가 우리의 목적에 부합하는지 결정할 수 있습니다. 물론 우리 모두는 꿈의 작업대를 만들고자 하는 바람이 있습니다만, 많은 목수들은 현실과 실용성을 고려하여 가능한 선에서 적당한 작업대를 만듭니다.

다행히 작업대가 그 기능을 완전히 갖추기 위해서는 단지 몇 가지 기본적인 것만 챙기면 됩니다. 첫째 작업대는 튼튼해야 합니다. 만일 손으로 밀었을 때 작업대가 움직인다면, 대패질할 때 작업대가 움직여 불편할 겁니다. 이것은 가벼운 작업대의 불만스런 부작용이기도 합니다. 만일 작업대가 움직인다면, 작업대의 무게를 늘리는 방법을 강구해보세요. 작업대 아래에 선반이 있다면 모래주머니를 올려놓을 수 있습니다. 또는 모래주머니를 선반 아래쪽에 달 수 있다면, 수납공간을 희생하지 않아도 됩니다. 저의 첫 작업대는 트레슬(trestle) 테이블[67] 형태였습니다. 보기에는 아름다웠지만, 두 개의 다리밖에 없었기 때문에 가벼워서 쉽게 움직이곤 했습니다. 모래주머니를 매일 보기는 싫었기 때문에, 저는 다리를 연결하는 보(stretcher)를 클램프 걸이로 활용했습니다. 무거운 F-클램프들을 보에 걸어두었더니 나름 안정적이었습니다. 완벽하지는 않았지만 한결 더 나았습니다. 가벼운 작업대를 만든 뒤에 물건들을 얹어서 무게를 늘리는 방식은, 만들기도 쉽고 사용하기도 쉽습니다.

이런 얘기는 그저 상식적인 것이라고 여겨질 것이지만, 작업대는 공정이 요구하는 어떤 방향으로도 부재를 고정할 수 있어야 합니다. 작업대에 관한 고수이면서 저자이기도 한 Christopher Schwarz[68]는 그의 책 "Workbenches"의 첫 문장에 다음과 같이 완벽하게 설명하고 있습니다. "모든 부재는 옆면, 윗면, 마구리면 이라는 세 개의 표면을 가지고 있습니다. 좋은 작업대는 이 세 가지 표면 모두를 가공할 수 있도록 고정할 수 있어야 합니다. 작업대가 이런 기본적인 요건 중 하나라도 충족하지 못한다면, 당신의 목공 기술을 발전시키

---

67) 두 개의 트레슬 기둥(trestle support) 위에 상판이 얹힌 형태의 테이블. 오래전에는 두 각재를 X자로 교차시키거나 삼각형 모양과 보강목으로 기둥 구조를 만들고 이 둘을 보로 연결한 형태였으나, 이후 두꺼운 일자 기둥에 긴 베이스를 연결한 형태로 발전하게 되었음.

68) Chris Schwarz는 수공구를 열렬히 사랑하는 목수로서, Lost Art 출판사를 운영하며 다양한 목공 관련 책을 출판하였음. Popular Woodworking 잡지의 에디터이기도 함.

목수의 가장 친한 친구 ■ 좋은 작업대는 목수로 성공하는 데 필수적입니다. 상판이 갈라진 루보 작업대여야 하는 건 아니지만, 작업물을 안정적으로 고정할 수 있어야 합니다.

테일 바이스의 사용 ■ 테일 바이스는 두 개의 도그(dog)[69] 사이에 판재를 고정할 수 있어, 대패질하거나 스크래핑하기 좋습니다.

레그 바이스의 사용 ■ 레그 바이스는 장부의 어깨를 다듬기 위해 부재를 세로로 고정할 수 있는 등 다양한 용도로 활용될 수 있습니다.

는 데 발목을 잡게 될 겁니다."

만일 당신의 작업대가 이 세 가지 방향으로 부재를 잡아줄 수 없다면, 당신은 결국 아쉬움을 느끼게 될 겁니다. 아마도 대충 어떻게든 해결책을 찾을 수도 있고, 전통적인 지그(플레인 스톱, 슈팅보드)를 사용하여 보완할 수도 있고, 좀 부족한 작업대이지만 최대한의 잠재력을 끌어내는 트릭을 고안할 수도 있을 겁니다. 비록 그 작업대가 버려진 문짝과 저렴한 퀵릴리즈 바이스로 만들어진 것이라 할지라도요. 하지만 당신이 처하게 될 '이건 대체 어떻게 고정해야 하나?'라는 문제를 해결하기 위해 가장 좋은 방법이 무엇인지 연구할 필요가 생길 겁니다. 그때그때 필요한 만큼 작업대를 개선하는 전략을 취해도 됩니다. 게다가 완벽한 작업대를 갖추어야만 목공을 시작할 수 있는 것도 아닙니다. 하지만 바이스(vise)나 나무를 고정할 수 있는 다른 방법에 대해 의사 결정을 할 수 있도록, 미리 당신의 완벽한 작업대로 작업하면 어떻게 달라질 수 있는지를 상상하고 연구해보라고 권합니다.

좋은 작업대는 제법 평평한 상판이 있어야 합니다. 상판이 평평하면, 당신은 그것을 가구의 조립이나 판재의 평면을 점검하는 기준면(reference surface)으로 삼을 수 있습니다. 물론 평면은 목공의 모든 작업에 있어 중요한 기반이 됩니다. 그렇긴 하지만 수공구만 사용하는 목수들과 달리 하이브리드 목수에게 있어 그 평면이 꼭 완벽할 필요는 없습니다. 왜냐하면 대부분의 하이브리드 목수들은 판재의 평면과 직각을 잡기 위해 기계를 사용하기 때문입니다. 작업대로 넘어올 때 쯤이면 이미 그 판재는 평평하고 네모반듯합니다. 그래서 하이브리드 목수들의 작업대가 완벽한 기준면을 제공해야

한다는 것은 결정적인 요구사항이 아닙니다. 하지만 눈에 띄게 휘었거나 비틀린 것은 반드시 손을 봐야 합니다. 그렇다 할지라도 1/1,000 급의 완벽한 평면을 구현하기 위해 너무 많은 노력을 들일 필요는 없습니다.

인터넷 목공 커뮤니티에서 12년 이상 활동하면서, 제 것이랑 비슷한 허접한 작업대를 많이 보아 왔습니다. 비록 초라해 보이긴 하지만, 이 작업대들은 수년간 훌륭하게 자신의 역할을 묵묵하게 잘 해내었습니다. 그러니 당신의 작업대가 미운 오리새끼 같다 할지라도, 딴 생각 품지 마세요. 그 작업대가 기능을 제대로 하는 한, 당신이 필요한 건 다 채워줄 겁니다. 하지만 때가 되었을 때, 당신을 위한 꿈의 작업대를 만드는 걸 주저하지 마세요. 왜냐하면 그 꿈의 작업대는 당신에게 놀랄 만한 경험을 하게 해줄 것이며, 당신의 목수로서의 남은 경력 동안 그 작업대에 감사하게 될 것이기 때문입니다.

작업대 사용법

작업대의 용도를 적으려면 끝이 없을 겁니다. 한 가지만 얘기하자면 수공구나 기계의 사용을 위해 작업물을 어떤 식으로든 고정해야 한다면, 저는 작업대를 사용합니다. 그리고 제 커피 잔을 안정적으로 올려놓는 용도로도 사용합니다. 물론 컵 받침의 도움도 필요하지요.

제가 쓰는 작업대

제가 쓰는 작업대는 상판이 갈라진 루보(split-top Roubo) 디자인입니다. 이 작업대는 André Roubo[70]가 18세기에 발표한

---

69) 작업대에 뚫려 있는 사각형 또는 원형 구멍(dog hole)에 끼우는 쐐기 모양의 막대로 높이 조절이 가능한 스톱 블록의 역할을 함.

70) Andre Jacob Roubo(1739~1791)는 프랑스의 건축가, 목수, 저자였음. 목공에 관한 체계적인 저작들을 남겨 후학의 양성에 힘을 쏟았으며, 특히 그의 작업대 디자인은 현재까지도 널리 채용되고 있음.

L'Art du Menuisier[71]라는 논문 11장에 나오는 작업대 디자인을 참고한 것입니다. Benchcrafted 사[72]는 자신들의 멋지고 놀라운 하드웨어들을 장착할 수 있도록 루보의 원래 디자인을 변경하였습니다. 이 작업대는 100mm 두께의 상판과 우람한 다리들, 강력한 레그 바이스(leg vise), 슬라이딩 데드맨(sliding deadman),[73] 그리고 테일 바이스(tail vise)를 갖고 있습니다. 제가 목공을 시작하고 10년 동안 두 개의 부족한 작업대를 써왔습니다. 그리고 마침내 꿈의 작업대를 만들겠다고 결심하게 되었습니다. 이 꿈의 작업대는 수공구를 위한 것이든, 기계를 위한 것이든, 모든 경우의 고정해야 하는 임무를 완벽하게 소화하고 있습니다.

작업대에 관해 받는 가장 흔한 질문은 "왜 상판을 두 쪽으로 만드느냐?"입니다. 몇 가지 이유가 있습니다. 첫째, 만들기 쉽습니다. 하나의 통판으로 된 상판으로 작업대를 만들어본 분이라면 그것을 다루기 얼마나 어려운지 알고 있을 겁니다. 상판을 두 쪽으로 만들면 그만큼 가벼워서 작업하기 편합니다. 그래서 각종 하드웨어를 장착하기도 쉬우며, 폭이 좁아서 수압대패와 자동대패를 사용할 수도 있습니다. 둘째, 매우 편리합니다. 두 쪽의 상판 사이에 틈(gap)이 있기 때문에 클램핑하는 자세가 나오지 않는 경우, 이 틈에 클램프를 끼워 넣어 고정할 수 있기도 합니다. 서랍을 미세 조정할 때 상판 한쪽에 서랍을 끼워 넣고 대패질할 수도 있습니다. 사용하지 않을 때는 이 틈에 스톱 블록이 끼워져 있는데, 여기에 기대어 대패질할 수 있으며 공구를 임시로 끼워 놓을 수도 있습니다. 저는 이 디자인을 너무 좋아해서 이 작업대 만드는 과정을 글로 쓰고 23개의 비디오로 만들었습니다. http://thewoodwhispererguild.com에서 확인하세요.[74]

---

71) 영어로 The Art of the Joiner 이며, '목공예'로 번역할 수 있음.

72) 홈페이지는 www.benchcrafted.com이나, 지름신에 주의해야 함. 여기에서 상판이 갈라진 루보 작업대의 설계도($20)와 부속들을 판매하고 있음.

73) 작업대 아래에 놓여 슬라이딩되는 구멍이 뚫린 긴 판재로서, 레그 바이스에 긴 판재를 물릴 때, 높이에 맞추어 목봉을 끼워 반대쪽을 받쳐주는 역할을 함.

---

74) 무료는 아니고 $100의 수강료를 내면 상세한 작업 과정을 설명하는 비디오를 다운 받아볼 수 있음.

갭-스톱 공구 보관대 ■ 루보 작업대 두 상판 사이의 놓인 갭-스톱은 작업 중에 공구들을 임시로 보관할 수 있는 좋은 장소입니다.

갭-스톱에 기대어 대패질 ■ 갭-스톱에 기대어 대패질하면 편리하고 안정적입니다.

수공구만을 위한 것이 아니다 ■ 좋은 작업대는 기계로 작업할 때도 작업물을 붙잡는 용도로 쓸 수 있습니다.

갈라진 상판의 편리함 ■ 두 상판 사이의 틈에 조립된 서랍을 끼우면 대패질하기 매우 편리합니다.

사야 돼? 말아야 돼? ■ 많은 공구들이 목공의 회색 지대로 분류됩니다. 당신의 선호도만이 유일한 의사 결정 기준입니다.

■ 고려할 만한 수공구들

이 책의 '반드시 갖추어야 할 수공구들' 부분을 쓰는 동안, 저는 제가 가지고 있는 수공구들뿐 아니라, 요즘 시장에서 판매되고 있는 것들도 광범위하게 검토했습니다. 필수 수공구는 고르기 쉬웠습니다. 왜냐하면 그들은 매번 프로젝트를 할 때마다 사용하는 것들이니까요. 필수 수공구들은 대부분 손잡이가 낡았고, 날물에는 여러 번 연마된 흔적이 있습니다. 어떤 수공구들이 버림받았는지 또한 쉽게 알아낼 수 있습니다. 왜냐하면 이들은 저의 목공 역사에서 고통스럽고 값비싼 교훈을 주었기 때문이죠. 이들은 다음 장에서 다룰 예정입니다. 다행히도 많은 수공구들은 구입한 가격만큼은 아니지만 제법 값을 쳐서 다시 팔 수 있습니다. 수공구 르네상스가 고마울 따름입니다.

제가 이 두 극단의 카테고리들을 분류하고 나니, 여기에 속하지 않은 몇몇 공구들이 나왔습니다. 이들은 아주 가끔 사용되거나 필수 수공구 카테고리에 속한 것과 기능이 중복되는 것들입니다. 하지만 가끔씩 사용되기 때문에 아직 가지고 있는 것들입니다. 여전히 이들은 저의 공방에서 약간의 존재 가치를 어필하기는 합니다. 당신의 예산, 목공 스타일, 취향과 습관에 따라 당신은 이들 공구들을 당신의 키트에 포함시킬 수도 있고, 아닐 수도 있습니다. 저는 당신이 필수 수공구들을 모두 가지고 있다는 가정 하에서 이들 공구들에 대한 설명을 드릴 겁니다.

두 개의 블록 플레인 ■ 저는 두 개의 블록 플레인을 가지고 있습니다. 하나는 거칠고 지저분한 일을 하는 녀석(오른쪽)이고, 다른 하나는 고상한 일을 하는 녀석입니다.

마구리면 대패질 ■ 저각 블록 플레인은 마구리면을 다듬는 데 뛰어납니다.

거친 일 ■ 저렴한 Stanley 블록 플레인을 고약한 작업을 하는 데 사용하세요. 예를 들어 본드와 에폭시를 제거하는 용도로요.

블록 플레인

저렴한 블록 플레인은 아마도 새로 목공에 입문하는 분들이 가장 먼저 사는 수공구일 겁니다. 많은 DIY 동호인들이 대패 튜닝을 잘 못 하기 때문에, 이 대패들은 아마도 지하실이나 차고 깊숙이 처박혀 있을 겁니다. 조그맣고 저렴하다는 걸 감안하면, 이 대패로 무엇을 할 수 있을지 알아보기도 전에 무시하는 게 당연할지도 모릅니다. 다른 수공구를 먼저 사야 한다는 논쟁도 있지만, 아마도 결국에는 이 블록 플레인을 사게 될 겁니다. 알고 보면 이 조그만 귀요미 대패는 하이브리드 목수에게도 수공구 위주의 목수에게도 꽤나 유용합니다. 잘 튜닝된 블록 플레인은 마구리면을 쉽게 깎아낼 수 있을 뿐 아니라, 작업용 앞치마 호주머니에 쏙 들어가기 때문에, 프로젝트를 진행하는 전 과정에 걸쳐 다듬고 미세 가공하는 데 빈번히 사용됩니다. 그렇다면 왜 필수 수공구로 뽑히질 못했을까요? 주된 이유는 래빗 블록 플레인(rabbeting block plane) 때문입니다. 래빗 블록 플레인은 블록 플레인의 기능을 모두 할 수 있기 때문에, 이를 먼저 사는 게 좋습니다.

블록 플레인은 표준각(standard-angle)과 저각(low-angle) 두 가지 종류가 있습니다. 어떤 블록 플레인들은 날입 폭을 조절할 수 있습니다. 표준각 블록 플레인은 보통 베드(bed)의 각이 20도입니다. 그래서 결 방향으로 많이 깎을 수 있으며, 마구리면도 제법 잘 깎아낼 수 있습니다. 저각 블록 플레인은 일반적으로 12도의 베드를 가지고 있습니다. 더 낮은 절삭각을 가지고 있기 때문에 마구리면을 깎는 데 탁월하며, 결 방향으로도 무난하게 대패질할 수 있습니다. 앞쪽의 손잡이를 돌려 날입 폭을 조절할 수 있는 대패는 대팻밥(shaving)의 크기를 쉽게 조절할 수 있습니다. 만일 많이 깎아내고 싶다면 대팻날을 더 내밀고, 날입을 더 넓혀 두꺼운 대팻밥이 빠져 나갈 수 있도록 하면 됩니다. 반대로 미세하게 깎아내고 싶다면 날을 조금만 내밀고, 날입의 폭을 빛이 겨우 통과할 정도로 좁히면 됩니다. 이렇게 하면 속이 비칠 정도의 얇은 대팻밥을 뽑아낼 수 있습니다.

블록 플레인 사용법

블록 플레인은 다방면으로 활용될 수 있습니다. 몇몇 예를 들어보지요. 수작업으로 주먹장(dovetail) 가공을 할 때 저는 핀과 테일을 약간 튀어나오게 합니다. 그리고 본드가 마른 뒤 블록 플레인을 이용하여 튀어나온 부분을 깎아 높낮이 차를 없앱니다. 또한 블록 플레인을 이용하면 작업물의 날카로운 모서리를 몇 초 안에 사선(chamfer)이나 둥글게 다듬을 수 있습니다. 그래서 굳이 라우터를 꺼내오지 않아도 됩니다. 블록 플레인은 깨진 옹이를 메꾸거나 수리를 위해 바른 에폭시(epoxy)를 정리하는 데도 좋습니다. 저는 나사못을 숨기기 위한 목심(dowel plug)의 튀어나온 부분을 자르기 위해, 주로 목심제거 톱(flush-trim saw)을 사용합니다다만, 가끔씩은 블록 플레인을 사용하여 정교하게 높낮이 차를 없애줍니다. 제재기로 막 가공한 판재는 빨래판 같은 날자국이 남습니다. 이때 잘 연마된 블록 플레인으로 한두 번 밀어주면 스무딩 플레인(smoothing plane) 못지않은 매끈한 표면을 만들 수 있습니다. 제가 합판(plywood)으로 작업할 때는, 옆면을 감추기 위해 두께보다 약간 더 넓은 베니어(veneer)를 붙입니다. 본드가 마르고 난 뒤 아래위로 튀어나온 베니어를 블록 플레인으로 정리하면 매우 편리합니다. 그래도 블록 플레인은 마구리면을 깎아내는 것이 주특기임을 잊지 마세요. 장부의 길이를 줄이기 위해 마구리면을 깎든, 단순히 판재에 노출된 마구리면을 정리하기 위해서든 블록 플레인은 이런 종류의 일에 뛰어납니다.

제가 쓰는 블록 플레인

저는 지금 두 개의 블록 플레인을 가지고 있습니다. 하나는 날입 폭이 조정되는 Lie-Nielsen 저각 블록 플레인이고, 다른 하나는 벼룩시장에서 저렴하게 구입한 Stanley 블록 플레인입니다. 대부분의 목수들은 하나의 블록 플레인으로도 충분하지만, 저는 두 개의 블록 플레인에 각각 고유의 임무를 부여하는 걸 좋아합니다. Lie-Nielsen 것은 오로지 나무를 대패질할 때만 씁니다. 아마 '당연한 거 아냐?'라고 생각하시겠지만, 블록 플레인은 굳은 본드를 제거하는 데도 요긴하게 쓰입니다. 예를 들어 저는 종종 옹이를 유색 에폭시로 때웁니다. 에폭시가 마르고 나면 블록 플레인으로 튀어나온 부분을 날려 평면을 맞춥니다. 이 작업은 블록 플레인에게는 거친 일입니다. 왜냐하면 에폭시 잔여물이 대팻날에 달라붙고, 대팻집 바닥에도 길게 들러붙기 때문입니다. 이럴 때 제 친구 Stanley가 등장합니다. 거친 인생을 살았지만 막역한 친구라 기꺼이 희생을 감수하는 그런 친구말입니다.

자르기 톱과 켜기 톱

자르기 톱과 켜기 톱은 대부분 결구를 가공하는 데 사용됩니다. 하이브리드 목수로서 이미 결구를 가공하기 위한 다른 도구들이 많기 때문에, 톱으로 결구를 가공하는 경우는 그리 흔치 않습니다. 예외적으로 주먹장 가공이나 간단한 절단을 위해 사용되는 작은 톱 정도는 있어야 합니다. 이에 대해서는 앞 장에서 다루었습니다.

톱 사용법

아주 큰 부재의 끝에 결구를 가공해야 할 때가 종종 있습니다. 이 경우가 톱이 좋은 해결책이 됩니다. 큰 부재를 테이블 쏘에 올려 결구를 가공하는 것은 어렵기도 하고 위험합니다. 라우터를 쓰려고 해도 일회용 지그를 만들어야 할 때가 많아서, 결구 가공 자체보다 지그 만드는 시간이 더 걸리기 십상입니다. 주먹장 톱은 절단 가능 깊이가 40mm밖에 되지 않아서 비효율적입니다. 논리적으로 유일한 선택 사항은 큰 날을 가진 톱밖에 남지 않습니다. 예를 들어 커다란 장부를 가공한다고 해봅시다. 장부 어깨를 자를 때는 자르기 톱을 사용하면 절단면이 깨끗해서 좋습니다. 반면 장부의 측면을 가공할 때는 켜기를 위한 커다란 톱을 쓰는 것이 좋습니다. 왜냐하면 장부의 측면은 결 방향이기 때문입니다. 제가 이렇게 톱으로 장부를 가공하는 경우는 흔치 않기 때문에, 잘라야 할 선을 남기며 여유 있게 자릅니다. 여러분도 이렇게 하길 권합니다. 연습을 충분히 하면 톱질을 선에 더 가까이 붙여 할 수 있고, 결국에는 톱으로 가공한 장부를 다듬지 않아도 되는 경지에 이릅니다. 하지만 우리는 이미 장부를 미세 가공할 수 있는 여러 가지 도구들을 가지고 있기 때문에, 선을 넘겨 더 많이 자르는 위험을 감수할 필요가 없습니다.

수공구로 결구 가공 ■ 순전히 수공구로 결구를 가공하는 건 저에게 흔치 않지만, 그래도 해야 할 때는 품질 좋은 톱의 도움을 받습니다.

제가 쓰는 톱들

저는 만일에 대비하여 꼼꼼히 준비하는 성격이기 때문에, 주먹장 톱 외에도 두 개의 톱을 더 가지고 있습니다. 자르기용 등대기 톱(crosscut carcase saw)[75]과 켜기용 장부 톱(tenon saw)입니다. 등대기 톱은 등대기까지 약 60mm 정도이기 때문에 어떤 장부 어깨도 가공할 수 있습니다. 시중에는 더 깊게 자를 수 있는 자르기용 톱이 있습니다만, 제 등대기 톱이 닿지 못하는 깊이로 잘라야 하는 경우는 한 번도 없었습니다. 저의 장부 톱은 90mm로 더 깊게 장부 측면을 켤 수 있습니다. 일반적으로 장부 어깨보다 장부 측면이 더 깊게 잘라져야 함을 생각하면 과하지 않습니다.

양날톱에 대하여

톱에 대해서 이야기하면서 일본식 양날톱(ryoba)을 빼먹을 수는 없죠. 저는 양날톱을 가지고 있지 않지만, 당신은 이 톱의 구매를 고려해볼 수 있습니다. 필수 수공구에 대해 다른 장에서 언급했듯이, 양날톱은 다재다능합니다. 왜냐하면 자르기 톱날과 켜기 톱날을 모두 가지고 있기 때문입니다. 그리고 등대기가 없기 때문에 절단 깊이의 제한이 없습니다. 당신이 톱날의 모양에 그리 까다롭지 않다면, 사실 양날톱 하나만으로도 충분합니다. 지금까지 저의 공구 컬렉션을 봐서 알겠지만, 저의 톱들은 거의 모두 서양식 톱입니다. 그래서 굳이 양날톱을 사야겠다는 생각이 들지는 않았습니다. 하지만 당신의 컬렉션을 새로 갖추는 단계라면 이 양날톱에 대해서도 고민하고 연구할 가치가 있습니다.

주먹장 톱을 이미 가지고 있고 일회용 지그를 만드는 데 거리낌이 없다면, 당신의 남은 인생 동안 수많은 프로젝트를 진행하더라도 자르거나 켜기를 위한 톱이 필요하지는 않을 겁니다. 하지만 지금까지의 논의를 보아 왔듯이, 이들 톱들은 뚜렷한 목적과 용도가 있기 때문에 언젠가는 요긴하게 쓰일 겁니다. 솔직히 말해 톱은 쓰면 쓸수록 그 가치를 더 찾을 수 있습니다.

---

75) 서양식 톱은 크기, 형태, 톱날의 모양에 따라 세분화되어 있고 별개의 이름이 붙어 있음. Carcase Saw는 250~300mm 정도의 길이, 50~75mm 정도의 절단 깊이, 켜기용 톱날, 권총 모양의 손잡이를 가진 톱을 지칭하는 것이며, 가장 사용 빈도가 높은 톱임.

톱 삼총사 ■ 저는 용도가 각기 다른 서양식 톱 세 개를 가지고 있습니다. 차례로 큰 장부 톱, 중간 크기의 등대기 톱, 작은 주먹장 톱입니다.

깊은 장부 자르기 ■ 손으로 큰 장부를 가공할 때는 깊이 절단할 수 있는 톱을 씁니다.

양날톱 ■ 양날톱은 서로 다른 톱날 모양을 가지고 있어서 여러 가지 용도로 쓸 수 있으며, 톱날 두께(kerf)가 얇습니다.

스무딩 플레인

의심의 여지없이, 잘 튜닝된 스무딩 플레인(smooth plane)[76]으로 만들어진 표면은 다른 어떤 도구로도 흉내낼 수 없습니다. 운 좋게도 어떤 목공 전시회에서 200만 원이 넘는 Brese의 인필 플레인(infill plane)[77]을 사용해본 적이 있는데, 대패가 지나갈 때마다 나무 위에서 요정과 유니콘이 춤추는 듯한 느낌이었습니다. 그런데 왜 저는 스무딩 플레인을 고려할 만한 수공구로 분류했을까요? 가장 큰 이유는 중복 때문입니다. 스무딩 플레인은 유리처럼 매끈한 표면을 만들어내는 능력이 있지만, 우리가 이미 가진 도구로도 비슷한 결과를 만들어낼 수 있습니다. 캐비닛 스크래퍼, 카드 스크래퍼. 그리고 네, 그렇죠. 사포가 있습니다. 이들은 모두 놀라울 정도로 매끈한 표면을 만들 수 있습니다.

어떤 사람들은 대패로 마무리된 나무와 스크래핑과 샌딩으로 마무리된 나무를 마감하면 시각적인 차이가 드러난다고 주장합니다. 하지만 저는 그렇게 생각하지 않습니다. 일단 도막형 마감이 입혀지고 나면 나무 자체가 아니라 마감 도막이 접촉할 수 있는 표면이 됩니다. 그래서 어차피 마감 도막을 입힐 계획이라면, 나무의 표면이 최고급 유리같이 매끄럽든 보통 유리같이 매끄럽든 상관없습니다. 도막이 생기지 않는 오일 마감을 한다면 약간의 차이가 느껴질 수 있습니다. 그렇다 할지라도 그리 큰 차이는 아닙니다.

스무딩 플레인에 대한 또 다른 반대 의견은 그것이 사용하기 어렵다는 겁니다. 무늬결이 화려한 나무나 괴팍한 결을 가진 판재의 경우 섬유질이 뜯겨 나가기 쉬워서 대패질하기 어렵기로 유명합니다. 가장 온순한 나무라 할지라도 대팻날이 무뎌지거나 제대로 튜닝되지 않았다면 역시나 뜯김이 발생합니다. 스무딩 플레인의 미묘한 뉘앙스에 충분히 숙달되지 않은 채, 프로젝트의 마지막 공정인 마감 직전에 이 대패를 사용하다간 돌이킬 수 없는 재앙이 생길 수도 있습니다. 하지만 숙련된 장인의 손길로 실수 없이 대패질한다면 그 결과는 거의 황홀한 지경입니다.

스무딩 플레인 사용법

제 공방에서 스무딩 플레인은 대패질하기 쉬운 나무를 다룰 때면 언제든 출동합니다. 마호가니, 체리, 월넛 등 몇몇은 대패질하기 쉬운 나무들입니다. 대부분은 판재의 평면을 잡고,

---

76) 스무드 플레인은 'smoothing plane'이라고도 하며, 대팻날을 베벨-다운으로 장착하고 덧날이 있고, 날입 폭을 조절할 수 있어 얇은 대팻밥을 뽑아낼 수 있는 대패를 뜻함. 대팻집 길이가 보통 200~250mm이며, 나무로 만들어진 것도 있고, 금속으로 만들어진 것도 있음.

77) 인필 플레인은 금속으로 된 대팻집 프레임에 나무를 끼워 속을 채운 형태의 대패임. 형태는 나무 대패와 비슷하나 대팻집이 금속으로 둘러져 있어 변형이 잘 생기지 않는 장점이 있음.

스무딩 플레인 ■ 스무딩 플레인은 다양한 스타일이 있어서 취향에 따라 고를 수 있습니다.

매끄러운 표면 만들기 ■ 마감하기 전 마무리 표면 다듬기용으로 잘 튜닝된 스무딩 플레인이 제격입니다.

기분 좋은 얇은 대팻밥 ■ 스무딩 플레인은 0.02mm 두께의 대팻밥도 뽑을 수 있습니다.

하이브리드 목수의 공구들

잘 된 대패질 ■ 대패가 잘 튜닝되어 있고 나뭇결이 도와준다면, 갓 대패질한 표면은 매우 아름답습니다.

잘못된 대패질 ■ 어떤 경우는 나뭇결이 당신의 수고를 배신하고, 뜯김을 초래합니다.

결구를 가공한 다음 스무딩 플레인으로 매끄러운 표면을 만듭니다. 두어 번 대패질하는 것만으로도 스크래핑이나 샌딩에 드는 시간을 상당히 줄여줍니다. 하지만 대패를 나무에 갖다 대기 전에, 저는 반드시 같은 종류의 나무에 먼저 테스트를 해봅니다. 만일 시험한 나무가 대패를 잘 받아주는 경우에는, 저의 중요한 작업물 역시 대패질이 잘 될 걸로 예상할 수 있습니다. 대팻날보다 폭이 좁은 부재들, 예를 들어 에이프런(apron), 다리, 프레임 등은 한 번의 대패질만으로 한 면을 커버할 수 있기 때문에, 대패질 이후 다른 작업을 하지 않고 바로 마감에 들어갑니다. 하지만 여러 번 대패질해야 커버할 수 있는 넓은 폭의 판재는 랜덤 오비탈 샌더에 #220 사포를 물려 마지막 샌딩을 해줍니다.

제가 쓰는 스무딩 플레인

저는 여러 개의 스무딩 플레인을 사용해왔습니다. 그중에서 저는 전통적인 Stanley 스타일의 쇠로 된 묵직한 대패를 좋아합니다. 제가 현재 가장 애용하는 스무딩 플레인은 다재다능한 Lie-Nielsen 저각 베벨-업 스무딩 플레인입니다. 전통적인 벤치 플레인들이 날 경사면이 아래로 향하는 베벨-다운 방식인 데 비해, 이 대패는 날 경사면이 위를 향하기 때문에 다른 날각을 가진 대팻날로 바꾸기만 하면 절삭각을 변경할 수 있어 편리합니다. 계산이 좀 필요하지만 어떤 옵션이 있는지 살펴봅시다. 저각 대패는 대팻날이 얹히는 베드의 각이 보통 12도입니다. 여기에 일반적인 25도의 날각을 가진 대팻날을 올리면 37도의 유효 절삭각(effective cutting angle)을 얻을 수 있습니다. 이 절삭각이면 마구리면이나, 아름다운 무늬의 판재를 다듬기 좋고, 곧은 결 판재에 대해서도 괜찮은 결과를 만들 수 있습니다. 만일 뜯김이 발생하거나 복잡한 결을 만났다면 좀 더 큰 날 각을 가진 대팻날로 갈아 끼우기만 하면 됩니다. 33도 날각을 가진 대팻날을 끼우면 표준 절삭각(standard pitch)이라고 하는 45도의 유효 절삭각을 얻을 수 있습니다. 특별히 더 복잡한 결이거나 아주 많이 뜯겨 나가는 판재라면 38도 날각을 가진 대팻날로 바꾸어 요크 피치(york pitch)라고도 불리는 50도의 유효 절삭각을 구현하면 됩니다. 이런 식으로 저각 베벨-업 대패는 다양한 옵션을 제공합니다.

저는 이것 말고도 나무로 만들어진 두 개의 스무딩 플레인들을 더 가지고 있습니다. 만일 나무 대패를 써본 적이 없다면, 한 번 써보라고 강력히 권합니다. 저는 나무대패에 대해 큰 흥미를 가지고 있습니다. 왜냐하면 완전히 다른 사용감을 느낄 수 있기 때문입니다. 쇠로 된 대패는 차갑고, 무겁고, 공장에서 만들어져 무감합니다. 반면 나무대패는 따뜻하고, 날렵하고, 장인의 손길이 느껴지고, 촉감이 좋습니다. 나무 대패를 쓰려면 연습이 필요합니다. 하지만 일단 익숙해지고 나면 놀라울 정도로 정밀하기 때문에 대패질하는 것이 즐겁습니다.

나무 대패 중 하나는 Scott Meek Woodworks를 운영하는 제 친구 Scott Meek이 선물로 준 것입니다. 이것은 쐐기로 대팻날을 고정하는 전통적인 James Krenov[78] 스타일로서 수작업으로 만들어진 대패입니다. 나머지 나무 대패는 Blum Tool 사에서 제공한 독특한 제품입니다. 이 회사는 위에 달린 두 개의 손잡이로 조정하는 새로운 방식의 대팻날 정렬 시스템을 개발했습니다. 두 개의 손잡이를 돌려서 쉬우면서도 정밀하게 대팻날의 내밈 정도를 조절할 수 있어 좋습니다. 단점이라면 대팻날의 모양이 독특해서 연마하려면 특별한 지그가 필요하다는 정도입니다.

이제 저는 나무 대패를 매우 능숙하게 세팅하고 사용할

---

78) James Krenov(1920~2009)는 원래 시베리아에서 태어났으나 여러 나라를 떠돌다가 스웨덴에 정착하여 목수로 성공함. 말년에는 미국으로 건너가 College of the Redwoods' Fine Woodworking School을 열어 수백 명의 제자들을 양성함. 여러 권의 중요한 목공에 관련된 책을 집필함.

독특한 나무 대패 ■ 나무로 만들어진 Blum의 스무딩 플레인은 독특한 대팻날 조절 메커니즘을 가지고 있습니다.

미세 조정 ■ Blum 대패는 위에 달린 두 개의 손잡이를 이용하여 대팻날을 완벽하게 조절할 수 있습니다.

수 있습니다만, 대패질한 결과를 비교해볼 때 쇠로 된 저각 스무드 플레인에 비해 약간 못 미치는 것 같습니다. 하지만 저는 공구를 사기 위한 의사 결정 표에 '즐거움'이라는 영역을 남겨둡니다. 성능을 따지기보다는 그저 쓰는 재미를 위한 공구도 있는 법입니다.

하이브리드 목수들에게 스무딩 플레인이 필수적인 것은 아닙니다. 하지만 당신의 목공 병기고에 추가된다면 아주 좋은 선택이 될 겁니다. 스무딩 플레인의 사용에 익숙해질수록, 점점 더 자주 사용하게 되는 걸 느끼게 될 겁니다. 그러나 스크래퍼와 샌더가 특별한 연습이나 전문 지식이 없더라도 봐줄 만한 품질로 비슷한 역할을 할 수 있기 때문에, 스무딩 플레인은 확고하게 선택적인 카테고리로 분류될 수 있습니다.

특수한 끌들

하이브리드 목수들이 생존하기 위해 필수적으로 갖추어야 할 끌은 가장 일반적인 평끌(bench chisel)들뿐입니다. 4개 혹은 5개로 구성된 평끌 세트만 있으면 타격끌(chopping), 밀끌(paring), 미세 가공(finessing) 등 필요한 거의 모든 것을 할 수 있습니다. 끌의 날은 갈아내고 연마하여 작업에 맞는 날 각도로 변경할 수 있지만, 결국엔 서로 다른 각도로 연마된 두 개의 평끌 세트를 갖추는 것이 여러모로 편리합니다(p.48의 끌 부분 참조). 두 개의 끌 세트를 가지고 있다 할지라도, 언젠가는 당신의 목공에 대한 열정이 당신을 특별한 영역으로 이끌지도 모릅니다. 그럴 때 당신이 가진 표준 평끌이 그 특별한 일을 해내기엔 적합지 않다는 걸 깨닫게 될 겁니다. 고맙게도 세상에는 목공의 까다로운 분야를 감당할 수 있도록 특별하게 제작된 끌들이 많습니다. 저는 이 중에서 중요한 몇몇 타입의 끌들에 대해 소개드리고자 합니다. 세상은 넓고 희한한 끌들도 많습니다. 각각의 다양한 작업들에 대해 가장 최적화된 꿈의 끌이 있을 겁니다. 하지만 이들 중 대부분은 일반적인 목수들에게는 전혀 필요 없는 것들입니다.

장부 끌

만일 엄청난 힘으로 내려치는 망치를 감당해야 한다면 장부 끌(mortise chisel)이 제격입니다. 만일 망치로 때려 장부 구멍을 파야 하거나, 라우터로 파낸 장부 구멍의 둥근 끝부분을 직각으로 파내야 한다면 장부 끌을 사용하면 됩니다. 장부 끌은 몸체가 매우 두껍고 직육면체 형태로 똑바르기 때문에, 직각을 유지하며 타격하기에 좋습니다. 또한 날 각도가 크기 때문에 단단한 하드우드에 대고 큰 힘으로 때리더라도 날 끝을 오래 유지할 수 있습니다. 표준 평끌로도 이런 힘든 일을 할 수는 있습니다. 하지만 날 끝이 쉬이 무뎌져 지저분한 결과를 만들 것이고, 최악의 경우에는 끌이 부러질 수도 있습니다. 일반적인 목공 작업에서 반드시 필요하다고 할 수는 없지만, 많은 장부 구멍을 타격 끌로 만들어야 한다면, 장부 끌 세트를 당신의 수공구 컬렉션에 추가하는 것이 좋습니다.

표준 평끌 ■ 대부분의 작업들은 표준 평끌 세트로 충분히 할 수 있습니다.

하이브리드 목공 81

장부 구멍 파는 끌 ■ 장부 끌은 이름이 말하듯 장부 구멍을 파는 데 제격입니다. 망치로 때려 장부 구멍을 파는 건 가혹한 작업이기 때문에 튼튼한 끌이 필요합니다.

주먹장 끌

주먹장을 만들 때 수공구로만 하든, 하이브리드 밴드쏘 방법(p.154 참고)을 쓰든 상관없이 끌이 해야 할 일은 참 많습니다. 톱으로 주먹장 주요 부분을 잘랐다 할지라도, 어깨 부분은 끌로 작업해야 하며, 핀과 테일을 정리하고 서로 잘 끼워지도록 미세 가공하는 것 모두가 끌이 해야 할 일입니다. 하지만 평끌의 옆면은 직각이고, 주먹장은 직각에서 약간 틀어져 있기 때문에, 예각으로 만나는 부분을 평끌로 정리하다 보면 핀과 테일에 상처를 줄 수밖에 없습니다. 현실에서 우리 대부분은 평끌 중에서 가장 작은 것을 가지고 최대한 깔끔하게 하려고 노력을 합니다. 하지만 아주 조그만 핀으로 된 주먹장을 구현하려고 하는 이들은 이런 한계를 벗어나길 원합니다. 이때 특별한 끌이 도움을 줄 수 있습니다.

주먹장 끌(dovetail chisel)은 옆면이 경사져 있으며, 따라서 뒷날과 옆면이 예각을 이룹니다. 이 끌의 단면은 낮은 삼각형 모양에 가까워서 테일 사이의 핀 소켓 예각 부분을 완벽하게 정리할 수 있습니다. 많은 목수들이 좁은 공간에 맞지 않는 표준 평끌로 어떻게든 해보려고 노력합니다만, 결국에는 핀과 테일을 깔끔하게 정리할 수 있는 특별한 도구가 필요하다는 걸 깨닫게 됩니다.

만일 당신이 평끌을 구매하는 데 전략적 사고를 한다면, 주먹장 끌의 필요를 없앰으로써 장기적으로 얼마간의 돈을 아낄 수 있습니다. 시중에는 베벨-엣지 끌(bevel-edge chisel)이라는 평끌의 변형 제품이 있습니다. 주먹장 끌만큼 예각을 파고들지는 못하지만, 베벨-엣지 끌로도 비슷한 효과를 낼 수 있습니다. 하지만 제조사마다 베벨-엣지 끌 측면의 예리함이 다르기 때문에, 구매하기 전에 미리 조사를 해보아야 합니다. 제가 아는 건 Lie-Nielsen의 베벨-엣지 끌이 측면의 직각 부위가 불과 0.5mm 정도에 불과할 정도로 멋진 제품이라는 겁니다. 주먹장 끌만큼 완벽하지는 않지만, 예리한 측면을 가진 베벨-엣지 끌로도 대부분의 상황에 대응할 수 있기 때문에 주먹장 끌을 굳이 사지 않아도 됩니다.

주먹장 끌 ■ 일반적인 사각 단면을 가진 끌(왼쪽)은 주먹장 공간의 기울어진 벽과 간섭이 생깁니다. 주먹장 끌(오른쪽)은 예각인 구석에 밀착할 수 있습니다.

작은 핀들 ■ 만일 작은 핀을 좋아한다면, 주먹장 끌이 반드시 필요합니다. 일반적인 끌(위)은 테일의 양 옆면을 움푹 들어가게 만듭니다.

서로 다른 옆면들 ■ 왼쪽 주먹장 끌의 옆면은 아주 날카롭게 경사져 있고, 가운데 베벨-엣지 끌은 아주 작은 직각 부위가 있으며, 오른쪽의 베벨-엣지 끌은 비교적 두꺼운 직각 부위가 있습니다.

피쉬테일 끌

피쉬테일 끌(fishtail chisel)은 주먹장을 만들 때 매우 유용합니다. 이 작은 끌은 특이하게 날 끝부분이 부채꼴 모양처럼 퍼져 있어, 이름대로 물고기 꼬리 모양입니다. 피쉬테일 끌은 반-숨은 주먹장(half-blind dovetail)에서 핀 사이의 공간을 정리하는 데 제격입니다. 관통 주먹장(through dovetail)의 핀은 판재의 앞 뒤쪽 모두에 끌을 댈 수 있는 반면, 반 숨은 주먹장은 오직 한 쪽에서만 접근할 수 있습니다. 그리고 핀이 어깨와 만나는 바닥에는 세 면이 만나는 꼭짓점이 있습니다. 주먹장 끌로도 핀 사이의 공간을 대충 정리할 수 있습니다만, 안쪽 예각으로 만나는 꼭짓점까지는 닿지 못합니다. 하지만 피쉬테일 끌은 그 구석까지 쉽게 닿을 수 있습니다. 이런 특수한 상황에서만 사용될 수 있는 공구를 굳이 사야 하는지 의문이 생길 수 있습니다. 만일 당신이 반-숨은 주먹장 가공을 많이 할 것 같으면, 이 끌은 스트레스 레벨을 낮춰줄 것이고, 작업의 속도와 정확성을 높여줄 겁니다.

피쉬테일 끌은 굳이 여러 크기의 것들을 세트로 구매할 필요는 없고, 하나만 사면 됩니다. 이 끌의 목적은 예각의 구석을 정리하기 위한 것이고, 나머지 부분은 일반적인 끌로 바꾸어 작업할 수 있습니다. 그러므로 피쉬테일 끌을 산다면, 가장 작은 걸로 사면 됩니다.

제가 쓰는 특수한 끌들

저는 주먹장 가공을 많이 하는 편이기 때문에, 서로 다른 크기인 세 개의 주먹장 끌과 하나의 피쉬테일 끌을 가지고 있습니다. 제가 가진 평끌의 옆면은 베벨-엣지 끌처럼 경사져 있지만, 이 끌의 옆면 직각 부위의 두께는 2.5mm나 됩니다. 그래서 이걸로는 주먹장을 섬세하게 가공하기 어렵습니다. 저는 제 평끌을 무척 사랑하지만, 실용적인 측면의 저는 베벨-엣지 끌이 좀 더 낫지 않았을까라는 생각을 합니다. 한눈 팔지 말라고요? 써보면 압니다.

부수적 피해 ■ 직각 부위가 큰 옆면을 가진 끌로 테일 보드의 바깥쪽을 다듬다보면, 테일의 옆면에 불의의 상처를 입히게 될 겁니다.

피쉬테일 끌 ■ 피쉬테일 끌은 반 숨은 주먹장의 구석을 정리하거나, 넓은 핀 소켓을 정리하는 데 최적입니다.

하이브리드 목수의 공구들

다음 기회에 ■ 몰딩 플레인, 스크럽 플레인, 긴 조인터 플레인, 브레이스와 핸드 드릴, 패널 쏘와 프레임 쏘. 지금 당장은 이런 것들이 필요하지 않습니다. 아니 영원히 필요 없을지도 모릅니다.

■ 고려할 만한 수공구들 … 다음 기회에

온라인 목공 커뮤니티에서 보아왔던 뻔한 이야기 하나 해보겠습니다. 여기에 밥(Bob)이라고 하는 신참 목공인이 등장한다고 해봅시다. 그는 스스로 공방이라고 부르는 차고를 가지고 있으며, DIY 등급 혹은 전문가급의 기계들을 갖추고 있습니다. 그는 Home Depot에서 구입한 블록 플레인을 가지고 있지만, 제대로 동작하지 않아 내팽개쳐둔 상태입니다. 약간의 조사 끝에, 그는 많은 사람들이 옛날 방식으로 매우 아름다운 작품을 만들고 있다는 걸 알게 됩니다. 그는 아름다운 대팻밥이 넘실대는 바다에서 활짝 웃고 있는 행복한 수공구 목수의 사진을 보게 됩니다. 그리곤 수공구에 강한 흥미를 느끼게 됩니다. 그는 목공 게시판에 "제가 수공구를 시작해보려고 하는데요. 무엇을 먼저 사야 되나요?"라는 질문을 올리고, 조언을 구합니다. 질문자의 상황과 처지에 대해 잘 알지 못하는 상태에서, 선의를 가진 어떤 사람이 좋은 벤치 플레인을 세트로 구매하고, 괜찮은 품질의 톱도 두어 개 사라고 권합니다. 아 물론 좋은 품질의 끌 세트도 포함해서요. 꼼꼼한 성격의 밥은 수공구에 대한 몇몇 책과 DVD를 먼저 구입해서 공부합니다. 그리고는 게시판에서 조언했던 사람의 의견이 옳다고 판단합니다. 마침내 밥은 신용카드를 꺼내어서 필요하다고 생각되는 대패와 톱들을 구입합니다. 밥은 똑똑한 친구이기 때문에 이미 날물의 연마와 관리법에 대해서 공부를 해두었습니다. 하지만 몇몇 이유 때문에 결과가 그리 만족스럽지는 않았습니다. 확실히 날물을 연마하는 것은 보기보다 어렵습니다. 그가 평을 잡으려고 했던 판재는 그저 평탄하기만 할 뿐, 약속 받았던 뜯김 없는 매끈한 표면과는 거리가 멉니다. 고운 대팻밥 대신 땀에 젖은 부스러기 조각만 나올 뿐입니다. 밥의 팔다리가 쑤시는 것은 말할 필요도 없고요.

며칠 동안 쉬면서 머리를 비운 밥은 다른 결과를 기대하면서 다시 공방으로 향합니다. 불행히도 그는 다시 좌절과 방황을 맛보게 됩니다. 그러다가 그는 공방에 있던 수압대패와 자동대패를 보게 됩니다. 그는 애써 이 수공구로 하려고 했던 것들이, 그의 전동 대패들로 쉽게 할 수 있는 것이었다는 걸 새삼 깨닫게 됩니다. 하지만 이 수공구들은 이미 구입해버렸고, 그가 새로 산 수공구들을 사용하지 않는다는 걸 아내가 알게 되면 불호령이 떨어질 겁니다. 밥은 이제 익숙한 갈림길에 서 있습니다. 한쪽 길은 수공구에 완전히 올인하는 겁니다. 그는 필요한 강좌를 찾아다니면서 배울 것이며,

매끈하고 평평한 판재와 정교한 결구를 만들 수 있을 때까지 연습에 매진할 겁니다. 다른 길은 출발했던 곳으로 다시 돌아가는 겁니다. 즉, 기계로 다시 돌아가는 겁니다. 그는 구입한 수공구들의 사용법을 언젠가는 배우게 될 거라고 애써 위로하며 고이 간직합니다. 세 번째 길은 가장 비극적입니다. 밥은 너무 좌절한 나머지 목공의 길을 포기하려고 합니다. 확실히 자기는 목공에 재주가 없다고 생각하게 되고, 대신 뜨개질이나 해야겠다고 결정합니다. 이 세 번째 길을 택하는 목수들의 사연을 볼 때마다 제 마음이 찢어질 듯 아픕니다. 아 그렇다고 뜨개질을 비하하는 건 아닙니다. 저는 단지 잘못된 공구를 잘못된 순서대로 샀다는 이유만으로 목공을 멀리하는 사람이 없길 바랄 뿐입니다.

밥이 갈림길에 서는 걸 막을 수 있는 방법은 무엇일까요? 그건 바로 하이브리드 목수로서의 관점을 가지고 수공구로의 여정을 떠나는 겁니다. 앞서 두 장에 걸쳐 검토했던 수공구들은 기계들과 완벽하게 조화를 이룹니다. 그 수공구들은 그리 비싸지 않으면서, 세팅하고 사용하기에 그리 어렵지 않습니다. 이 얘기를 듣고 어떤 사람들은 저를 '수공구 반대론자'라고 여길 수도 있습니다. 하지만 실제로는 정반대입니다. 수공구에 대한 첫 경험이 성공적이어야 목공에 대한 관심을 지속할 수 있고, 수공구의 세계로 더 깊이 뛰어들 수 있기 때문에 스스로를 발전시킬 수 있습니다. 실용적인 면을 보더라도, 하이브리드 목수로서 구입한 수공구들은 Roy Underhill[79]의 감동을 재현하는 데에도 꽤나 유용하게 쓰일 수 있습니다.

하이브리드 목수들에게 필수적인 수공구들이 무엇인지 살펴본 것과 마찬가지로, 스펙트럼의 반대편에 있는, 즉 적어도 초기에는 사지 말아야 할 공구들에 대해서도 알아볼 필요가 있습니다. 어떤 공구가 기계와 다른 수공구 모두와 심하게 중복된다든지, 효율성 측면에서 너무 큰 후퇴가 된다든지 하는 것들이 바로 이 '고려할 만한 수공구들 … 다음 기회에' 장에서 다루어질 겁니다.

스크럽 플레인

오래 전에 저는 늘어만 가는 저의 컬렉션에 보탤 수공구를 찾고 있었습니다. 솔직히 말해서 저는 당시 '밥'과 같이 뭘 사야 하는지 스스로 확신하지 못했습니다. 하지만 전 일단 사 놓으면 언젠가는 쓰게 될 거라고 생각했습니다. 비록 수공구에 익숙하지는 않았지만, 적어도 벼룩시장에 나온 오래된 Stanley와 Lie-Nielsen과 Lee Valley 같은 곳에서 만드는 새 제품의 차이 정도는 알고 있었습니다. 제 연구원[80] 봉급으로는 새 제품을 살 형편이 안 되었기 때문에, eBay를 친구 삼아 좋은 물건을 찾기로 했습니다. 그런데 저는 얼마 쓰지도 않은 Lie Nielsen 스크럽 플레인이 소매가보다 3% 싸게 나온 것을 보고 잽싸게 입찰했습니다. 그리곤 너무 좋아 혼자 춤을 추었더랬습니다. 왜냐면 제게 낙찰되었으니까요. 일주일 뒤 그 대패는 도착했고, 흥분된 마음으로 박스에서 꺼내었습니다. eBay에서 사진을 통해 이미 보았지만, 실제 그 대패를 보고 깜짝 놀랐습니다. 저는 왜 스크럽 플레인의 대팻날이 곡선으로 되어 있는지 이해할 수 없었습니다. 그래서 재빨리 인터넷에서 정보를 찾아보았습니다. 그 결과 이 대패가 거칠게 나무를 깎아내는 용도로 쓰임을 알게 되었습니다. 문득 이런 생각이 들었습니다. "나에겐 이미 수압대패와 자동대패가 있잖아?" 저는 그 대패를 선반 위에 올려두며, 언젠가는 쓸 데가 있을 거라며 긍정적으로 생각키로 했습니다. 몇 년이 지나면서, 저의 공구에 대한 지식과 확신이 커졌습니다. Lie-Nielsen 스크럽 플레인은 소매가에서 3% 빠진 가격으로 다시 eBay 경매에 올려졌습니다.

스크럽 플레인은 판재의 평을 잡는 공정에서 거칠게 나무를 깎아내기 위해 사용됩니다. 보통 가공되지 않은 거친 나무에 처음 갖다 대게 되는 대패입니다. 곡면으로 된 대팻날은 빠른 시간 내에 많은 나뭇조각들을 벗겨낼 수 있도록 해줍니다. 그래서 원하는 두께로 빠르게 깎아낼 수 있습니다.

---

79) Roy Underhill(1950~)은 미국의 목수이자 방송인임. 원래 연기를 전공했으나 생업을 위해 목공을 시작하였음. 그는 전기를 사용하지 않는 전통적인 수공구 위주의 목공을 추구하였으며, 1979년부터 노스캐롤라이나의 지역방송을 통해 'Woodwright's Shop'이라는 목공쇼를 시작하였음. 이 쇼는 1981년부터 PBS에서 방송되기 시작하여 지금까지 36년간 계속되고 있음.

80) 저자는 전업 목수를 하기 전 생명공학 분야 기업 연구원으로 일했음.

스크럽 플레인 ■ 스크럽 플레인은 대팻집의 폭이 좁고, 덧날이 없습니다. 둥근 대팻날은 나무에 얕은 고랑을 파내기 위한 겁니다.

하이브리드 목수의 공구들

둥근 대팻날 ■ 둥근 대팻날을 가진 스크럽 플레인으로 결 대각 방향으로 대패질하면 효과적으로 많은 나뭇조각들을 깎아낼 수 있습니다. 그러나 이것은 많은 대패 작업 중 첫 번째 작업일 뿐입니다.

하이브리드 목수들에게 이 대패는 공방에 이미 갖추어진 수압대패와 자동대패에 100% 중복되는 공구입니다. 판재의 평 잡기 작업을 온전히 수작업으로 할 것이 아니라면, 스크럽 플레인은 eBay에 남겨져 있는 편이 낫습니다.

조인터 플레인

조인터 플레인(jointer plane)은 그 우람한 크기 덕분에 쉽게 식별할 수 있습니다. 사람들은 '트라이 플레인(try plain)'이라고도 부르는데, 목수들이 다른 사람들에게 "어이~ 이거 한 번 들어봐!"[81]라고 해서 붙여진 이름이 아닌가 생각됩니다. 길이가 22인치에서 30인치(560~760mm) 정도이기 때문에, 시중에서 구할 수 있는 가장 크고 무거운 대패입니다. 이 긴 대팻집 덕분에 조인터 플레인은 옆면과 윗면을 직선으로 평평하게 깎는 데 제격입니다. 낮은 곳은 그냥 지나가고, 높은 부분만 대팻날로 깎아내기 때문에, 점점 더 평이 맞추어지며 결국에는 전체적으로 대팻밥이 나오게 됩니다. 이렇게 되었을 때, 그 평면은 정말로 평평하다고 확신할 수 있습니다.

조인터 플레인은 수작업으로 네모반듯한 판재 뽑기(manual milling) 과정에서 스크럽 플레인에 이어 두 번째로 사용되는 공구입니다. 조인터 플레인의 주목적은 판재의 윗면을 길이 방향과 폭 방향 모두에 평면이 되도록 가공하며, 옆면이 직선이 되도록 하여 두 판재를 빈틈없이 붙일 수 있도록 하는 것입니다. 이런 작업은 수압대패와 자동대패로 완벽하게 할 수 있는 일이기 때문에, 조인터 플레인은 하이브리드 공방에서는 완전히 중복되는 공구입니다.

중복임에도 불구하고, 특별한 경우에는 조인터 플레인이 실력 발휘를 할 수 있습니다. 예를 들어 수압대패의 폭보다 넓은 판재의 평을 잡아야 하는 경우(p.96 참고), 기계로 가공된 거친 면을 매끈하게 다듬는 경우(p.101 참고) 등입니다. 하지만 보통의 공방에는 이런 일을 잘 할 수 있는 다른 수공구가 있습니다. 바로 잭 플레인(jack plain)입니다. 잭 플레인은 조인터 플레인에 비해 더 쓸모가 많으며, 좀 더 싸고, 게다가 공간도 적게 차지합니다.

저는 No.7 조인터 플레인을 가지고 있으며, 대충 평을 잡거나 옆면을 매끈하게 다듬는 용도로 가끔씩 사용합니다. 조인터 플레인을 가지고 있는 입장에서, 저에게는 부담되는 공구이기 때문에 다른 분께는 이걸 쓰지 말라고 얘기할 수밖에 없습니다. 당신에게 필요치 않은 공구라고 말하는 게 더 정확하겠습니다. 만일 조인터 플레인을 공짜로 얻게 되었다거나, 정말로 싼 가격으로 구할 수 있다면 가져다 써볼 수는 있습니다. 하지만 조인터 플레인은 하이브리드 목수의 공구함에 굳이 포함될 이유가 없습니다. 만일 당신이 순전히 수공구로 판재의 평을 잡겠다고 한다면, 조인터 플레인은 꼭 필요합니다. 그렇지 않다면 힘들게 번 돈을 다른 곳에 투자하는 게 더 낫습니다.

---

[81] "Here, try to lift it!", 왜 try plane으로 불리는지 익살스럽게 설명한 것임.

몰딩 플레인 ■ 몰딩 플레인은 라우터가 전기의 힘으로 하는 일을 근육의 힘으로 하는 겁니다. 대팻집과 대팻날의 모양에 따라 판재의 옆면을 가공할 수 있습니다.

몰딩 플레인

몰딩 플레인(moulding plane)은 이름이 의미하듯, 다양한 모양으로 옆면을 가공하고, 가구의 몰딩을 만들기 위해 쓰입니다. 다양한 모양의 볼록, 오목 곡선을 만들려면 몰딩 플레인의 대팻날 모양과 크기도 다양해야 합니다. 다양한 모양의 몰딩 플레인을 가지고 있다면, 이것들을 조합해서 매우 아름답고 복잡한 단면들을 만들 수도 있습니다. 몰딩 플레인은 좁고 높은 나무로 만들어진 대팻집 덕분에 쉽게 구별이 됩니다. 불행히도 요즘 몰딩 대패를 만드는 생산자가 극소수이기 때문에 이들 대패들은 구하기 어려워졌고, 가격도 비쌉니다.

물론 이 특수한 대패들은 공방에 이미 갖추어 놓은 막강한 전동공구인 라우터와 용도가 비슷합니다. 라우터는 복잡한 단면도 한 번의 작업으로 몇 초만에 만들 수 있습니다. 똑같은 단면을 몰딩 플레인으로 만들려면 시간도 훨씬 더 많이 걸리고, 여러 개의 몰딩 플레인을 조합해야 가능합니다. 수작업으로 이런 단면을 만드는 사람들을 못마땅하게 여기는 건 아닙니다. 하지만 적어도 저는 합리적이지 않다고 봅니다.

저의 충고는 전적으로 제가 만드는 가구가 직선과 단순함을 강조하는 현대적인 스타일이기 때문일 수도 있습니다. 저는 복잡하고 독창적인 단면 혹은 몰딩을 제 작품에 거의 사용하지 않습니다. 설사 그것이 필요하다 할지라도 특화된 라우터 비트를 이용해서 만들거나, 몰딩 자재를 전문적으로 만드는 공방에 주문을 합니다. 제 생각에는 몰딩 플레인의 풀 세트를 사는 것보다는 다양한 모양의 라우터 비트 세트에 투

다용도 몰딩 플레인 ■ Stanley No.45 대패는 몰딩 플레인 중에서 캐딜락 급이라 볼 수 있습니다. 서랍 옆판의 홈을 파는 데 주로 사용되며, 대팻집 옆면에 붙어 있는 니커(nicker)와 스케이트(skate)는 깨끗한 홈을 파게 해줍니다.

자하는 것이 더 낫다고 봅니다.

프레임쏘와 패널쏘

시중에는 당신의 시선을 사로잡으며 지갑을 꺼내게 만드는 전통적인 톱들이 많이 있습니다. 하지만 그 톱의 목적과 기능에 대해서 신중하게 생각하고, 당신이 이미 갖추고 있는 전동공구들을 고려한 다음, 그것이 정말로 필요하다고 생각될 때에만 구입하세요. 예를 들어 프레임쏘(frame saw)는 얇은 톱날이 사각형의 틀 안에서 팽팽하게 당겨져 있는 형태입니다. 프레임쏘는 다양한 크기와 다양한 절단 용도가 있을 수 있지만, 주 용도는 리쏘잉(resawing)[82]입니다. 톱날은 사각틀에 대해 직각으로 고정되어 있기 때문에, 나무를 켜는 동안 나무가 틀 안으로 통과하게 됩니다.

또한 프레임쏘의 변형인 활톱(bow saw)을 보게 될 수도 있습니다. 활톱은 넓은 H모양의 프레임의 바깥쪽에 톱날이 걸려있는 형태입니다. 톱날이 걸려 있는 반대쪽에서 줄을 꼬아서[83] 톱날을 팽팽하게 당기는 원리입니다. 활톱은 리쏘잉, 곡선 절단, 결구 가공 등 다양한 분야에 활용될 수 있습니다.

---

82) 판재의 두께를 켜서 더 얇은 판재를 만드는 가공. 보통은 잘 튜닝된 밴드쏘로 작업함.

83) 선을 꼬아서 장력을 가하는 것을 탕개라고 하며, 우리의 전통 톱 중에서도 탕개를 이용한 탕개톱이 있으며, 활톱과 형태가 유사함.

패널쏘(panel saw)는 커다란 톱으로 주로 판재의 길이를 자르거나 너비를 켜는 용도로 사용됩니다. 제가 목공을 접하기 전에는, 패널쏘가 일반적인 톱의 형태라고 생각했었습니다.

같은 일을 할 수 있는 기계가 없었다면, 이들 톱들은 모든 목수들에게 필수적인 공구였을 겁니다. 하지만 원형톱, 직쏘, 각도절단기, 테이블쏘, 밴드쏘 등을 이미 가지고 있다면, 거의 모든 영역을 커버할 수 있어서 이들로 자르지 못할 것이 없습니다. 그러므로 이 세 개의 톱들은 중복이고 불필요합니다. 비록 이 톱들을 사용하거나 만드는 것(프레임쏘의 경우)이 재밌기는 하지만, 이 전통적인 톱들은 경쟁 상대인 기계들에 비해 상당히 느리고, 비효율적입니다. 게다가 연습을 통해 이 톱들에 익숙해졌다 할지라도, 멋져 보이는 것에 비해 절단 품질은 그리 좋지 않습니다.

패널쏘에는 한 가지 예외가 있습니다. 예를 들어 목재상에 가서 목재를 샀는데, 이것이 길어서 당신 차에 실리지 않는다면, 그곳 주차장에서 이 목재를 잘라서 실어야 합니다. 행인들의 주목을 끌지 않고 조용히 잘라 차에 실으려면 잘 잘리는 톱이 요긴합니다. 물론 톱으로 자르면 휴대용 전동톱에 비해 시간이 오래 걸릴 겁니다. 하지만 톱 정도는 차에 넣어 두고 다녀도 부담이 없고, 무엇보다 배터리를 충전해야 하는 걱정을 덜 수 있습니다.

프레임쏘 ■ 프레임쏘는 켜기와 리쏘잉을 잘 합니다. 하지만 전기의 힘을 쓰는 밴드쏘만큼은 아닙니다.

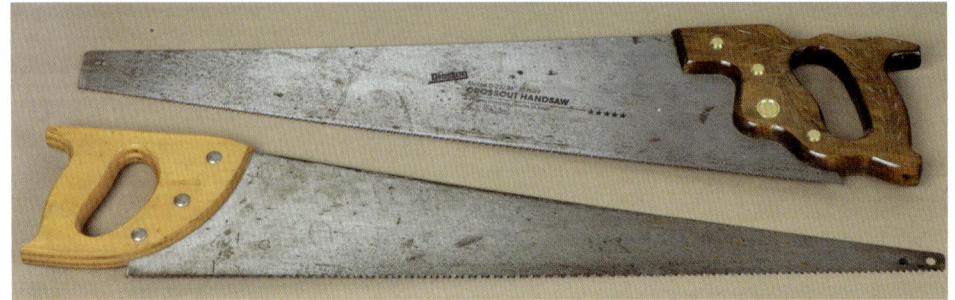

패널쏘 ■ 위는 자르기용 패널쏘로 15TPI이고, 아래는 켜기용으로 6TPI밖에 되지 않습니다.

브레이스와 오거비트 ■ 사각형의 샹크(square-tang)와 오거비트 앞의 나사송곳이 나무를 잘 파고들게 해줍니다. 옆에 세워둔 직각자를 보면서 작업하면 직각으로 뚫는 데 도움이 됩니다.

핸드 드릴 ■ 교반기 모양의 핸드 드릴은 작은 크기의 구멍 정도만 뚫을 수 있습니다. 하지만 충전 드릴은 이 정도뿐 아니라 더 많은 것들도 할 수 있습니다.

오거비트, 브레이스, 핸드 드릴

핸드 드릴(hand drill)은 교반기(eggbeater)[84]처럼 생긴 공구로, 몇몇 목수들이 작은 구멍을 뚫기 위해 사용합니다. 브레이스(brace)는 핸드 드릴의 큰 형 격인데, 보통 오거비트(auger bit)[85]를 끼워서 큰 구멍을 뚫는 데 씁니다. 이 두 공구는 순전히 사람의 힘으로 동작하는 것이며, 제가 보기에는 완전히 구식이며 불필요합니다. 이 장의 다른 공구들과 마찬가지로, 이 둘은 과거에 대한 향수와 재미를 위해 사용될 수는 있습니다. 하지만 딱 여기까지입니다. 가장 싼 전동 드릴도 핸드 드릴 혹은 브레이스보다 훨씬 더 빨리, 더 깨끗한 품질로, 힘도 덜 들이며 구멍을 뚫을 수 있습니다.

한 가지 예외가 있다면 소프트우드에 오거비트로 구멍을 뚫는 겁니다. 일반적인 목수들에게는 자주 발생하는 상황은 아니지만, 소프트우드로 만든 작업대 상판에 지름 3/4"(20mm)인 도그홀(dog hole)[86]을 아주 많이 뚫어야 하는 경우가 있습니다. 이 경우 오거비트와 브레이스를 활용하면 소프트우드를 뚫을 정도의 충분한 토크(torque)를 낼 수 있기 때문에, 과열로 나무를 태우지 않고도 효율적으로 큰 구멍들을 뚫을 수 있습니다. 전동 드릴로 뚫을 경우 아무리 낮은 회전 속도로 설정했다 할지라도 드릴 비트의 과열로 나무를 태우는 걸 피할 수 없습니다. 그러므로 만일 소프트우드 작업대 상판에 많은 도그홀을 뚫어야 할 때는 친구에게 브레이스를 빌려와서 잠깐 쓰고 돌려주세요. 아마도 이후로 다시는 브레이스를 찾지 않을 겁니다.

---

84) 달걀을 저어 거품을 내는 기구.

85) 오거비트는 드릴 비트 앞부분에 있는 조그만 나사못 형태의 송곳이 특징임. 앞부분의 나사못이 오거비트를 나무에 잘 파고들게 하기 때문에 손의 힘으로도 구멍을 뚫을 수 있음. 또한 깊고 넓은 톱밥 배출 홈을 가지고 있어 마찰과 열 발생을 줄여줌.

86) 작업대 상판에 뚫려 있는 구멍으로 여기에 같은 지름의 벤치독(bench dog)을 끼워 스톱블록으로 사용하거나 홀드-다운 클램프(hold-down clamp)를 끼워 작업물을 고정하는 등 다양한 용도로 쓰임.

3

하이브리드 목수가 부빙가(bubinga)[1]와 씨름하다 ■ 기계가 없었다면 2인치 두께에 75BF[2]나 되는 부빙가의 평을 잡을 수 없었을 겁니다. 수공구로는 엄두가 나지 않는 힘든 작업입니다. 하지만 수공구가 없었다면 커다란 부빙가 집성 판재로부터 평상형 침대(platform bed)의 세밀한 디테일과 비단처럼 부드러운 감촉을 구현하지 못했을 겁니다. 그리고 정교하고 아름다운 결구도 불가능했을 겁니다.
두 세계의 좋은 점만 취하는 것이 바로 하이브리드 목공입니다. 이 침대의 제작 과정은 p.179를 보세요.

---

1) 부빙가는 아프리카 적도 지방에서 자라는 나무로, 매우 단단하고 무거움. 짙은 갈색과 아름다운 무늬로 고급 수종에 속함.
2) BF는 board feet의 약자로 1인치×1피트×1피트에 해당하는 부피를 뜻함. 우리나라에서 주로 통용되는 목재 부피 단위는 재(才, 사이)로 1치×1자× 1자에 해당하며 1재는 1.41333BF에 해당함.

하이브리드 목수의 기술 :
막일은 기계로,
섬세한 일은 수공구로

요즘 쓰이는 대부분의 기계들은 수공구 조상들에 근간을 두고 있습니다. 기계에 쓰이는 모든 기술은 대응되는 수공구 기술을 모방한 것들입니다. 가구 제작자로서 우리가 만나게 될 거의 모든 도전들은 이미 수백 년 전에 영리하고 지략 있는 장인들에 의해 해결된 것들입니다. 저는 찬란한 목공의 역사에 대해 매우 큰 경외심을 가지고 있습니다. 그래서 그런지 제 머릿속의 로맨틱한 영역은 순전히 수공구만으로 네모반듯하게 평을 잡고자 하는 갈망이 있습니다. 하지만 현실은 냉엄합니다.

지금까지의 제 목공 경력을 반추해볼 때, 제가 중요하게 여기는 것은 고품질의 결과, 효율성, 그리고 개인적인 만족감 순이라고 생각합니다. 저는 어떤 수공구가 더 나은 결과를 보여주면서도 작업 속도가 많이 느려지지 않을 때에만 사용합니다. 저는 수공구의 사용을 통해 큰 즐거움을 느끼기 때문에, 이 전통적인 작업 방법이 전체 공정을 몇 분 더 늘릴 가능성을 용인합니다. 결과가 여전히 좋은 품질이라면, 정말로 늦어지는 것에 대해 개의치 않습니다. 많은 시간과 노력이 드는 험난한 공예의 길을 가려면, 그 길이 저에게 즐거운 것이어야 하기 때문입니다.

하이브리드 목수의 기술

기계가 잘하는 것 ■ 판재 뽑기는 기계가 하기에 가장 적합한 일입니다.

색상과 무늬 ■ 자연은 다양한 색상과 무늬결의 멋진 재료들을 제공합니다. 이런 아름다운 나무들은 대패 작업이 까다롭습니다.

막일은 기계로 하라

제가 나이가 들고, 성숙해지고, 지혜로운 노인이 되는 동안 저의 마음이 여러 번 바뀔 수 있겠지만, 적어도 한 가지 일에 대해서는 절대 수작업으로 하지 않을 것이라고 약속할 수 있습니다. 그건 바로 네모반듯한 판재를 뽑는 일입니다. 이 장에서 다룰 첫 번째 내용이 바로 이 판재 뽑기입니다. 차차 보게 되겠지만, 저의 방법은 거의 100% 기계를 사용하는 것입니다. 저는 개인적으로 한 점의 망설임 없이 판재 뽑기가 목공의 모든 작업 중에서 가장 재미없는 일이라고 생각합니다. 판재 뽑기는 본격적인 재미와 흥미로운 일을 하기에 앞서, 꼭 해야만 하는 막일(grunt work)일 뿐입니다. 그래서 공방의 견습공들이 이 작업을 도맡아 하는 겁니다. 수공구만 사용하는 목수라면 프로젝트에 사용할 네모반듯한 판재를 뽑기 위해 하루 종일 작업해야 할 겁니다. 운동은 엄청나게 되겠지만, 고된 일을 끝내고 퇴근한 뒤에 남는 것은 단지 작업 시작의 재료가 되는 판재 더미일 뿐입니다. 기계를 사용하는 목수는 비슷한 양의 판재 뽑기를 훨씬 짧은 시간 안에 끝낼 수 있으면서도 품질과 정확도가 더 낫습니다. 기계는 절대 지치지 않는다는 걸 명심하세요. 이런 이유 때문에 제가 아는 수공구 위주의 목수들 대부분이 공방에 기계 대패를 두고 있습니다. 그들은 반듯한 판재 뽑기보다는 결구와 미세한 작업에 흘리는 땀의 가치가 훨씬 더 크다는 걸 잘 알고 있습니다.

아름다운 나무는 까다롭다!

제가 기계로 판재 뽑기를 선호하는 다른 이유는 매혹적이지만 까다로운 나무들도 기계의 힘으로 작업할 수 있기 때문입니다. 그래서 매우 다양한 종류의 나무를 다룰 수 있습니다. 대부분의 수공구 사용 시연과 프로젝트들이 결이 고운 나무나 소프트우드를 대상으로 한다는 걸 알고 있습니까? 왜냐하면 이런 나무들은 수공구로 작업하기 쉽기 때문입니다. 만일 어떤 나무의 밀도가 높고 제멋대로인 결 방향으로 현란한 무늬를 가졌다면, 대패 사용자가 감당할 수 없는 난관으로 가득 찬 것이라 보면 됩니다. 그 결과 수공구 마니아들은 이런 까다로운 나무들을 회피합니다. 제가 알기론 가장 멋진 하드우드들 중 에는 매우 높은 밀도를 가진 것들이 많습니다. 몇몇 이름을 대보자면 부빙가(bubinga), 웬지(wenge), 자토바(jatoba), 퍼플하트(purpleheart) 등이 이에 속합니다. 그리고 가장 현란한 불꽃 무늬는 미국 땅에서 나는 단풍나무(maple)에서 만나게 될 겁니다. 이런 아름다운 나무들이 당신의 목재 선택 사항에서 빠져야 한다면, 매우 슬픈 일입니다. 이런 나무들을 수공구로 가공하는 것이 불가능하다고 단정하는 건 아닙니다. 다만 훨씬 더 어렵고 까다롭다는 겁니다. 이 때문에 수공구 위주의 목수들은 이런 나무들을 가능한 피하려고 애씁니다.

저는 최근에 커다란 침대를 만들었는데, 이를 위해 2인치 두께의 부빙가 75BF를 네모반듯한 판재로 가공했습니다. 매우 많은 양의 고밀도 나무를 판재로 뽑는다는 것은 수공구 위주의 목수들에게 기하급수적으로 더 어렵고 시간이 걸리는 일입니다. 1인 공방을 운영하는 제가 기계의 도움을 받을 수 없다면 이런 큰 규모의 프로젝트는 터무니없는 일일 겁니다.

네모반듯한 판재 뽑기

우리가 공방에서 하는 모든 작업들은 다루고 있는 목재가 평평하고 직각이 맞다는 것을 전제로 하고 있습니다. 만일 직접 판재 뽑기를 해야 한다면, 이 기술이 좋아야 프로젝트의 성공을 바랄 수 있습니다. 하이브리드 목공의 네모반듯한 판재 뽑기 기술이 기계 기반 목공의 판재 뽑기 기술과 똑같다는 걸 알게 되면 놀랄지도 모르겠습니다. 실제로 이 기술은 직쏘, 각도절단기, 수압대패, 자동대패, 테이블쏘 등과 같은 기계들을 다룹니다. 하지만 넓은 판재의 경우(p. 96)는 수공구가 좀 도와주어야 합니다. 그 상세 내용을 보기 전에, 먼저 판재 뽑기 과정을 전체적으로 훑어봅시다.

판재 뽑기 과정의 첫 단계에서는 가게에서 살 수 있는 류의 공구를 전혀 사용하지 않습니다. 필요한 건 오직 당신의 눈뿐입니다. 대부분의 목수들은 판재의 크랙(crack), 옹이, 과도한 비틀림으로 대표되는 명백한 결함을 본능적으로 찾아냅니다. 당신의 목공 경력이 쌓이다보면, 한 단계 더 나아갈 수도 있습니다. 대자연은 놀랄 만치 아름답고 다양한 색상과 현란한 무늬들을 우리에게 주지만, 그것이 무질서한 혼돈으로 다가올 수도 있습니다. 같은 나무에서 잘라 만든 판재라 할지라도, 완전히 똑같은 판재는 존재하지 않으며 모두 다른 모습입니다. 이 혼돈의 세계를 잘 정리하는 것이 목수들의 일입니다. 프로젝트 각 부분에 가장 적합한 나뭇결과 무늬를 고르는 일말입니다. 말은 쉽지만, 대부분의 경우 우리는 쌓여 있는 목재들 더미와 대충 그린 설계도에서 벗어나지 못합니다.

레이아웃 그리기

제가 하는 방법을 설명 드리겠습니다. 먼저 저는 만들어질 작품에서 눈에 잘 띄는 가장 중요한 부분에 초점을 맞춥니다. 예를 들어 문짝 패널(door panel), 테이블 상판, 서랍 앞판, 테이블 다리 등을 들 수 있습니다. 우리가 무한대의 선택 사항 중에서 목재를 고를 수 있다면 이상적일 것입니다만, 대부분의 목수들이 처한 현실은 그렇지 않습니다. 그러므로 중요한 부분에 가장 나뭇결이 아름다운 목재를 사용하는 것이, 한정된 자원으로 가장 큰 효과를 내는 방법입니다. 가장 중요한 부분을 결정하였다면 이제 두 번째로 중요한 부분을 결정할 차례입니다. 문짝 프레임(door frame), 테이블의 에이프런, 보강목(stretcher), 선반(shelves) 등이 여기에 해당됩니다. 이들 부위의 목재 선택은 여전히 중요하긴 하지만, 앞서 언급한 가장 중요한 부위만큼은 아닙니다. 만일 고를 수 있는 목재의 양이 많지 않다면, 그중에서 못난 판재를 덜 중요한 부분에 사용하는 전략을 써야 합니다. 가난한 이에게 선택의 권리는 없습니다.

미리 계획하라 ■ 거친 목재를 대패 칠 때는 잘라내어 버릴 결함 부위를 분필로 표시합니다.

대충 자르기

각 목재들을 가구의 어느 부위에 쓸 것인지 정했다면, 다음 단계는 다룰 수 있는 크기로 자르는 것입니다. 저는 분필을 이용하여 쓸모에 부합하는 목재에 표시를 하고, 대충 자를 선을 그립니다. 이 단계에서 정확한 치수의 선은 중요하지 않으며, 오히려 약간의 여유를 두는 것이 좋습니다. 대략 6~25mm 정도의 여유이면 됩니다. 저는 거친 판재에 분필로 그어 놓은 선을 자를 때 직쏘(jigsaw)를 사용합니다. 저는 보통 쏘호스(sawhorse)[3] 위에 거친 판재를 올려두고 직쏘로 자릅니다. 만일 들기에 너무 무거운 판재라면 폼보드(foam insulation panel)를 공방 바닥에 깔아두고 그 위에 판재를 올린 다음 원형톱으로 자릅니다. 만일 판재를 대략적인 폭으로 켜야 한다면, 저는 밴드쏘를 이용하여 빠르고 안전하게 작업합니다. 만일 매우 긴 판재를 켠다면 바깥쪽에 롤러 스탠드(roller stand)[4]를 놓아야 안정적으로 절단할 수 있습니다. 작업물이 절반 정도 잘렸다면, 반대편으로 걸어가 당겨서 자르는 것이 안전합니다.[5] 한쪽에서 계속 밀어 켜다보면 손이 밴드쏘 톱날에 가까워지게 됩니다. 밴드쏘 톱날은 봐주는 법이 없으며, 똑같은 기계[6]가 정육점에서도 사용된다는 걸 잊지 마세요.

대패 가공

긴 판재를 다룰 수 있는 크기로 잘랐다면, 이제 수압대패(jointer)로 들고 가 넓은 면 하나를 똑바르고 평평하게 가공해야 합니다. 수압대패에 밀어 넣기 전에 결 방향을 먼저 파악하고, 제대로 된 방향으로 집어넣어야 깨끗한 표면을 얻을 수 있습니다. 결을 거스르는 방향으로 목재를 밀어 넣게 되면, 목재가 앞으로 잘 나가지도 않고 심각한 뜯김(tear-out)을 초래할 수도 있습니다. 제작 과정의 후반부인 표면을 매끄럽게 다듬고 미세 가공하는 단계에서는 수공구를 사용하기 때문에, 수압대패 단계에서 최대한 매끄러운 표면을 얻어내는 것이 나중의 수고를 줄일 수 있는 중요한 척도입니다.

목재를 어느 방향으로 대패에 밀어 넣어야 하는가는 목재 옆면의 결 모양을 보는 것이 가장 쉬운 방법입니다. 수압대패 날은 시계방향으로 회전하기 때문에 만일 결 무늬가 오른쪽에서 왼쪽 방향으로 내려가는 모양이라면 결을 거스르게 됩니다. 이때는 단순히 목재를 180도 돌리면 결 무늬가 왼쪽에서 오른쪽으로 내려가는 방향으로 만들 수 있습니다. 그러면 수압대패 날이 목재를 결 방향으로 깎게 되어 훨씬 더 표면이 매끄러워집니다. 이렇게 넓은 면 하나를 평평하고

다룰 수 있는 크기로 ■ 커다란 목재를 다룰 수 있는 크기로 자를 때, 각도절단기나 원형톱보다는 직쏘가 더 쉽고 안전합니다.

결 방향이 중요하다 ■ 수압대패를 사용할 때는 결 방향에 유의하세요. 잘못된 방향으로 가공하면 심각하게 뜯겨나갈 수 있습니다.

엇결 ■ 결의 방향이 오른쪽에서 왼쪽으로 내려가는 방향이면, 수압대패에 엇결이 됩니다. 매끈한 대패 가공을 위해서는 반대 방향으로 투입하세요.

---

3) 삼각형 모양의 두 개의 다리가 하나의 각목을 받치고 있는 모양이며, 쏘호스 두 개 위에 작업물을 올려놓고 절단 작업을 할 수 있음. 포개어 보관할 수 있으며, 간이 작업대로 현장에서 많이 활용됨.

4) 폭이 넓은 바퀴가 위에 달린 스탠드로, 공급된 목재가 잘 굴러가면서 처지지 않도록 받쳐주는 역할을 함. 긴 나무를 켤 때 필수적인 안전장치임.

5) 밴드쏘의 톱날은 수직방향으로 절단하기 때문에 테이블쏘와 달리 킥백 현상이 발생하지 않음. 따라서 작업 중 손을 떼고 반대편으로 가도 될 수 있음. 반면 테이블쏘는 작업 중 손을 놓으면 킥백이 될 수 있으므로 매우 위험함.

6) 정육점에서 쓰는 골절기는 뼈째로 고기를 자를 수 있는 막강한 절단 기계이며, 밴드쏘와 모양이 거의 비슷함.

매끄럽게 만들었다면, 이제 옆면을 대패 칠 차례입니다. 비슷한 방법으로 결 방향을 읽어야 매끄러운 표면을 만들 수 있는데, 다른 점이 있다면 목재의 넓은 면을 보고 판단해야 한다는 것입니다. 수압대패의 펜스가 정반에 대해 정확한 90도로 세팅이 되어 있고, 방금 대패 친 매끈한 넓은 면을 펜스에 기대어 수압대패로 밀어 넣으면, 옆면은 똑바르고 평평하며 앞서 가공한 면에 대해 직각이 됩니다.[7]

옆면 대패 작업을 할 때 어떤 방향으로 밀어 넣어도 결을 거스르는 방향이 될 수도 있습니다. 이 현상은 넓은 면이 종 모양인 무늿결 판재가 아니라 곧은결 판재인데, 이 결 방향이 옆면과 평행하지 않고 눈에 띄게 틀어져 있는 경우에 주로 발생합니다. 이런 상황을 피하고 싶다면 처음 넓은 면의 결 방향을 읽을 때, 이어지는 옆면 대패 작업까지 고려해야 합니다. 넓은 면을 어느 방향으로 대패를 쳐야 깨끗하게 될까만 고민하지 말고, 앞뒤 넓은 면 중에서 어느 면을 먼저 대패 가공해야 이어지는 옆면 대패 과정에서 결을 거스르지 않을지 생각해야 한다는 뜻입니다. 이 과정은 다소 복잡해 보이지만, 연습을 하면 몇 초 안에 판재를 살펴보고 어떤 면부터 대패 가공해야 할지 본능적으로 알 수 있습니다. 그래서 즉각적으로 작업 순서를 결정할 수 있습니다.[8]

최종 치수로 자르기

수압대패로 평 잡은 면을 아래로 두고 자동대패에 밀어 넣습니다. 그러면 위쪽의 거친 면이 아랫면과 평행이 되면서 매끄럽게 가공됩니다. 자동대패의 대팻날은 수압대패의 그것과 비슷한 구조입니다. 그러므로 역시 결 방향이 중요합니다. 옆면을 보았을 때 결의 지배적인 흐름이 자동대패의 입구에서 출구 쪽으로 내려가는 방향이 되어야 합니다.[9]

양쪽 면의 평을 모두 잡았다면, 이제 판재를 길이 방향으로 뒤집으면서 원하는 두께가 될 때까지 자동대패에 밀어 넣습니다. 이제 판재는 두 개의 넓은 면이 평면이면서 평행이고, 한쪽 옆면은 일직선이면서 넓은 면에 대해 직각이 되었으며, 원하는 두께로 맞추어졌습니다. 이제 직선으로 가공된 옆면을 테이블쏘의 펜스에 기대어, 마지막 남은 옆면을 원하는 폭으로 켜주면 됩니다.

마지막 단계는 판재의 길이를 자르는 것입니다. 각도절단기나 테이블쏘에 썰매를 이용하여 자를 수 있지만, 저는 각도절단기를 선호합니다. 고품질의 톱날을 장착하고, 틈 없는 인서트(zero-clearance insert)와 나무로 덧댄 펜스(sacrificial

수압대패 문제 해결

만일 수압대패 날이 무뎌졌거나 나무의 성질이 아주 괴팍하다면, 수압대패로 가공한 옆면이 그리 깨끗하지 않을 겁니다. 만일 목재 치수에 여유가 좀 있다면, 원래 의도한 치수보다 1.5mm 더 넓게 테이블쏘 펜스를 세팅하여 켜세요. 테이블쏘로 켤 때는 비교적 깨끗한 면을 얻을 수 있습니다. 판재는 1.5mm 더 넓은 상태이므로, 의도한 치수대로 펜스를 조정한 다음 테이블쏘로 켰던 면을 펜스에 붙여서 다시 켭니다. 이렇게 해주면 원래 수압대패에서 생겼던 대팻날 자국(mill mark)과 뜯긴 자국을 깨끗하게 제거할 수 있습니다.

작은 부재들

대충 자르기 단계인데도, 완벽한 준비를 하려고 필요한 부재들을 전부 정재단하고 싶을지도 모릅니다. 하지만 부재들을 너무 작은 크기로 자르는 것보다는, 그냥 자르지 않고 놔두는 편이 더 낫습니다. 일반적으로 저는 30cm 이하를 작은 부재라고 간주합니다. 그리고 이런 작은 부재가 될 것 같으면 아예 자르지 않습니다. 예를 들어 작은 조각 여러 개를 필요로 한다면, 저는 분필로 대충 레이아웃만 그려놓고 자르지는 않습니다. 자동대패를 통해 원하는 두께로 가공이 되었으면 그때서야 작은 크기로 자릅니다. 이렇게 하면 시간을 절약할 수 있을 뿐 아니라 훨씬 더 안전합니다. 왜냐하면 수압대패와 자동대패는 30cm보다 짧은 판재를 가공할 때 위험할 수 있기 때문입니다.

fence)를 사용하면 거의 손을 댈 필요가 없을 정도로 깨끗한 절단이 가능합니다. 게다가 펜스와 스톱이 갖추어져 있다면 동일한 크기로 빠르고 쉽게 대량으로 자를 수도 있습니다. 만일 판재의 폭이 각도절단기에서 작업하지 못할 정도로 넓다면, 테이블쏘와 썰매를 이용하여 자르면 됩니다.

기계를 이용한 판재 뽑기 시스템은 상당한 돈을 투자해야 합니다. 하지만 이 투자의 회수는 매우 빠르며, 안정적이고 반복적인 판재 뽑기가 가능합니다. 가장 중요한 점은 이 시스템의 효율성이 저에게 수공구를 사용할 수 있는 여지를 준다는 겁니다. 그래서 효율과 결구 미세 가공의 즐거움을 모두 추구할 수 있습니다.

---

7) Wood Whisperer Ep.6 - How to Mill Lumber Using a Jointer 참고.
8) 역자 블로그의 '하이브리드 목공' 보충 자료에 그림과 함께 더 상세히 설명되어 있음.
9) 수압대패는 대팻날이 아래쪽에 있지만, 자동대패는 목재 위쪽에서 대팻날이 회전함.

예외 : 넓은 판재

앞서 보았듯이, 저는 판재 뽑기 과정에서 전적으로 기계만을 사용합니다. 하지만 제 수압대패의 폭보다 약간 넓은 판재를 가공해야 할 때는 예외를 둘 수밖에 없습니다. 목재소에서 구할 수 있는 제재목 중에서는 폭이 200~300mm 정도인 넓은 것들도 많습니다. 그런데 일반적인 수압대패는 150~200mm(6~8") 정도의 폭만 가공할 수 있습니다. 이럴 경우 기계를 사용하는 가능한 공정은, 테이블쏘에서 먼저 넓은 폭의 판재를 반으로 켜고, 수압대패와 자동대패로 가공한 다음 다시 집성하여 원래 폭으로 만드는 겁니다. 이런 공정은 좁은 폭의 판재가 필요할 때와 넓지만 휘어져 있는 판재의 평을 잡는 데에만 효율적입니다. 잘려진 흔적 없이 통으로 된 넓은 판재의 평을 잡아야 한다면, 다른 해법이 필요합니다. 이를 위한 하이브리드 접근법은 한 면은 손대패로 대충 평을 잡고, 이어서 자동대패로 몇 번 가공하는 겁니다. 다행스럽게도 자동대패의 경우 가장 작은 것도 300mm 폭의 판재를 대패 가공할 수 있습니다. 그러므로 거친 판재의 한 면을 효과적으로 평을 잡을 수 있다면, 자동대패를 이용하여 나머지 작업을 진행할 수 있습니다.

대충 평 잡기

대패로 대충 평을 잡기 위해서는 먼저 판재를 작업대에 고정해야 합니다. 판재를 대패 쳐서 전체적으로 완벽한 평면을 만들 필요는 없습니다. 사실 판재의 가장자리만 한 평면이 되도록 해주면, 자동대패에서 흔들거리지 않아 부드럽게 가공할 수 있고, 결국 원하는 대로 양면의 평을 잡을 수 있습니다. 판재의 낮은 부분은 문제가 되지 않습니다. 높은 부분에만 집중하세요. 어디가 높은 부분인지 알기 위해서는 몇 개의 똑바른 자(straight edge)나 와인딩 스틱(winding stick),[10] 혹은 작업대 자체를 사용할 수 있습니다. 저는 작업대를 이용하는 방법을 좋아하는데, 매우 단순하기 때문입니다. 만일 작업대의 평이 잘 맞는다면, 단순히 판재를 뒤집어 놓는 것만으로 상대적으로 얼마나 평이 맞는지 알 수 있습니다. 만일 판재가 흔들거리거나 판재 둘레와 작업대 상판 간의 틈이 보인다면 깎아내야 할 판재의 높은 부분이 있는 것입니다. 어느 부분이 높은 곳인지 알아내었다면 대패로 그 부분을 깎아내면 됩니다. 대충 평을 잡는 것이 목적이기 때문에 많이 깎도록 세팅된 No.5 잭 플레인이나 No.7 조인터 플레인을 이용하는 것이 좋습니다. 이 작업을 위해 스무딩 플레인을 사용할 수도 있습니다만, 대팻날을 둥글게 연마해서 나무를 잘 깎아내도록 튜닝된 것이어야 좋습니다. 그렇지 않으면 시간이 오래 걸릴 겁니다.

---

10) 두 개의 일직선이 보장된 막대로 구성됨. 판재 위에 막대를 평행으로 배치하고 시선을 그 막대와 평행하게 맞추어 보면 판재가 틀어졌을 경우 막대가 기울어져 보임. 가시성을 위해 보통 두 막대의 색을 다르게 함.

판재를 점검하라 ■ 판재를 평평한 면에 놓고, 판재 둘레의 높은 부분과 낮은 부분을 확인하세요.

진도를 체크하라 ■ 높은 부분을 깎아내는 과정에서 똑바른 자를 이용하여 진도를 확인하세요.

평면을 위하여 ■ 똑바른 자 아래로 눈에 띄는 틈이 보이지 않는다면 똑바른 겁니다. 평면인지 확인하기 위해서는 똑바른 자를 이리저리 옮겨가며 체크해야 합니다.

틈이 없음=쓸 만한 평면 ■ 거칠게 평을 잡은 면을 아래로 두었을 때, 판재의 둘레를 따라 틈이 없어야 합니다. 이 정도면 우리의 목적에 부합하는 평면입니다.

평 잡기는 높은 부분을 깎아내는 걸로 시작합니다. 만일 판재가 비틀려(twist) 있다면 대각선 양쪽의 높은 부분을 공략하면 됩니다. 만일 판재가 둥글게 말려(cupped) 있다면 옆면을 따라 높은 부분을 깎아내면 됩니다. 저는 연필이나 분필을 높은 부분에 칠해서 작업의 진도를 체크합니다. 대충 튀어나온 부분을 깎아내었다고 판단되면, 이제 대각선 방향으로 대패질을 합니다. 이때 대패는 판재의 폭 전체를 이동해야 하며, 골고루 대패질이 되도록 합니다. 그리고 이제 반대 방향에서 같은 작업을 반복합니다. 이 반복 작업은 대패 치는 부분의 대팻밥이 고르게 나올 때까지 하면 됩니다. 판재 둘레 부분의 평을 맞추는 것이 목표라는 점을 명심하세요. 가운데의 낮은 부분은 문제가 되지 않습니다. 작업하는 중간 중간에 판재를 뒤집어서 진도를 점검하세요. 판재가 흔들거리지 않으면서 안정적으로 작업대 위에 놓이고, 판재의 둘레를 따라 큰 틈이 없다면 작업대에서의 작업은 완료된 것이고, 자동대패에 갈 수 있을 정도로 안정적입니다.

대충 평을 잡은 면을 아래로 두고 자동대패에 밀어 넣으면, 위쪽 면이 깨끗하게 평이 잡혀지고 아래 면과 평행이 됩니다. 마지막으로 판재를 뒤집어 다시 자동대패에 밀어 넣으면 원래 거칠게 평을 잡았던 면도 깨끗하고 완벽하게 평이 잡힙니다. 결과적으로 아름다우면서 평탄하고 평행이 되는 넓은 면의 판재를 얻게 됩니다. 그리고 집성을 한 흔적도 없습니다.[11]

자동대패로 밀어 넣기 ■ 첫 투입 때는 거칠게 평을 잡은 면을 아래로 둡니다. 그러면 위 면이 깨끗하게 평이 잡힙니다.

평평하고 평행임 ■ 거칠게 평 잡은 면을 깨끗하게 가공하기 위해서, 판재를 뒤집어 자동대패에 밀어 넣습니다. 이렇게 가공한 판재는 양면이 모두 평평하며 평행을 이룹니다.

---

11) Wood Whisperer Ep.169 - How to Mill Wide Boards 참조.

하이브리드 목수의 기술

넓은 판재의 평을 잡기 위한 하이브리드 방법

수압대패의 폭을 넘는 넓은 판재를 다루는 것은 대부분의 공방에서 흔한 일입니다. 벤치 플레인으로 한 면을 대충 평 잡는 하이브리드 해법을 보고, 아마 당신은 제가 앞 장에서 잭 플레인과 조인터 플레인을 단지 구입을 고려해볼 수 있는 범주로 분류했던 것을 떠올릴 겁니다. 그래서 제가 실수를 한 게 아닌가 생각할 겁니다. 하이브리드 식의 평 잡기 솔루션이 쓸 만하고 효율적이긴 하지만, 당신이 공방에 이미 갖추고 있는 자동대패와 라우터를 이용해서 평을 잡는 다른 방법들도 있습니다.

수압대패 건너뛰기

수압대패 건너뛰기(skip-planing)는 거친 판재의 한 면을 수압대패로 가공하지 않고 바로 자동대패로 건너뛰는 걸 의미합니다. 자동대패를 아주 조금씩 깎아내도록 세팅한 상태에서 한 면을 가공하고 이어서 뒤집어 가공합니다. 이런 식으로 원하는 두께가 될 때까지 반복하면 됩니다. 이 아이디어는 양쪽 면에서 높은 부분을 조금씩 깎아내고자 하는 것이며, 결국엔 완전히 평평한 판재를 만들 수 있습니다. 이 방법은 가공되지 않은 판재가 대충 평이 맞을 때 사용될 수 있습니다. 만일 거친 판재가 심하게 구부러졌거나(bowed) 뒤틀렸다면(twisted), 자동대패만으로 이 판재의 평을 잡을 수 없습니다. 왜냐하면 자동대패의 롤러로부터 가해지는 압력에 의해 휘어진 판재가 일시적으로 펴지게 되고, 대팻날은 그 상태에서 나무를 깎아내게 됩니다. 이어서 판재가 자동대패를 빠져 나오게 되면 다시 원래대로 휘어지기 마련입니다.

자동대패 썰매

생각해보면, 구부러지거나 뒤틀린 판재가 자동대패로 들어가기 위해서는 움직이거나 흔들거리지 않으면 됩니다. 말은 쉽지만 실행을 위해서는 트릭이 필요합니다. 한 가지 방법은 합판으로 만든 썰매(sled)와 몇 개의 쐐기(shim) 그리고 핫멜트(hot glue)를 이용하는 겁니다. 먼저 평을 잡을 판재보다 좀 더 크게 합판을 자릅니다. 합판을 평면 위에 올려두고 그 위에 작업할 판재를 올립니다. 그리고 판재 아래에 쐐기를 넣으면서 흔들거리지 않고 안정되도록 맞추어줍니다. 판재가 안정되게 지지되었다면 핫멜트를 이용하여 쐐기와 판재를 임시 고정합니다. 이어서 이 전체를 자동대패에 밀어 넣어서 윗면의 평을 잡을 수 있습니다. 단 매우 조금씩 깎도록 세팅해야 하고, 윗면 전체가 완벽하게 평이 잡힐 때까지 반복해야 합니다. 윗면의 평이 잡혔으면 썰매로부터 판재를 떼어낼 수 있습니다. 판재에 붙은 핫멜트 찌꺼기를 모두 제거한 다음, 평을 잡은 면이 아래로 가도록 판재를 뒤집어 자동대패에 밀어 넣으면 나머지 한 면도 평을 맞출 수 있습니다.

수압대패 건너뛰기 ■ 만일 판재의 평이 얼추 맞는다면, 양면을 조금씩 깎아내는 방법으로 괜찮은 결과를 얻을 수 있습니다.

썰매 위에 안착시키기 ■ 핫멜트와 쐐기를 이용하여 합판으로 만든 썰매 위에 판재가 안정되게 올라앉도록 해줍니다.

자동대패에 밀어 넣기 ■ 썰매에 올려놓은 채로 자동대패에 밀어 넣으면 윗면의 평을 잡을 수 있습니다.

라우터 썰매 해결사 ■ 평행한 레일 위의 라우터 썰매로 넓은 제 작업대 상판의 평을 잡을 수 있었습니다.

라우터 레일

지금까지의 방법은 장점도 있고 단점도 있습니다. 공통적인 단점 하나는 이 방법들은 자동대패가 가공할 수 있는 폭으로 제한이 된다는 겁니다. 앞서의 방법으로는 600mm 폭인 작업대 상판의 평을 잡을 수 없습니다. 고맙게도 라우터-레일(router-rail) 방법이 이럴 때 완벽한 해법을 제공합니다. 이 방법은 마치 CNC로 평을 잡는 것과 거의 비슷합니다. 커다란 일자 비트(straight bit)를 장착한 라우터가 한 평면에서 슬라이딩하며 움직인다고 상상해보세요. 라우터 비트와 만나는 부분은 모두 깎여 나갈 것이고, 라우터 비트와 만나지 않은 부분만 남게 될 겁니다. 개념은 이렇게 간단하지만, 실제 공방에서 이 작업을 하려면 몇 가지 준비를 해야 합니다.

먼저 준비해야 할 것은 튼튼하고 휘지 않는 라우터 썰매를 만드는 겁니다. 앞으로 하게 될 프로젝트를 대비한다면 썰매는 길수록 좋겠지만, 1m를 넘어가는 경우에는 다루기 번거롭습니다. 썰매는 세 조각의 19mm 두께 합판으로 만듭니다. 한 조각은 베이스 역할을 하고 다른 두 조각은 벽으로 쓰입니다. 썰매는 최대한 평평해야 하기 때문에 본드와 나사못을 이용하여 벽을 베이스에 단단히 결합합니다. 이렇게 하면 베이스가 휘지 않고 평면을 잘 유지할 수 있습니다. 두 벽의 간격은 라우터가 편안하게 들어갈 수 있고, 벽 사이에서 좌우로 약간씩만 움직일 수 있는 정도면 됩니다. 베이스는 길게 구멍이 파여 있어야 하는데, 사용할 라우터 비트의 직경보다 약간 더 넓게 하면 됩니다.

썰매가 만들어졌으면 작업할 판재를 평평한 곳 위에 올려둡니다(핫멜트와 쐐기 또는 양면테이프로 고정해도 됨). 그리고 썰매가 올라갈 두 개의 똑바른 레일을 준비합니다. 보통은 2×4[12] 구조목을 수압/자동대패로 평 잡은 것을 사용하면 됩니다. 또는 알루미늄 프로파일을 사용하면 반영구적으로 사용할 수 있습니다. 레일은 작업할 판재 양쪽으로 움직이지 않도록 평면 위에 단단히 고정되어야 합니다. 그리고 작업할 판재와 레일 사이는 25~50mm 정도 띄워두어야 라우터 비터가 레일을 침범하는 걸 막을 수 있습니다. 레일 위에 썰매를 올려둔 상태에서 작업물의 가장 낮은 지점이 어딘지 찾아보세요. 그리고 그 부분에 라우터 비트가 닿도록 높이 조절을 합니다. 자 이제 시동을 걸고 판재의 처음부터 깎아 나갑니다. 왼쪽에서 오른쪽으로 라우터를 한 번 밀었다면, 썰매를 약간 앞으로 밀어서 다시 반복합니다. 이런 과정을 판재 전체가 평평하고 매끈해질 때까지 실행하면 됩니다.

만일 판재가 충분히 좁다면, 라우터로 평을 잡은 면을 아래로 두고 자동대패로 밀어 넣으면 됩니다. 반대로 판재가 너무 넓다면 그냥 그것을 뒤집어 고정한 다음, 다시 라우터로 나머지 한 면도 평을 잡으면 됩니다. 어떤 식이든 결과물은 두 개의 평면과 일정한 두께를 가지게 될 겁니다. 하지만 라우팅 작업을 한 표면은 약간의 손길이 필요합니다.

부분 대패 치기

이 근사한 트릭은 매우 훌륭한 결과를 만들어냅니다. 안타깝게도 이 작업을 위해서는 수압대패의 안전 가드를 잠시 떼어 놓아야 합니다. 그러므로 부분 대패 치기(partial jointing) 작업을 할 때는 각별한 주의가 필요합니다. 수압대패의 펜스를 끝까지 뒤로 밀어 최대한의 작업 폭을 확보하고, 안전 가드를 제거한 다음 판재를 밀어 넣습니다. 판재가 수압대패 정반에서 튀어나올 것이기 때문에 앞에 걸리적거리는 것이 없어야 합니다. 만일 수압대패의 대팻날 부근에 안전 가드를 고정하기 위한 지지대가 있다면, 볼트를 풀어서 그것을 아래로 내려야 합니다. 한두 번 수압대패로 밀어넣고 작업면을 보면 대팻날이 닿은 부분과 닿지 않은 부분이 층이 져서 구분이 될 겁니다. 이 층이 판재의 처음부터 끝까지 확연히 나타났을 때, 대팻날이 닿은 부분의 평이 잡혔다고 판단할 수 있습니다. 이 상태에서 수압대패 작업은 끝납니다.

다음 단계는 어떻게든 수압대패가 처리하지 못한 부분을 해결하는 겁니다. 만일 수압대패가 닿지 않은 부분의 폭이 25mm 안쪽이라면, 블록 플레인과 스크래퍼로 이 부분을 정리하는 것이 가장 간편합니다. 판재를 작업대 위에 올려두고, 수압대패로 밀어진 면을 기준 삼아 높은 부분을 대패로 날리면 됩니다. 그래서 두 개의 면을 하나의 평면으로 만드는 겁니다. 이 과정에서 똑바른 자를 이용하여 작업의 진도를 확인할 수 있습니다. 전체 면이 일률적으로 평탄해졌다면, 이 면을 아래로 놓고 자동대패에 밀어 넣으면, 다른 면의 평을 잡을 수 있습니다.

자, 이제 까먹기 전에 수압대패로 가서 안전 가드를 다시 설치하기 바랍니다.

---

12) 2×4인치 구조목을 의미하지만, 건조 과정에서 수축된 후 대패 쳤기 때문에 실제로는 38×89mm 정도 됨.

하이브리드 트위스트

비틀어진(twist) 목재는 가장 바로잡기 힘든 경우입니다. 이런 목재는 두 개의 높은 모퉁이(corner)와 두 개의 낮은 모퉁이가 있습니다. 수압대패로 평면을 잡으려 해도 어느 지점을 눌러야 문제를 더 악화시키지 않고 비틀림을 완화할 수 있는지 찾기 어렵습니다. 자동대패의 경우는 판재의 모양에 따라 나무를 깎는 식이기 때문에 별로 도움이 되지 않습니다. 평평한 기준면이 없는 경우, 자동대패는 단순히 더 얇아진, 그러나 여전히 비틀린 목재를 만들 뿐입니다. 라우터-레일이나 자동대패 썰매 등 기계로 이 문제를 해결할 수도 있습니다. 하지만 이들 방법은 지그와 장치를 만들고 세팅해야 하는데, 하나의 비틀어진 판재를 바로잡기 위한 목적에 비하면 너무 많은 수고를 들여야 합니다. 그래서 저는 하이브리드 솔루션이 매력적이라 생각합니다. 잘 연마된 대패만 있다면, 비틀림을 완화하고 대충 평면으로 만드는 데 불과 몇 분밖에 걸리지 않습니다. 이렇게 되면 자동대패로 가공하는 데 큰 어려움이 없습니다.

분필로 표시 ■ 대패로 쳐내야 할 부분을 분필로 표시합니다.

각도를 틀어서 대패질하기 ■ 판재의 대각선 방향으로 틀어서 대패질합니다. 특히 높은 부분을 더 집중적으로 깎아냅니다.

내장된 직선 자 ■ 대패는 그 자체로 일직선이기 때문에, 대패를 눕혀 판재의 평평함을 간편하게 확인할 수 있습니다.

뒤 조명으로 새어 나오는 빛 ■ 강한 조명을 뒤쪽에 켜두면, 대팻집 아래로 새어 나오는 빛을 통해 평평한 정도를 쉽게 확인할 수 있습니다. 사진의 정도면 대부분의 용도에 쓰일 수 있을 정도로 충분히 평평합니다.

판재 집성하기

두개의 판재를 틈 없이 하나로 보이게 붙일 수 있다는 걸 처음 배웠을 때, 저는 무척 놀랐습니다. 숙련된 목수들은 이것을 아무것도 아니라고 생각할 수도 있습니다만, 사실 매우 특별한 기술입니다. 좁은 판재를 붙여서 넓은 판재로 보이게 만드는 것은 가구 제작 공정에서 매우 중요합니다. 나뭇결을 신경 써서 골라 배치하고 준비하면, 틈도 안 보이고 붙인 흔적도 보이지 않게 할 수 있습니다. 그래서 구경하는 사람은 판재 여럿을 붙였다는 걸 알아차리지도 못할 겁니다. 우리가 테이블 상판이나 캐비닛 옆면을 커버할 수 있는 넓은 판재를 구하기는 거의 불가능합니다. 그래서 집성은 매우 중요합니다. 그리고 이 작업은 하이브리드 접근법이 꽤나 유용한 분야입니다.

저는 첫 단계로 나중에 하나가 될 판재들을 네모반듯하게 뽑기 위해 기계를 사용합니다. 일반적으로는 평을 잡은 옆면을 단순히 본드로 붙이면 됩니다. 하지만 많은 사람들이 잘 깨닫지 못하는 사실 중 하나는 수압대패로 가공한 옆면에는 대팻날 자국(milling mark)이 있기 마련이고, 그래서 완벽하게 옆면이 밀착되지 못한다는 점입니다. 잘 튜닝된 수압대패에 매우 예리한 헬리컬 커터헤더(cutterhead)[13]가 장착되지 않는 한, 수압대패는 빨래판 같이 울퉁불퉁한 표면을 남깁니다. 빨래판 같은 옆면 두 개를 붙여 집성하면, 판재 사이의 틈이 넓을 수밖에 없으며, 집성한 티가 나게 됩니다. 두 판재를 집성할 때는 가능한 한 밀착되어 빈틈이 없길 바랄 것이며, 집성한 흔적이 크게 눈에 띄지 않길 바랍니다. 좋은 소식은 블록 플레인, 스무딩 플레인 또는 캐비닛 스크래퍼로 30초만 다듬어주면 옆면을 매우 매끈하게 만들 수 있다는 겁니다.

옆면 다듬기

판재 옆면을 수압대패로 가공하고 나면, 이것을 작업대로 가져와 잘 고정하세요. 옆면을 살짝 다듬어주는데, 빨래판 패턴의 높은 부분만을 날려준다는 느낌으로 작업해야 합니다. 만일 나무가 무난한 종류라면 뜯김에 대해 걱정할 필요가 없습니다. 이 경우에는 잘 연마된 블록 플레인이나 스무딩 플레인을 쓰면 됩니다. 날입의 폭을 조절할 수 있다면 아주 가는 빛만 통과될 정도로 바짝 당기고, 아주 가는 대팻밥이 나오도록 대팻날도 아주 조금만 내밉니다. 비록 옆면에 약간의 빨래판 패턴이 있다 할지라도 그것은 일률적인 패턴이며, 전체적으로 옆면은 여전히 평평하다고 간주할 수 있습니다. 그

---

13) 일반적인 회전하는 대팻날은 원통의 높이 방향으로 긴 칼 모양의 날을 가지고 있지만, 헬리컬 커터헤더는 약간 각도를 틀어 텅스텐 카바이드 팁을 배치한 것으로 작업 부하가 작고, 깨끗한 표면을 만들 수 있음.

필요한 너비 ■ 신경 써서 네모반듯하게 판재를 뽑으면, 여러 개의 판재를 붙여도 하나의 넓은 판재로 보일 겁니다.

생각만큼 매끈하지 않다 ■ 대부분의 수압대패는 빨래판 같은 표면을 만듭니다. 미세한 경우에는 분필을 칠해야만 보입니다. 이 울퉁불퉁한 표면을 맞대면 빈틈없는 완벽한 집성이 되지 못합니다.

작은 대패로 다듬기 ■ 잘 연마된 블록 플레인을 미세한 대팻밥을 뽑도록 세팅하면, 수압대패가 만든 울퉁불퉁한 부분을 날려 매끈한 표면으로 만들 수 있습니다.

스크래퍼도 가능하다 ■ 아주 조금만 깎아내어도 되기 때문에, 캐비닛 스크래퍼로도 월넛과 메이플(오른쪽) 옆면을 깎아낼 수 있습니다.

어려운 결은 스크래퍼로 ■ 까다로운 결이나 현란한 무늬의 나무를 블록 플레인으로 다듬으면 망칠 수도 있습니다. 이때는 캐비닛 스크래퍼가 더 안전합니다.

찾기 어려운 접합 부위 ■ 두 판재를 본드도 안 바르고 클램핑도 하지 않은 상태로 맞대었습니다. 옆면이 완벽하게 가공되었다면 이렇게 훌륭한 집성도 어렵지 않습니다.

러므로 어렵지 않게 옆면에 대패를 안정적으로 올려 대패질할 수 있습니다. 두세 번만 밀어주면 옆면은 매끈하고 똑바르게 되며, 울퉁불퉁한 부분이 모두 없어지게 됩니다.

만일 까다로운 나무라면, 저는 대패 대신 캐비닛 스크래퍼로 이 작업을 합니다. 캐비닛 스크래퍼는 까다로운 결을 원만하게 다룰 수 있으며, 넓은 몸체(sole) 덕분에 블록 플레인이나 스무딩 플레인처럼 높은 부분만 깎아 내릴 수 있습니다.

어떤 사람은 카드 스크래퍼로 이 작업을 할 수 있겠지만, 별로 권장하고 싶지 않습니다. 카드 스크래퍼는 평평한 몸체가 없기 때문에 언덕과 계곡을 타고 다니면서 깎아내기 때문입니다. 그래서 결국 똑바르고 매끈한 면을 만들기 어렵습니다. 만일 당신이 벤치 플레인에 정통하다면, 옆면 다듬기를 위해 제가 왜 조인터 플레인을 추천하지 않는지 의아할 것입니다. 옆면의 평 잡기는 조인터 플레인이 잘하는 분야이긴 합니다. 그리고 옆면 다듬기를 위해 조인터 플레인을 못 쓸 이유도 없습니다. 다만 대팻밥이 미세하게 나오도록 세팅해야 합니다. 이 작업의 목표가 평을 잡기 위한 것이 아니라 표면을 매끄럽게 하는 것이라는 걸 명심하세요. 이미 옆면은 기계에 의해 직각과 직선이 잡힌 상태입니다. 그리고 대패로는 매끄럽게 다듬기만 하면 됩니다. 그래서 길고 거추장스러운 No.7이나 No.8 조인터 플레인이 굳이 필요하지 않습니다. 대신 저는 이미 평이 잡힌 면 위를 타면서 매끈한 표면을 만들 짧은 블록 플레인, 캐비닛 스크래퍼, 스무딩 플레인을 선택합니다. 옆면의 전체 길이를 대패질하는 동안 얇고 일정한 두께의 대팻밥이 만들어지면, 기계대패를 통해 만들어진 평면을 계속 유지하고 있는 겁니다.

어떤 도구를 써서 작업을 완수하든 당신은 아주 매끈한 옆면을 얻게 될 것이고, 이 두 옆면은 만나서 완벽한 결합이 될 겁니다. 판재 사이의 틈은 무시해도 좋을 정도로 미세하고, 접합 부분은 거의 눈에 띄지 않을 겁니다. 만일 나무의 무늬를 신경 써서 잘 맞춘다면, 전문가라 할지라도 붙인 부분을 찾기 어려울 겁니다.

직각이 아닌 옆면 ■ 만일 수압대패의 펜스가 정반에 대해 완벽한 직각이 아니라면, 두 판재의 옆면은 90도에서 약간 벗어나게 되며, 이것을 맞대면 눈에 띌 정도로 틈이 생기게 됩니다.

완벽한 옆면 접합

옆면의 직각에 대해 다룬 김에 두 판재를 완벽하게 접합하는 다른 트릭을 하나 소개드리겠습니다. 불행히도 어떤 수압대패는 대패 가공한 면이 펜스에 기댄 면에 대해 정확하게 직각이 안 나오곤 합니다. 이는 수압대패의 세팅이 잘못되었거나, 펜스가 휘어져 있어서 발생하는 문제입니다. 어떤 이유든 당신은 직각이 맞지 않는 두 면의 오차를 무효화시키며 완벽하게 붙일 수 있습니다. 이를 위해서 저는 두 판재의 접합할 옆면을 같은 쪽으로 보게 하여 샌드위치처럼 포갠 다음 옆면 다듬기 작업을 합니다. 대패나 스크래퍼를 통해 옆면 두 개를 동시에 다듬으면, 울퉁불퉁한 면을 평탄하게 깎아낼 수 있을 뿐 아니라, 두 옆면이 같은 각도로 가공됩니다. 두 판재를 집성할 때는 마치 책을 펴듯 두 판재를 그대로 펴서 다듬었던 옆면이 서로 접합되도록 하면 됩니다. 이런 식으로 하면 옆면이 직각이 아닐지라도 서로 완벽하게 맞물릴 수 있습니다. 당신의 수압대패가 완벽한 직각을 보장한다 할지라도 두 옆면을 한꺼번에 다듬는 것은 작업 시간을 대폭 줄여줍니다.

두 개를 한꺼번에 ■ 두 옆면에 대고 한 번에 대패질하면 직각에서 벗어난 옆면의 문제를 해결할 수 있습니다.

불완전의 완벽함 ■ 직각에서 벗어난 두 옆면이 완벽하게 들어맞습니다. 사진은 각도를 과장되게 표현한 것입니다.

집성한 판재를 평평하게 만들기

목공본드로 판재들을 붙여 집성하고 나면, 옆면의 가공 품질과 상관없이 두 판재가 만나는 부분은 어떻게든 손길이 필요합니다. 이 작업을 해야 하는 이유는 목공본드의 특성 때문입니다. 목공본드로 젖은 두 표면을 붙이면, 이 둘은 서로 잘 미끄러집니다. 이 상태에서 클램핑을 하게 되면, 완벽하게 가공된 판재들이라 할지라도 약간씩 높낮이 차가 생길 수 있습니다. 만일 집성하는 판재들의 두께가 모두 같고, 집성하는 과정에서 정렬에 신경을 쓴다면 이 높낮이 차는 최소화될 수 있습니다. 저는 비스킷(biscuit), 도미노(domino) 또는 도웰(dowel)과 같은 판재의 정렬에 유리한 패를 즐겨 사용합니다. 기다란 클램핑 막대(caul)를 접합부에 대어 고정하는 것 또한 좋은 옵션입니다. 이러한 부가적인 도움 덕분에 완벽한 정렬에 대한 스트레스를 받지 않고 판재를 집성할 수 있습니다.

이런 가능한 모든 사전 조치에도 불구하고, 우리가 갈망하는 하나 같은 외양과 느낌을 달성하기 위해서는 표면에 대한 어떤 작업을 해야 할 필요가 있습니다. 만일 당신이 운 좋게 광폭 벤트샌더(wide belt sander)나 드럼 샌더(drum sander)를 가지고 있다면, 몇 분만에 집성 판재의 높낮이 차를 잡고 매끈한 표면을 만들 수 있을 겁니다.

그러나 만일 판재가 드럼샌더에 들어가기에 너무 넓거나 드럼샌더를 아예 가지고 있지 않다면, 당신은 수공구를 사용하여 이 작업을 해야 합니다.

당신은 블록 플레인, 캐비닛 스크래퍼, 카드 스크래퍼, 스무딩 플레인 등으로 이 높낮이 차를 바로 잡을 수 있습니다. 만일 높낮이 차가 1.5mm 이상이라면 두꺼운 대팻밥을 뽑아내도록 세팅한 블록 플레인으로 접합부 근처를 깎아내는 것이 좋습니다. 또는 좀 더 덩치가 큰 스무딩 플레인이나 잭 플레인으로 빠르게 높낮이 차를 잡아내는 것도 괜찮습니다.

집성하기 ■ 접촉하는 두 면에 목공본드를 바르고, 클램프로 조이면 본드가 삐져나와 몽글몽글한 선이 만들어집니다.

클램핑 막대로 높이 맞추기 ■ 목공본드가 미끄러워서 두 접합면이 어긋날 수 있습니다. 하지만 클램핑 막대를 아래위로 두고 클램핑하면 두 판재의 위치를 맞출 수 있습니다.

완벽한 정렬을 위한 도미노 ■ Festool 도미노는 간편하게 촉맞춤(loose-tenon)을 가공할 수 있으며, 두 판재의 높이를 정렬하는 데 좋습니다.

빠르고 정확하게 ■ 정확하게 자리 잡은 장부 구멍에 도미노를 끼워 넣으면 아주 쉽게 집성할 수 있습니다.

만일 판재를 네모반듯하게 잘 뽑았고, 본딩하는 동안 정렬을 잘 했다면 높낮이 차는 1.5mm 미만이 될 겁니다. 이럴 경우 크고 공격적인 대패를 쓸 필요는 없습니다. 사실 저는 집성 판재의 높낮이 차를 잡을 때 캐비닛 스크래퍼를 가장 많이 사용합니다.

캐비닛 스크래퍼

나무를 많이 깎도록 연마된 캐비닛 스크래퍼를 준비하고, 높낮이 차가 있는 연결 부위 중 낮은 쪽에서 출발해서 높은 쪽으로 대각선 방향으로 밀어냅니다. 약간 틀어서 스크래핑 하면 튀지 않고 보다 쉽게 깎아낼 수 있습니다. 처음에는 접합 부분을 따라 나무를 깎아냅니다. 접합 부위의 높낮이 차가 잡혀서 평면이 되었다면 이제부턴 판재 전체를 가로지르는 긴 스크래핑을 합니다. 접합 부위의 높낮이 차는 잡혔지만, 전체적으로 보았을 때 평면이 흐트러졌기 때문에 이를 바로 잡아야 합니다. 스크래핑하는 경로가 넓어지면, 느리지만 실패 없이 높이 차이를 완화시켜 전체적으로 평면을 만들 수 있습니다.

스크래핑 작업이 완료되면, 사람이 가진 가장 예민한 센서인 손가락으로도 접합의 흔적을 찾을 수 없을 겁니다. 이렇게 초기 평면 잡기가 완료되었으면, 이제 캐비닛 스크래퍼를 조금만 깎도록 세팅을 바꾼 다음 전체적으로 몇 번 더 밀어줍니다. 수압대패가 옆면에 미세한 빨래판 무늬를 만들 듯이, 자동대패도 넓은 면에 비슷한 자국을 남깁니다. 그래서 남아 있는 대팻날 자국을 없애기 위해 전체적으로 몇 번 스크래핑해주면 좋습니다. 제 캐비닛 스크래퍼는 항상 많이 깎도록 세팅되어 있기 때문에, 마지막 몇 번은 잘 튜닝된 카드 스크래퍼로 작업하는 것이 편합니다. 모든 공구는 어떻게든 자신만의 흔적을 남깁니다. 그래서 마지막으로 샌딩 작업을 해줍니다. 매끈한 표면을 얻기 위해서는 점점 더 고운 사포로 바꿔가며 샌딩해야 합니다.

어떤 목수들은 스크래핑한 표면이 마감을 바로 해도 될 정도로 매끈하다고 간주합니다. 하지만 저는 아닙니다. 카드 스크래퍼가 아주 미세한 자국만 남겨서 육안으로 잘 보이지 않는다 할지라도, 마감을 하게 되면 그것이 도드라질 수 있습니다. 저는 마감 직전의 마지막 손질을 위해 랜덤 오비탈 샌더에 #220 사포를 물려 가볍게 전체적으로 샌딩하는 걸 선호합니다. 샌딩이 매끈하고 고른 표면을 만드는 가장 좋은 방법이기 때문에, 저는 대부분의 경우 샌딩을 생략하지 않습니다. 그러나 하이브리드 방법론을 사용하면 사포에 대한 의존을 대폭 줄일 수 있습니다. 샌딩을 적게 하면 우리의 폐에도 좋고(적은 미세먼지), 비용도 절감됩니다(사야 할 사포의 감소).

캐피넛 스크래퍼로 평평하게 만들기 ■ 본드가 마르고 나면, No.80 캐비닛 스크래퍼로 뜯김 걱정 없이 빠르게 높은 부분을 깎아내세요. 캐비닛 스크래퍼의 넓은 몸체는 평을 잡는 역할을 합니다.

카드 스크래퍼도 가능하다 ■ 일반적인 카드 스크래퍼도 접합면을 정리하는 데 쓸 수 있습니다.

마무리는 샌딩으로 ■ 랜덤 오비탈 샌더에 #220 사포를 물리고 샌딩하면, 마감할 준비가 됩니다.

하이브리드 목공 105

스무딩 플레인은?

만일 하고자 한다면, 언제든 마지막 다듬기 과정에서 스무딩 플레인을 사용할 수 있습니다. 잘 튜닝된 스무딩 플레인의 손길이 닿은 나무의 표면은 어떤 것으로도 흉내내기 어려울 정도로 훌륭합니다. 하지만 이런 마술이 일어나려면 몇 가지 고려해야 할 것들이 있습니다. 먼저 나무 자체가 뜯기는 경향이 적은 유순한 녀석이어야 합니다. 우리가 지금 얘기하는 것은 마감 바로 직전의 표면 준비이기 때문에, 이 단계에서 뜯김에 대한 위험을 감내하기는 어렵습니다. 저는 그 나무가 대패를 잘 받아주는지 확인하기 위해 같은 종류의 자투리 나무에 먼저 대패질해보라고 권합니다. 두 번째 문제는 당신

상처를 적셔라 ■ 젖은 헝겊을 짜서 상처 난 부분에 물방울을 떨어뜨립니다.

다림질하기 ■ 젖은 천을 상처 부위에 대고, 뜨거운 다리미로 눌러줍니다. 그러면 뜨거운 수증기가 나무 안으로 침투합니다. 젖은 나무는 약간 부풀어 오르며 팽창합니다.

마르고 나면 평을 잡아라 ■ 수분이 모두 증발하고 나면, 부풀어 오른 부분을 스크래퍼로 다듬어주세요.

잘 가~ 상처야 ■ 모든 것이 순조롭다면, 부풀어 오른 나무의 섬유질이 눌린 만큼 채워줄 겁니다. 그리고 감쪽같이 상처가 치료될 겁니다.

아얏!

당신이 갓 마무리한 매끄러운 판재는 운이 없게 푹 파일 수도 있고, 까칠한 공구에 의해 스크래치가 날 수도 있으며, 다른 판재끼리 부딪혀 상처가 날 수도 있습니다. 다행스럽게도 많은 경우 움푹 패이거나 스크래치 난 것은 다림질로 복구할 수 있습니다. 젖은 천과 다리미를 이용하여 상처 난 부위를 빠르게 다려줍니다. 나무의 섬유질이 수분을 흡수하게 되면 스스로 부풀어 올라 빈 공간을 채우게 됩니다. 만일 살짝 눌려진 정도라면 가벼운 샌딩으로 마무리하면 마치 아무 일 없었던 것처럼 감쪽같이 복구할 수 있습니다. 만일 상처가 제법 깊고, 나무의 섬유질이 눌린 게 아니라 떨어져 나간 형태라면 해야 할 일이 더 많습니다. 다림질을 하고 난 후에는 카드 스크래퍼나 캐비닛 스크래퍼로 다듬어줍니다. 그리고 상처 난 곳이 국부적이더라도, 마르고 나면 좀 넓은 영역을 스크래퍼로 다듬어주어야 합니다. 이렇게 하면 살짝 부풀어 오른 부분의 평이 잡히고, 티 나지 않게 다듬을 수 있습니다.

의 판재가 완벽한 평면이 아닐 경우에 발생합니다. 테이블 상판과 같이 넓은 판재일 때는 필연적으로 약간씩 휘어지게 마련입니다. 제 아무리 절대 평면을 만들어놓았다 할지라도 나무는 영원히 그 상태를 유지하지 못합니다. 게다가 집성한 부분이 완벽한 평면이 아니라면 평탄화 작업을 해주어야 하는데, 이때의 표면은 완만한 요철이 있는 것으로 볼 수 있습니다. 이러한 불완전성은 인간의 눈으로는 식별하기 어렵지만, 스무딩 플레인은 이것을 느끼게 해줍니다. 왜냐하면 스무딩 플레인이 나무를 깎지 못하고 미끄러지기 때문입니다.

스무딩 플레인이 일을 제대로 하려면 완만하게 오목한 부분의 길이가 대팻집의 길이보다 길어서는 안 됩니다. 평을 잡는 과정에서 육안으로는 인지하기는 힘든 약간의 오목한 부분이 생겼다면, 스무딩 플레인으로 끊김 없이 대팻밥을 뽑아내기는 힘듭니다. 고려해야 할 세 번째 문제는 스무딩 플레인의 결과가 과연 마감을 바로 할 정도로 완벽한가라는 겁니다. 넓은 판재의 경우에는 어차피 한 번에 그 폭을 커버할 수 없기 때문에, 스무딩 플레인이나 카드 스크래퍼 그들이 지나간 흔적을 미세하게나마 남기게 됩니다. 그 결과로 많은 사람들이 매끄럽고 일관적인 외양과 느낌을 구현하기 위해 스무딩 플레인으로 다듬은 뒤에도 여전히 마지막 샌딩을 하고 있음을 볼 수 있습니다. 작은 판재나 에이프런(apron)[14]이나 다리 같은 좁은 폭의 가구 부속인 경우 마지막 다듬기 과정으로 스무딩 플레인을 사용합니다. 왜냐하면 이런 좁은 판재들은 대팻날의 폭보다 좁아서 한 번의 대패질로 충분하기 때문입니다. 반면 넓은 판재에 대해서 저는 스무딩 플레인을 과감히 생략하고, 바로 믿을 만한 랜덤 오비탈 샌더로 마무리 작업을 합니다.

매끈함을 위한 스무딩 플레인 ■ 스무딩 플레인 역시 빠르게 매끈한 표면을 만들 수 있습니다.

잘된 마무리 작업 ■ 만일 당신의 스무딩 플레인이 잘 튜닝되어 있고 나무가 도와준다면, 스무딩 플레인이 만드는 표면은 자꾸 만지고 싶을 정도로 매력적입니다.

다도(dado),[15] 래빗(rabbet), 그루브(groove)는 캐비닛 만들기와 다른 많은 목공 분야에서 핵심적인 결구 방법입니다. 물

잘못된 마무리 작업 ■ 만일 대팻날이 무디거나 나무가 도와주지 않는다면, 스무딩 플레인은 나무의 결을 뜯어놓기 십상입니다.

---

14) 넓은 상판을 받치는 프레임 구조. 견고하게 지지하고 상판의 휘어짐을 방지하기 위해 보강하는 용도임.
15) 미국인들은 '데이도'라고 읽지만, 우리나라에서는 거의 '다도'로 통용됨.

하이브리드 목수의 기술

래빗 —
다도 —
결의 방향 —
그루브 —

그루브 돋움? ■ 이 세 개의 홈은 위치와 결 방향과의 배치에 따라 각각 구분됩니다. 왼쪽과 같이 한쪽이 터진 홈을 래빗이라 하고, 결 방향과 직각으로 파여진 홈을 다도, 결 방향과 평행으로 파여진 홈을 그루브라고 합니다.

■ 다도, 래빗, 그루브

론 귀찮은 사람들은 이 세 개를 뭉뚱그려 그냥 홈이라고 부릅니다만, 적어도 목수라면 홈의 위치와 방향에 따라 세 가지로 구분하여 불러야 합니다.

다도는 판재의 결에 대해 직각 방향으로 판 홈입니다. 다도가 쓰이는 가장 대표적인 예가 선반을 끼우기 위해 캐비닛 측면에 홈을 파는 경우입니다. 이 홈은 나뭇결에 직각 방향이 되며, 보통 캐비닛 측면의 앞면에서부터 뒷면까지 파게 됩니다.

그루브는 다도와 비슷하지만 결 직각 방향이 아니라, 나뭇결과 평행을 이루는 방향으로 파여진 홈입니다. 우리가 흔히 볼 수 있는 그루브는 서랍의 측면 아랫부분에 서랍 바닥을 끼우기 위해 파는 긴 홈입니다. 그리고 문짝 프레임에 알판(panel)을 끼우기 위해서 파는 긴 홈도 그루브에 해당합니다.

래빗은 판재의 옆면에 바짝 붙여 판 홈으로 한쪽 벽이 열려 있습니다. 우리는 주로 캐비닛 뒤쪽의 둘레를 따라 래빗을 만듭니다. 그래서 이 파여진 곳에 뒤판을 끼워 고정하지요. 이러한 결구 방법은 대부분의 프로젝트에서 빠지지 않고 쓰일 만큼 보편적입니다.

다도, 래빗, 그루브를 수공구로 파는 것은 많은 수고가 필요합니다. 윤곽선을 그리고, 톱질하고, 끌로 타격하고, 대패질까지 해야 하는 이 과정은 작은 프로젝트라서 몇 개 되지 않는다면 재미있을 수도 있겠지만, 조그만 보석함보다 큰 프로젝트에 대해서는 기계를 쓰는 것이 좋습니다. 홈을 파기 위해 쓰이는 라우터나 테이블쏘는 작업을 빠르게 해내고 능률도 좋지만, 그 결과가 항상 완벽하지는 않습니다. 다행스럽게도 하이브리드 목수는 다도, 래빗, 그루브들을 완벽하게 만들기 위한 수공구들을 가지고 있습니다.

저는 가능하다면 다도, 래빗, 그루브를 가공하기 위해 테이블쏘를 사용합니다. 왜냐하면 세팅이 빠르고, 결과도 예측 가능하기 때문입니다. 하지만 어떤 작업물은 테이블쏘에서 작업하기에 괴팍하거나 위험할 수도 있습니다. 이럴 때 제가 대신 택하는 무기는 라우터입니다. 테이블쏘의 세팅은 홈의 폭과 방향에 따라 달라집니다. 좁은 그루브를 파야 하는 경우라면 켜기용 톱날이나 직사각형 단면의 톱날을 사용합니다. 이 두 톱날은 홈의 바닥이 비교적 평평하게 만들기 때문에 편리합니다. 폭이 3mm가 넘는 경우는 주로 날을 겹쳐

108

쓰는 다도 스택(dado stack)을 사용합니다. 만일 홈을 판재의 긴 방향으로 파야 한다면 일반적인 테이블쏘 펜스에 기대어 작업하면 됩니다. 하지만 래빗의 경우는 톱날이 판재의 끝에 바짝 붙어야 하므로, 덧댄 펜스(sacrificial fence)를 기존 펜스에 덧붙이고 톱날이 살짝 이 펜스를 파고 들어가도록 해야 합니다.

만일 판재의 짧은 방향(주로 결 직각 방향)을 따라 홈을 파야 한다면 특별히 주의할 필요가 있습니다. 저는 이 경우 마이터 게이지(miter gauge)나 자르기용 썰매(crosscut sled)를 사용합니다. 만일 테이블쏘로 작업하다가 불길한 느낌이 들거나 위험 요소가 조금이라도 발견되면, 저는 당장 테이블쏘를 떠나 라우터에 일자 비트(straight bit)를 장착하고 홈을 팝니다.

문제점

테이블쏘를 쓰면 빠르고 효율적으로 홈을 팔 수 있지만, 무시 못 할 부작용이 목수들을 성가시게 합니다. 그건 바로 홈의 깊이가 일정치 않다는 겁니다. 테이블쏘로 홈을 파낼 때는 두 개의 물리적 요인이 우리를 방해합니다. 첫째 문제는 작업물 그 자체입니다. 합판이나 큰 판재의 경우, 프로젝트에 쓰이는 데는 문제 되지 않을 정도이지만 완벽한 평면이 아닌 경우가 많습니다. 판재가 활처럼 휘어져 있는 상태에서 테이블쏘로 홈을 팔 경우, 상당한 힘을 주어 아래로 눌러주지 않는 한 홈의 깊이는 일정하게 파여지기 어렵습니다. 둘째 문제는 다도 스택입니다. 다도 날은 한 번에 많은 양의 나무를 깎아내기 때문에 상당한 저항을 받게 됩니다. 그래서 작업물이 살짝 들리게 되는 경향이 있습니다. 당신이 완벽한 평면의 합판에 작업한다 할지라도, 어느 시점에 가서는 작업물이 살짝 들리게 될 겁니다. 이로 인해 홈 바닥의 깊이가 달라집니다. 비효율적일 수 있지만, 저는 이 문제를 해결하기 위해 종종 같은 세팅을 한 상태에서 작업물이 두 번 다도 날을 지나도록 합니다. 하지만 이 방법은 다른 문제를 일으킬 수 있습니다. 두 번 홈 파기를 하는 경우 홈의 폭이 계획보다 넓어질 수 있다는 겁니다. 그 결과 선반이 홈에 느슨하게 끼워집니다.

홈의 깊이가 일정치 않으면 어떤 문제가 생길까요? 당신이 책장을 만든다고 가정해봅시다. 책장의 상단은 래빗으로 연결하고, 책장의 하단부와 중간 고정 선반은 다도 홈에 끼워 넣으며, 뒤판은 프레임을 따라 파여진 래빗에 연결하는 방식입니다. 당신은 일정하지 않은 홈의 깊이 문제를 알지 못한 상태에서 결구를 가공하고 책장을 조립했습니다. 본드가 마르고 난 다음, 당신은 옆면에서 예측하지 못한 문제를 발견하게 됩니다. 똑바른 직선이어야 할 옆면이 약간 배부른 형태로 결합되는 문제 말입니다. 왜 이런 일이 생길까요? 그건 바로 홈의 깊이가 일정하지 않기 때문입니다. 앞서 언급한 대로 고정 선반을 끼울 다도를 파거나 뒷면의 래빗을 가공할 때는 작업물이 살짝 들리게 마련입니다. 그래서 가공한 홈의 깊이를 면밀하게 확인하는 것이 중요하며, 필요하다면 수정해야 합니다. 이런 점 때문에 드라이핏(dry fit)[16] 과정의 중요성이 강조됩니다. 왜냐하면 결구 부위에 본드를 바르기 전에 문제를 발견하는 것이 훨씬 낫기 때문입니다.

하이브리드 해법

하이브리드 목수는 홈의 고르지 않은 깊이 문제를 해결할 믿음직한 해법을 가지고 있습니다. 홈에 들어갈 수 있는 가

---

16) 본드를 바르지 않은 상태에서 결구를 미리 조립해보아 문제점을 찾는 과정.

테이블쏘에서 래빗 가공하기 ■ 다도 날이 덧댄 펜스를 살짝 파고들게 세팅하면, 테이블쏘에서 빠르고 쉽게 래빗을 가공할 수 있습니다.

가이드를 이용한 라우터 홈 파기 ■ 라우터와 가이드는 강력한 조합입니다. 조심스럽게 세팅한다면 테이블쏘에서 다룰 수 없었던 작업물에 대해서도 다도와 그루브 작업을 할 수 있습니다.

장 넓은 폭의 날을 끼운 라우터 플레인이 바로 그것입니다. 작업물을 평평한 상태로 작업대에 고정시킨 다음, 라우터 플레인의 날을 원하는 깊이로 세팅하고 홈 바닥을 고르게 파내면 됩니다. 라우터 플레인의 날보다 높은 부분은 깎여나갈 것입니다. 만일 홈이 완벽하다면, 라우터 플레인은 처음부터 끝까지 어떤 걸림도 없이 미끄러질 겁니다.

다도나 그루브는 라우터 플레인으로 작업하기 매우 쉽습니다. 왜냐하면 홈 양쪽의 벽 때문에 대팻날이 바깥으로 벗어나는 일이 없기 때문입니다. 그래서 이것은 목공에서 몇 안 되는 아무 생각 없이 해도 좋은 결과를 얻을 수 있는 작업 중 하나입니다. 반면 래빗의 경우는 한쪽 벽이 없기 때문에 라우터 플레인을 수평으로 유지하는 것조차 어렵습니다. 그래서 라우터 플레인 본체가 지지되는 쪽에 더 많은 힘을 주어야 하거나, 확장 보조 베이스(p.130 참조)를 사용해야 합니다. 만일 정리해야 할 래빗이 하나 이상이라면 래빗 두 개의 옆면을 서로 맞대어서 한꺼번에 작업할 수 있습니다. 이렇게 하면 라우터 플레인이 양쪽 판재에 의해 잘 받쳐집니다.

만일 상당히 많은 양을 깎아내야 한다면, 라우터 플레인 날을 처음부터 조금씩 내려가면서 진행하는 것이 좋습니다. 한 번에 너무 많이 깎아내려고 하면 라우터 플레인을 앞으로 밀기 힘들 것이고, 나뭇결이 뜯겨 나갈 수도 있습니다. 합판의 경우에는 안쪽의 단판(ply)이 조악하고, 결 방향도 단판마다 다르게 배치되어 있습니다. 그래서 합판에 대패로 가공한 홈은 보기에 그다지 좋지 않습니다. 하지만 깊이만 정확하게 파였다면 무슨 상관이겠습니까? 조립하고 나면 아무도 홈 바닥을 볼 수 없는데요.

좁은 홈을 파기 위해서, Veritas 라우터 플레인은 3mm(1/8") 넓이의 대팻날까지 제공합니다. 저는 가지고 있지 않지만, 시중에는 이보다 더 좁은 날을 끼울 수 있는 작은 라우터 플레인도 있습니다. Veritas는 또한 최소 3mm 대팻날을 끼울 수 있는 작은 플로우 플레인(plow plane)[17]도 판매하고 있습니다. 이 특수한 대패는 펜스와 깊이 조절 장치(depth stop)가 있어서 좁은 홈을 매우 쉽게 정리할 수 있습니다.[18]

라우터 플레인을 대체할 수 있는 걸로는 무엇이 있을까요? 라우터 플레인은 다도, 래빗, 그루브를 정리하는 데 강점이 있지만, 어떤 이들은 숄더 플레인이나 래빗 블록 플레인을 이 용도로 사용하곤 합니다. 만일 이들 대패가 홈 사이에

---

17) 동양 대패 중에서 홈대패가 이것과 비슷함.
18) Wood Whisperer Ep.156 - Cleaning Up Dados with Router Plane 참고.

홈 바닥 정리하기 ■ 라우터 플레인으로 다도와 그루브의 깊이를 일정하게 맞출 수 있습니다.

들어갈 수만 있다면 못 쓸 이유는 없습니다. 숄더 플레인과 래빗 블록 플레인은 깊이를 조절하는 편리한 방법이 없기 때문에, 작업하는 와중에 수시로 깊이를 측정해서 진도를 확인해야 합니다. 대팻날 깊이를 설정할 수 있는 라우터 플레인은 훨씬 뛰어난 사용자 경험(user experience)을 제공합니다. 그냥 원하는 깊이로 날을 세팅한 다음, 밀기만 하면 되니까요.

멈춘 다도와 그루브

때로는 홈이 판재의 끝에서 다른 쪽 끝까지 주욱 이어지지 않고, 중간에 멈추는 경우가 있습니다. 이렇게 하는 이유는 책장의 경우 앞에서 보았을 때 결구 모양을 숨길 수 있기 때문입니다. 또는 서랍의 경우 옆판 아래쪽에 아래 판을 끼울 홈을 파는데, 앞쪽의 아름다운 주먹장 모양을 침범하지 않도록 하는 효과도 있습니다. 관통하는 다도나 그루브와 마찬가지로, 멈춘 다도(stopped dado)와 그루브도 수공구로 하기에는 지루한 작업이고, 기계로 하면 일정한 깊이로 파여지지 않는 문제가 있습니다. 이 대목에서 다시 한 번 '막일은 기계로, 섬세한 일은 수공구로' 법칙을 적용할 때가 되었습니다. 하지만 멈춘 다도와 그루브에는 새로운 문제가 하나 더 있습니다. 그것은 과연 정확한 위치까지 홈을 팔 수 있느냐는 겁니다. 홈이 멈춰진 경계는 정확한 위치에 있어야 하고, 직각이어야 합니다. 하지만 어떤 전동 기계도 이것을 만족시킬 수 없습니다. 이것을 정확하게 작업하기 위해서는 날카롭게 연마된 끌이 필요합니다. 끌은 마음먹은 대로 제어할 수 있기 때문에 홈의 끝선을 정확하게 맞출 수 있습니다.

테이블쏘로 멈춘 다도나 그루브를 팔 때, 정확한 위치까지만 홈을 파는 것은 까다로운 일입니다. 왜냐하면 작업하는 판재가 톱날을 덮어 볼 수 없기 때문입니다. 이를 극복하기 위해서 실제로 톱날이 절삭을 시작하는 위치를 펜스나 인서트에 표시해두어야 합니다. 그리고 홈을 팔 판재에는 홈의 끝 위치를 표시해야 합니다. 그리고 나서 두 표시가 일치할 때까지 판재를 밀면 됩니다. 이어서 작업물을 잘 잡은 상태에서 조심스럽게 테이블쏘 스위치를 끕니다. 이때 톱날의 회전이 멈출 때까지 절대 작업물에서 손을 떼면 안 됩니다. 어떤 사람들은 톱날이 회전하는 상태에서 작업물을 그대로 다시 당겨 빼내기도 하는데, 저는 이 방법이 위험하다고 생각합니다. 저는 회전하는 톱날 위에서 작업물을 잡고 있는 걸 좋아하지 않습니다. 하물며 톱날이 회전하는 상태에서 작업물을 자신의 몸 쪽으로 당겨 빼는 모험은 시도조차 하지 않습니다. 잘못하다간 나무 로켓을 맞을 수도 있기 때문입니다. 성공적으로 작업했다 할지라도 파여진 홈의 끝 부분에 곡면 형태의 긴 경사로가 생기는 건 피할 수가 없습니다.

스마트하게 일하기 ■ 두 개의 래빗을 서로 맞대어 라우터 플레인으로 작업하면 자칫 어려울 수 있는 래빗의 바닥 정리가 훨씬 수월해집니다.

합판도 가능 ■ 라우터 플레인은 원목에만 쓸 수 있는 게 아닙니다. 저는 합판에서도 라우터 플레인을 즐겨 사용합니다.

하이브리드 목수의 기술

유용한 선 ■ 톱날이 나무를 깎기 시작하는 부분을 덧댄 펜스에 표시하면, 정확하게 멈출 지점을 알 수 있습니다.

두 선을 맞추기 ■ 홈이 끝나야 할 지점을 작업물에 선으로 표시하고, 펜스의 선과 만날 때까지 홈을 파면 정확하게 작업할 수 있습니다.

경사로 ■ 테이블쏘의 둥근 톱날은 홈의 끝부분에 경사로를 남깁니다. 이 부분은 깎아내야 합니다.

다도를 정리하기 ■ 끌을 이용하여 경사로 부분을 제거하면 멈춘 다도를 완성할 수 있습니다.

기계로 처리하지 못한 남은 부분은 어쨌든 끌로 파내어 바닥을 일정한 깊이로 평평하게 만들어야 하고, 끝을 네모로 만들어야 합니다. 이렇게 안전에 관한 우려와 부가적인 끌 작업이 필요하기 때문에, 저는 적어도 멈춘 다도나 그루브를 위해서는 테이블쏘보다는 라우터를 더 선호합니다.

라우터로 멈춘 홈을 가공하는 가장 큰 장점은 끝나야 하는 선 바로 앞까지 일정한 깊이로 홈을 팔 수 있다는 겁니다. 연필로 그어놓은 선까지 라우터로 홈을 팠으면, 홈의 깊이를 일정하게 만들기 위해 라우터 플레인을 사용할 수 있습니다. 다행스럽게도 테이블쏘와 달리 라우터로 판 홈은 중력과 라우터 자체의 무게 덕분에 비교적 깊이가 일정합니다. 그렇다면 이제 남은 일은 끌로 홈의 끝 부분을 직각으로 만들어주는 것뿐입니다.

라우터로 멈춘 다도 파기 ■ 라우터로도 멈춘 다도를 가공할 수 있습니다. 홈의 끝부분을 네모로 만들기 위해서는 끌 작업이 약간 필요합니다.

일정한 깊이 ■ 라우터 플레인을 이용하여 다도의 바닥을 일정한 깊이로 다듬을 수 있습니다. 테이블쏘로 가공한 것과 달리 라우터로 판 홈의 깊이는 거의 완벽에 가깝습니다.

홈 끝을 네모로 파기

먼저 멈춘 홈의 끝 윤곽선을 찍어줍니다. 연마된 끌 뒷면 반은 홈의 벽에 기대고, 반은 파낼 곳에 두고 가볍게 타격하여 섬유질을 끊어냅니다. 홈의 벽에 기대어 작업하기 때문에 끌로 따낸 부분과 홈의 벽은 일직선이 될 겁니다. 이런 식으로 반대쪽도 섬유질을 끊어냅니다. 다음으로 홈의 끝 선에 끌을 맞추어 망치로 가볍게 때려줍니다.

처음 윤곽선을 찍을 때는 망치로 너무 세게 때리지 않도록 유의합니다. 왜냐하면 끌의 경사면 앞에 나무가 있기 때문에, 쐐기 작용에 의해 섬유질이 압축되어 의도한 곳에서 끌이 밀려날 수 있기 때문입니다. 윤곽선의 형태를 잡았으면 끌을 수평으로 잡고 조심스럽게 위쪽부터 벗겨냅니다. 윤곽선이 사라지면 다시 윤곽

홈 벽을 연장 ■ 멈춘 다도의 벽을 연장할 때는 이미 파여진 홈의 벽을 가이드로 삼으면 됩니다.

홈 끝을 찍기 ■ 가벼운 타격으로 선에 맞추어 다도의 끝을 찍어줍니다.

선을 찍은 뒤 수평으로 벗겨내는 과정을 반복합니다. 일반적인 홈이라면 서너 번 정도 반복하면 목적을 이루게 될 겁니다. 홈의 끝이 직사각형이 되고 벽이 일직선으로 잘 다듬어졌다면 이제 홈의 바닥을 매끈하고 일정하게 할 차례입니다. 이를 위해 라우터 플레인을 사용해도 되고, 베벨 다운[19]으로 끌을 잡은 뒤 바닥을 긁어도 됩니다.

---

19) 끌을 베벨 다운 상태로 눕혀 밀면 나무를 파고드는 경향이 줄어들어 바닥 정리하기 좋음. 베벨 업으로 할 경우 나무를 파고들 수 있음.

벗겨내기 ■ 조심스럽게 윗부분을 벗겨냅니다. 그리고 다시 윤곽선을 찍은 다음 벗겨냅니다.

최종 깊이로 ■ 이 얼추 정리되면, 끌을 홈 벽에 기댄 채 타격하여 목표하는 깊이까지 찍어냅니다.

바닥 정리하기 ■ 다도 바닥은 약간의 손길이 필요합니다.

베벨 다운으로 말끔하게 ■ 끌을 베벨 다운으로 잡고, 홈 바닥의 튀어나온 부분을 벗겨냅니다. 그리곤 조심스럽게 다도 끝 부분을 다듬습니다.

장부 결합

장부 결합(mortise and tenon joint)은 목공의 기본 결구 중 하나이고, 정성들여 만든 가구의 증표로 여겨지곤 합니다. 오랜 시간 동안 목수들은 장부와 장부 구멍 가공법을 셀 수 없이 많이 개발했으며, 그들 대부분은 완벽하게 그 목적에 부합합니다. 목공에 있어서 어떤 일을 하는 방법은 여러 가지가 있다는 걸 항상 명심하세요. 저는 많은 연구와 실험을 통해 제게 필요한 정확도, 제가 원하는 작업 속도, 그리고 제가 갈망하는 즐거움을 제공할 수 있는 시스템을 확립했습니다.

완벽하게 들어맞는 장부 결합을 갈구하는 사람은 다루어야 하는 면이 몇 개나 되는지 파악하고 있어야 합니다. 그 면들 중 하나라도 크거나 작으면 결구는 잘 들어맞지 않을 것이고, 구조적인 완결성도 기대하기 어렵습니다. 그러므로 결구를 빠르고 정확하게 미세 가공하고, 너무 많이 깎아내는 일이 없도록 하는 시스템을 확립해야 합니다. 기계는 미세하게 제어하기 어려운 경우가 많기 때문에, 마지막 요구사항은 매우 중요합니다. 저는 농담조로 제 테이블쏘 톱날의 높이를 ±3mm 오차 범위에서 0.01mm 단위로 세팅할 수 있다고 얘기하곤 합니다. 다른 말로 하면 테이블쏘의 아주 미세한 세팅 조절이 장부가 너무 꽉 끼는 정도에서 너무 헐렁한 정도로 요동치는 결과를 초래할 수 있다는 겁니다.

몇몇 수공구 덕분에 하이브리드 방법은 장부를 아주 정확하게, 그리고 제어 가능하게 미세 가공할 수 있는 수단을 제공합니다. 장부 구멍은 라우터로 가공하며, 장부를 만들 때는 파여진 장부 구멍을 기준으로 합니다. 장부는 테이블쏘에서 약간의 여유를 두고 가공되며, 이후 작업대에서 대패나 끌을 이용하여 미세 가공합니다. 수공구는 0.1mm 단위로 얇게 벗겨낼 수 있기 때문에, 마지막 피팅을 위한 제어 가능한 수단을 얻게 되는 겁니다. 무엇보다도 무심코 몇 번 더 밀었다 할지라도 여전히 수용할 만한 범위라는 것이 장점입니다.

장부 구멍

장부 구멍(암장부)은 장부가 끼워질 곳을 파낸 것입니다. 장부 결합에서 이 장부 구멍은 연결할 부재의 장부가 꽉 끼도록 파여져야 합니다. 대부분의 경우 저는 장부 구멍을 먼저 가공합니다. 왜 장부를 먼저 가공하지 않느냐고요? 글쎄요. 목공이라는 전장에서는 당신에게 유리한 싸움을 해야 합니다. 장부 결합을 할 때는 으레 완벽한 피팅을 위해 미세 가공(finessing)을 해야 합니다. 부재 끝에 노출된 장부를 깎아내는 것이 수월할지, 구멍 안쪽을 넓히는 것이 더 수월할지 한 번 생각해보세요. 장부 구멍을 미세 가공하는 것은 지루한 작업입니다. 게다가 장부 구멍의 크기는 가공하는 도구에 의해 그 크기가 정해지기 마련입니다. 끌과 망치로 장부 구멍을 판다 할지라도 끌의 너비에 의해 장부 구멍의 너비가 정해질

장부 결합 ■ 장부 결합은 목공의 여러 결구법 중에서 기본에 해당되며, 여전히 가장 많이 쓰이는 결구법입니다. 사진의 장부는 끝이 둥근 장부 구멍에 맞추어 모서리가 둥글게 가공되었습니다.

각끌기 ■ 각끌기는 장부 구멍 가공에 특화된 놀라운 기계입니다. 하지만 라우터 사용법을 안다면, 필수적인 장비는 아닙니다.

스파이럴 비트가 최고 ■ 라우터로 장부 구멍을 팔 때 좋은 품질의 스파이럴 비트를 쓰면 깨끗하고 효율적인 작업이 가능합니다.

만, 그리 자주 사용하지는 않습니다. 대신 저는 장부 구멍을 가공해야 할 때 라우터에 손이 가는 편입니다. 라우터는 관리하기 편하고, 준비과정도 간단하고, 보다 더 깨끗한 장부 구멍을 팔 수 있습니다. 그리고 손에 들고 쓰는 공구라 어떤 크기의 부재에도 작업할 수 있습니다. 제가 생각하기에 각끌기의 유일한 장점은 끝이 네모난 장부 구멍을 팔 수 있다는 것뿐입니다. 게다가 그건 그다지 큰 장점도 아닙니다. 대부분의 목수들은 이미 라우터를 가지고 있고, 각끌기가 반드시 갖추어야 할 기계도 아니기 때문에, 저는 라우터에 촛점을 맞추어 설명하도록 하겠습니다.

장부 구멍을 파는 두 가지 방법

라우터로 장부 구멍을 파는 데는 두 가지 방법이 있습니다. 라우터를 손에 들고 파거나, 라우터 테이블에서 가공하는 겁니다. 두 방법 모두 믿을 만한 라우터와 잘 연마된 라우터 비트가 필요합니다. 라우터 비트는 품질에 따른 결과의 차이가 크기 때문에, 돈을 들인 만큼 작업 결과의 만족도도 높아집니다. 장부 구멍을 위해서 저는 프리미엄급의 스파이럴 업컷 비트(spiral upcut bit)[20]를 사용합니다. 나선 모양의 날과 홈은 깨끗하고 효율적인 절삭을 가능케 하고, 업컷 모양은 절삭된 나뭇조각을 잘 배출하게 합니다. 이 덕에 마찰열이 덜 발생하고 비트도 오래 쓸 수 있습니다. 게다가 비트의 끝에 달린 칼날(spur) 구조 덕에 비트가 나무에 잘 파고들고, 깨끗하고 평평한 바닥을 만들 수 있습니다. 비록 프리미엄 라우터 비트가 비싸긴 하지만, 장기적으로 보면 당신의 비용을 아껴줄 겁니다. 프리미엄 비트는 교체 주기가 길고, 항상 깨끗한 작업 결과를 보장하기 때문입니다.

겁니다.

장부 구멍을 기계로 가공하는 방법은 여러 가지 있지만, 가장 일반적인 것은 라우터와 각끌기를 사용하는 겁니다. 각끌기는 드릴 프레스와 비슷하게 동작하지만, 드릴 비트 주변에 네모난 끌이 달려 있다는 차이가 있습니다. 그리고 그 결과는 꽤나 근사합니다. 네모난 구멍을 뚫는 기계니까요. 각끌기는 작은 벤치톱(benchtop) 모델도 있고, 바닥에 세우는 크고 비싼 모델도 있습니다. 저도 각끌기를 하나 가지고 있지

---

[20] 반대로 다운컷 비트는 나무를 아래 방향으로 깎아, 나무 파편이 아래로 빠지는 모양임. 업컷 비트는 깊은 구멍을 효과적으로 팔 수 있고, 다운컷 비트는 뜯어짐 없이 깔끔하게 팔 수 있으나 깊이 파기는 어려움. 그래서 다운컷 비트는 다도나 그루브 등 얕은 홈을 깨끗하게 파기 위해 제한적으로 쓰임.

엣지 가이드 사용

테이블 다리와 같은 큰 부재를 작업할 때는 라우터를 손에 들고 작업하는 게 편합니다. 라우터는 머리 부분이 무겁기 때문에 라우터 베이스가 절삭 작업 중 바닥에 잘 밀착되어야 합니다. 이를 위해 자투리나 작업물 여러 개를 맞대어놓고 작업할 수 있습니다. 또한 엣지 가이드(edge guide)를 사용하면 라우터가 이리저리 움직이는 것을 방지할 수 있습니다. 라우터 제조사가 제공하는 엣지 가이드는 쓸 만하고 괜찮은 결과를 만들 수 있습니다. 만일 당신의 라우터에 맞는 엣지 가이드가 없다면 시중에서 파는 미세 조정이 가능한 엣지 가이드를 고려할 수 있습니다. 또는 나무와 전산볼트를 이용하여 직접 만들 수도 있습니다. 엣지 가이드를 사용하면 옆면에서 일정한 간격을 유지한 채 길이 방향으로 장부 구멍을 가공할 수 있습니다. 비트에 이상이 없고, 일정한 압력으로 누른 채 민다면 일정한 깊이의 장부 구멍을 일직선으로 팔 수 있습니다.

고정 베이스 라우터로도 암장부를 가공할 수 있지만, 간편하게 깊이를 조절할 수 있는 플런지 라우터(plunge router)가 더 낫습니다. 깊은 구멍을 팔 때는 조금씩 나누어 작업하는 것이 좋습니다. 플런지 라우터는 일정 간격의 스톱(indexed stop)이 있어서, 라우팅의 각 단계마다 간편하게 한 칸씩 내려서 작업할 수 있으며 미리 설정한 최종 깊이에 도달하면 작업이 끝납니다. 그러므로 가능하다면 괜찮은 품질의 2¼ 마력의 플런지 라우터를 사는 것이 좋습니다. 결코 후회하지 않을 겁니다.

장부 구멍의 윤곽을 그릴 때는 날카로운 연필로 조심스럽게 금을 긋습니다. 만일 똑같은 크기의 장부 구멍을 여러 개 만들어야 한다면, 하나의 부재에 완벽하게 윤곽을 그린 다음, 부재를 맞대어 놓고 시작과 끝 선을 연장하여 그립니다. 엣지 가이드를 설정하여 고정했다면, 단지 라우팅의 시작선과 끝선만 알면 됩니다. 이렇게 함으로서 준비 과정과 금 긋기를 빠르고 쉽게 할 수 있습니다.

때론 라우터가 스스로 두뇌를 가진 듯 마음대로 움직여서, 목수들을 고생시키기도 합니다. 이 문제는 라우터의 물리적 법칙을 거스르는 잘못된 결정을 하기 때문에 발생합니다. 실패를 하지 않으려면 먼저 라우터 비트를 장부 구멍의 시작선에 맞춘 다음 목표한 깊이까지 구멍을 파고, 이어 끝선에 맞추어 같은 깊이로 파는 것이 좋습니다. 라우터가 나무와 불화를 일으켜 제멋대로 군다고 해도, 미리 양쪽 선에 맞추어 파놓은 구멍 사이에서 일어나게 하면 됩니다. 그리고 나무 파편으로 엉망이 되기 전, 금이 잘 보일 때 미리 시작과 끝을 파는 것이 보다 정확하고 실수를 줄이는 길입니다. 암장부의 양쪽 끝에 목표 깊이의 구멍을 팠다면, 이제 비트를 다시 얕게 물린 뒤 단계별로 조금씩 내밀면서 양 끝 구멍 사이를 왼쪽에서 오른쪽으로 진행하면서 깎아내면 됩니다. 좋

손에 들고 라우팅할 때 필요한 엣지 가이드 ■ 엣지 가이드는 암장부를 라우터로 팔 때 부재 옆면에 기대어 일정 간격을 유지하도록 해줍니다.

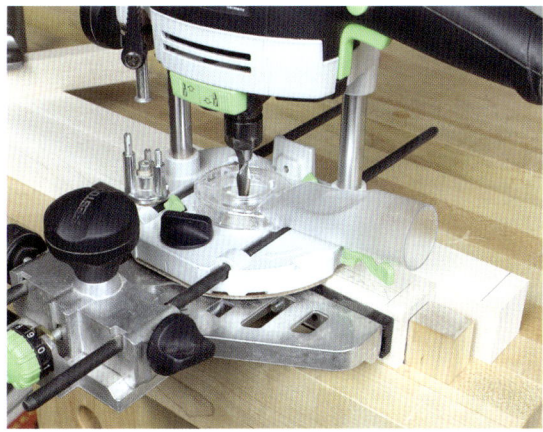

잘 받쳐주는 것이 중요 ■ 좁은 부재 위에서 라우팅할 때는 같은 높이의 부재를 맞대어서 충분한 너비를 확보하세요. 그러면 라우터를 안정적으로 받쳐줄 수 있습니다.

깊이 조절 ■ 플런지 라우터는 장부 구멍을 팔 때 깊이를 조절할 수 있는 스톱을 제공합니다.

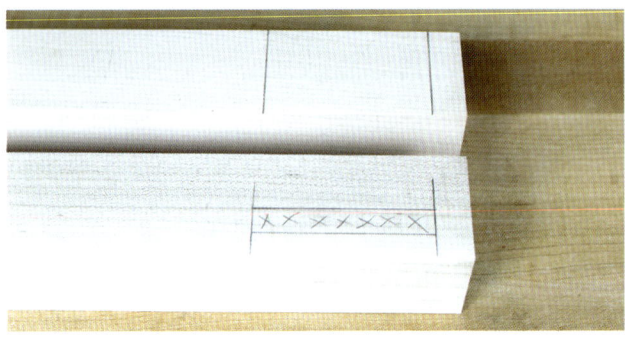

정밀한 금 긋기가 중요 ■ 한 번 신경 써서 장부 구멍을 라우팅하는 데 필요한 금을 잘 그어놓으세요. 그러면 이 윤곽선을 연장하여 다른 부재도 쉽게 작업할 수 있습니다.

시작과 끝 선 ■ 라우팅하면서 시작과 끝 선을 맞추는 것이 다소 까다롭기 때문에, 시작과 끝 선에 맞추어 목표한 암장부 깊이만큼 구멍을 내주는 것이 요령입니다.

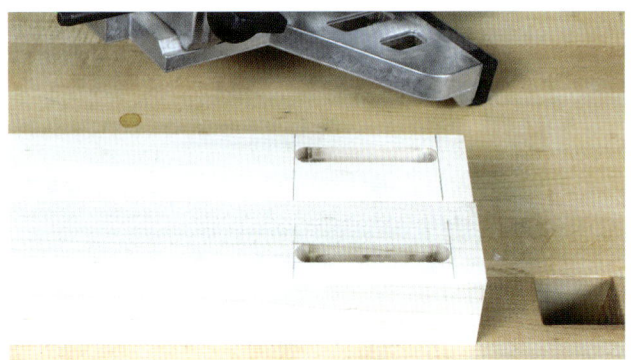

중간 부분 라우팅하기 ■ 시작과 끝 구멍을 팠으면, 그 사이에 있는 나무를 깎아내는 건 매우 쉽습니다.

끝을 네모로? ■ 끌을 이용하여 장부 구멍의 둥근 끝을 네모로 만들 수 있습니다. 또는 장부를 아예 둥글게 만들 수도 있습니다.

은 비트를 사용하면 장부 구멍의 벽과 바닥은 흠결 없이 매끈하게 될 겁니다.[21]

만일 암장부의 시작과 끝 선에 라우터 비트를 정확하게 맞추는 게 어렵게 느껴진다면, 스톱 블록을 활용해보세요. 라우터의 모터를 끈 상태에서 비트의 끝이 나무 표면에 닿을락 말락한 정도로 내린 다음, 장부 구멍의 끝 선에 최대한 맞추어보세요. 그리고 그 상태에서 스톱 블록을 라우터 베이스에 닿도록 놓은 다음 클램프로 작업물에 고정하세요. 어떤 경우는 라우터 베이스보다 엣지 가이드에 닿도록 하는 게 더 편할 수도 있습니다. 장부 구멍의 끝선에 맞추어 똑같은 방식으로 다른 스톱 블록을 고정하세요. 이렇게 스톱 블록을 이용하면 눈을 부릅뜨고 노려보지 않아도, 암장부가 길거나 짧게 될 걱정 없이 일정한 길이로 팔 수 있습니다. 만일 똑같은 규격의 장부 구멍을 많이 파야 하고 스톱 블록 방식을 좋아한다면, 스톱 블록이 내장된 지그(jig)를 직접 만들 수도 있습니다. 이렇게 하는 것이 암장부를 정확하고 일률적으로 가공하는 가장 좋은 방법입니다.[22]

라우터로 장부 구멍을 가공할 때 생기는 부작용은 구멍 끝이 사각이 아니고 원형이라는 점입니다. 일반적인 장부의 모양이 사각형이기 때문에, 아마 당신은 장부 구멍의 양 끝을 끌로 파서 네모 모양으로 만들려 할 겁니다. 물론 이렇게 해도 작업을 완수할 수 있고, 훌륭한 방법이기도 합니다. 하지만 어차피 끌로 마무리를 해야 한다면, 저는 차라리 처음부터 끌만으로 장부 구멍을 팠을 겁니다. 저는 장부 구멍을 손대기 보다는, 장부의 옆을 줄(rasp)로 둥글게 깎는 걸 선호하고, 이게 가장 좋은 하이브리드 스타일이라 생각합니다 (p.61).

작은 프레임을 위한 라우터 테이블

문짝 프레임 같이 작은 부재에 대해서는 주로 라우터 테이블에서 암장부 작업을 합니다. 더 안전하고, 더 제어가 용이하고, 더 정확하기 때문입니다. 만일 장부 구멍이 좁은 부재의 거의 끝부분에 있다면, 라우터를 손에 쥐고 균형 잡기가 매우 어렵습니다. 정성들여 만든 지그로 대충 꿰어 맞추기보다는, 도구를 들고 나무에서 작업하기 어렵다면 나무를 들고 도구에서 작업하라는 지침을 실행하는 것이 좋습니다.

라우터 테이블에서는 돌아가는 비트 위로 부재를 조심스럽게 눌러 일단 구멍을 낼 수 있습니다. 그리고 그 상태로 펜

---

21) Wood Whisperer Ep.10 - How to Make a Mortise and Tenon과 Wood Whisperer, How to Make a Double Mortise and Tenon 참고.

22) Wood Whisperer Ep.230 - Quick Mortising Jig & Through Tenons 참고.

라우터 테이블에서 장부 구멍 파기

하나만 완벽하게 그릴 것 ■ 하나의 부재에만 완벽한 금을 긋습니다. 나머지 부재들은 시작과 끝 선만 연장하여 받으면 됩니다.

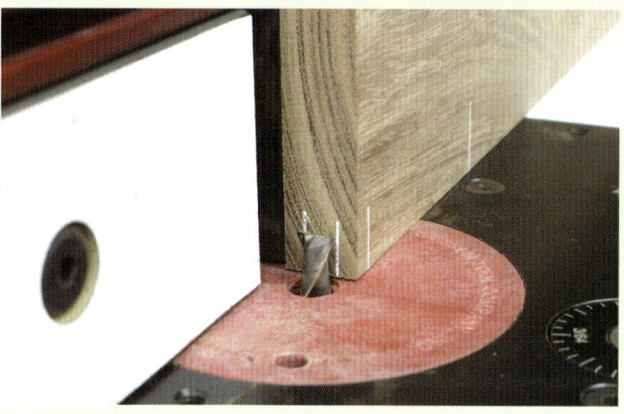

육안으로 선에 맞추기 ■ 마구리면에 연장된 선에 맞추어 라우터 비트를 정렬하세요. 비트가 두 윤곽선 사이에 들어가면 됩니다.

테스트하고 측정하기 ■ 테스트로 살짝 밀어본 부재의 홈에서 양 옆면까지의 거리가 같으면 비트가 중앙에 정렬된 것입니다.

비트의 시작과 끝선 그리기 ■ 네모반듯한 나뭇조각을 비트의 옆에 붙여 선을 그리면, 라우터 테이블 상판에 비트의 가공 범위가 표시됩니다.

스톱블록 위치 잡기 ■ 테이블 상판과 부재의 윗면에 그려놓은 윤곽선을 서로 맞춘 뒤, 스톱블록을 고정합니다.

스페이서 사용하기 ■ 작업의 시작선을 지정하기 위해 작은 스페이서 블록을 만들어 사용합니다.

다음 페이지에 계속

하이브리드 목수의 기술

가공 시작하기 ■ 스페이서에 기댄 상태에서 부재를 회전하는 비트 위로 누릅니다.

스톱블록까지 라우팅하기 ■ 스페이서를 빼낸 다음, 부재를 스톱블록에 닿을 때까지 밀어줍니다. 그리고 조심스럽게 부재를 들어 올립니다.

단계적으로 작업하기 ■ 한 번에 전체 깊이 모두를 팔 필요는 없습니다. 비트를 조금씩 올려가며 여러 번에 걸쳐 장부 구멍을 파세요.

스에 기대어 밀면 장부 구멍을 팔 수 있습니다. 스톱블록과 정밀한 세팅을 필요로 하는 이 방법을 사용하면 안전하기도 하고 일률적인 품질도 기대할 수 있습니다. 아주 많은 장부 구멍을 파야 한다면, 이 방법으로 한 번 셋업하면 대규모 작업이 가능합니다.

늘 그렇듯 이를 위해서는 조심스런 금 긋기가 먼저 필요합니다. 하나의 부재에 대해서 완벽하게 윤곽을 그렸다면, 이를 윗면과 마구리면까지 연장합니다. 그리고 마구리면에 연장한 윤곽선을 이용하여 라우터 비트와 펜스의 위치를 조정합니다. 육안으로 최대한 정확한 위치를 잡아본 다음 시험용 부재로 테스트를 해봅니다. 여기서 과도하게 과학을 들이댈 필요는 없지만, 전 캘리퍼스를 이용하여 양쪽 옆면에서부터 장부 구멍까지의 간격을 정확하게 재어봅니다. 그래서 비트가 정확하게 부재의 중앙을 파고드는지 확인합니다. 만일 중앙에서 어긋나 있다면 펜스를 조정하고, 다시 테스트를 해보면 됩니다. 비트가 중앙에 잘 정렬되었다면 펜스를 단단히 고정합니다.

다음으로 라우터 테이블 상판에 라우터 비트의 직경에 해당하는 연장선을 그려줍니다. 작업물이 라우터 비트를 덮게 되면 작업의 진행 정도를 알 수 없습니다. 그때 이 선들이 비트의 위치를 알려줄 겁니다. 비트 위치를 나타내는 선을 쉽게 그리려면 네모반듯하게 잘려진 각재 하나와 날카로운 펜만 있으면 됩니다. 각재를 펜스에 기대어 주욱 밀어 라우터 비트에 닿게 합니다. 그 상태에서 펜을 각재에 대고 라우터 테이블 상판에 선을 긋습니다. 이제 비트의 반대쪽에 닿게 해서 선을 그으면 끝입니다.

부재의 윗면에 그려진 윤곽선과 라우터 테이블 상판에 그려진 비트 외곽선을 이용하면 매우 정밀하게 작업할 수 있습니다. 하지만 실수할 확률을 아예 없애기 위해서는 스톱블록을 사용하면 됩니다. 제 라우터 테이블은 펜스 상단의 T-슬롯에 끼워져 슬라이딩되는 멋진 스톱블록이 달려 있습니다. 여기에 자투리 나무를 하나 더 준비해서 클램핑하면 다른 스톱블록으로 사용할 수 있습니다. 먼저 장부 구멍의 끝과 비트의 끝이 맞닿는 위치에 스톱블록을 세팅합니다. 그렇다면 장부 구멍의 시작 위치는 어떻게 잡을까요? 회전하는 비트 위에 부재를 정확하게 눌러 넣을 수 있는 당신의 능력을 못 믿는 건 아니지만, 실수를 방지하기 위해서는 스페이서(spacer)를 사용하는 것이 좋습니다. 장부 구멍의 시작선이 비트의 시작 선과 만나도록 부재를 놓은 다음, 부재의 끝과 첫 번째 스톱블록 사이의 거리를 잽니다. 그리고 그 사이에 꼭 맞게 들어가도록 자투리 나무 하나를 재단합니다. 이제 당신은 장부 구멍의 시작 선으로 안내하는 스페이서를 갖게 되었습니다. 스페이서를 장착한 상태에서 부재를 비트 쪽으로 내리세요. 그리고 스페이서를 제거한 다음 스톱블록까지 밀어

장부 구멍에서 실수했다면

공방에서는 언제든 실수가 발생할 수 있습니다. 그리고 그걸 제가 몸소 증명하고 있습니다. 장부 구멍을 가공할 때 흔히 하는 실수는 너무 구멍을 길게 파는 겁니다. 예를 들어 라우터 비트가 의도한 끝에서 멈췄어야 했는데, 무심코 끝까지 밀어버려 마구리면까지 터지는 경우가 있습니다. 다행스럽게도 이런 경우는 쉽게 수리할 수 있습니다.

가능하다면 저는 수리를 위해 나무 자체를 사용합니다. 우드 필러(wood filler)나 에폭시(epoxy)를 사용하는 경우도 있지만, 이 둘은 모양만 그럴 듯할 뿐 진정한 수리라고 보기 어렵습니다. 이런 이유 때문에 저는 어떤 프로젝트가 끝날 때까지 만들어지는 자투리들을 아무리 작은 것이라도 버리지 않고 잘 모아둡니다.

장부 구멍 수리의 예로 암장부가 너무 길어져 부재의 끝까지 터져버린 경우를 보겠습니다. 날아간 부분을 채우기 위해 모아둔 자투리에서 비슷한 모양의 조각을 찾습니다. 그리고 자동대패에서 필요한 두께로 만듭니다. 목표는 부드럽게 끼워지는(snug) 정도입니다. 너무 꽉 끼게 할 경우에는 장부 구멍의 벽이 부러질 수도 있습니다. 두께를 맞추었으면 길이를 맞게 자릅니다. 그리고 본드를 발라 장부 구멍에 끼우고, 본드가 경화될 때까지 클램프로 고정합니다.

몇 시간 뒤에 블록 플레인을 이용하여 끼워 넣은 블록의 튀어나온 부분을 제거합니다. 이어서 샌딩 블록으로 가볍게 샌딩합니다.

아래 사진에서 보듯이 색깔과 무늬결을 잘 맞추면 수리한 흔적을 찾기 어렵습니다. 이렇게 장부 구멍을 일부 채웠다면 정확한 크기로 다시 장부 구멍을 파면 됩니다.

나뭇조각 끼워 넣기 ■ 비슷한 모양의 자투리를 찾아 부드럽게 끼워질 크기로 가공한 다음, 본드를 바르고 끼워 넣습니다.

단단히 클램핑하기 ■ 끼워진 조각으로 인해 장부 구멍의 벽이 벌어지지 않도록 클램프로 단단히 죕니다.

마구리면 대패치기 ■ 본드가 마르고 나면, 마구리면에 튀어나온 부분을 대패로 날립니다.

옆면 대패치기 ■ 부재의 옆면에 튀어나온 곳을 대패로 날립니다.

사포로 매끄럽게 ■ 나무 블록에 사포를 감싸 가볍게 샌딩하여 매끄럽게 마무리합니다.

수리 완료! ■ 끼워 넣기가 끝나면 라우터로 장부 구멍을 다시 팔 수 있습니다.

어깨선 긋기 ■ 칼날이 달린 그무개로 부재의 네 면에 장부 어깨를 그어줍니다.

마구리 면에 금 긋기 ■ 기준으로 삼기 위해 마구리 면에 장부의 윤곽을 그립니다. 어두운 색의 나무라면 흰색 연필을 쓰세요.

암장부를 파면 됩니다.

마지막으로 비트의 높이를 세팅해야 합니다. 저는 절대로 한 번에 장부 깊이 전체를 파지 않습니다. 그렇게 하면 비트에 큰 부하를 주게 되고 안전에 문제가 생길 수 있습니다. 회전하는 비트 위로 부재를 눌러야 해서 더 위험할 수 있습니다. 그러므로 한번에 12mm 이상의 깊이로 파지 않도록 합니다. 만일 25mm 깊이의 장부라면 두 번으로 나누어 작업하는 식입니다.

소개를 드린 이 방법은 고난이도의 기술이 필요하진 않지만, 완벽하고 일관성 있게 장부 구멍을 파는 방법입니다.

장부

장부 구멍을 팠다면, 고려해야 할 변수 하나가 사라집니다. 왜냐하면 장부(tenon)가 끼워질 구멍의 크기를 알기 때문입니다. 게다가 보너스로, 테스트 피팅(test fitting)을 해볼 수 있는 장부 구멍도 가지게 됩니다. 조금씩 깎아서 맞추어보는 하이브리드 방법론을 사용하면 이 공정의 모호함을 없앨 수 있습니다. 왜냐하면 "이 장부의 크기가 맞는가?"에 대한 질문에 대해 "예" 또는 "아니오"라고 명확하게 대답할 수 있기 때문입니다.

장부는 여러 가지 다양한 도구로 만들 수 있습니다. 예를 들어 밴드쏘, 라우터 테이블, 래디얼-암 쏘(radial-arm saw),[23] 그리고 당연히 테이블쏘로도 만들 수 있습니다. 이 중에서 저는 테이블쏘를 가장 선호합니다. 다도 스택(dado stack)을 장착한 테이블쏘로 한꺼번에 많은 나무를 깎아낼 수 있으며, 매끈한 장부 어깨를 만들 수 있습니다. 하지만 테이블쏘를 가동하기 전에, 작업대에서 먼저 금 긋기를 해야 합니다. 칼날이 달린 그무개(marking gauge)를 사용하여 장부 어깨선을 부재의 네 면 모두에 그려줍니다. 당연하게 장부 어깨선

---

23) 수평 지지대에 원형톱이 매달려 있는 모양의 기계. 각도절단기와 비슷하지만 아래로 내리는 동작은 없고 앞뒤로 슬라이딩하여 자름. 지지대와 톱날의 방향을 돌릴 수 있어 특정 각도로 자를 수도 있고, 길게 켤 수도 있음. 비슷한 일을 하는 각도절단기와 테이블쏘가 보급되면서 요즘은 잘 쓰이지 않음.

테스트 조각

결구 가공을 위한 세팅을 할 때, 저는 항상 테스트용 나뭇조각들을 준비합니다. 그런데 결구를 가공하기 직전에 테스트 조각을 준비하는 건 늦습니다. 테스트 조각은 거친 판재를 대패 쳐서 네모반듯한 판재를 만드는 과정에서부터 염두에 두어야 합니다. 저는 프로젝트를 위해 필요한 부재를 준비할 때, 테스트용으로 반드시 하나 이상의 여유분을 준비합니다. 그리고 테스트 조각도 실제 부재와 동일한 판재 준비 과정을 거치도록 합니다.

이런 식으로 준비하면 결구를 가공해야 할 시점이 되었을 때, 실제 부재와 동일한 크기의 테스트용 부재를 가질 수 있게 됩니다. 대부분의 결구는 판재의 끝 부분에 있기 때문에, 테스트 조각은 실제 필요한 부재의 길이보다 더 길게 준비합니다. 세팅을 하고 테스트로 자른 결과가 완전히 잘못되었다 할지라도 여전히 충분한 길이 여유를 가질 수 있어야 하기 때문입니다.

완벽을 위한 테스트 ■ 테스트 부재는 기계를 정확하게 세팅하기 위해 반드시 필요합니다.

위치는 장부 구멍의 깊이에 의해 결정됩니다. 이렇게 칼금을 그어 놓으면 테이블쏘를 세팅하는 데 도움을 줄 뿐 아니라, 섬유질을 칼로 끊어 놓았기 때문에 혹시 생길 수 있는 뜯김을 예방하는 효과도 있습니다. 그리고 프로젝트에 쓰일 부재와 같은 크기로 만든 테스트 판재를 준비해서, 그 마구리면에 장부의 윤곽을 그립니다. 결구를 가공할 때는 항상 세팅과 테스트를 위한 부재를 따로 준비하는 것이 좋습니다. 세팅이 정확하게 완료되어야 실제 부재를 실패 없이 가공할 수 있기 때문입니다.

다도 스택

다도 스택(dado stack)은 빠르게 많은 나무를 깎아낼 수 있기 때문에, 장부 가공할 때 시간을 많이 절약할 수 있습니다. 일반적으로 장부 가공을 할 때, 다도 스택의 폭을 19mm로 설정합니다. 다도 스택의 폭은 장부의 길이를 넘지만 않으면 됩니다. 만일 다도 스택의 폭이 장부의 길이보다 넓다면, 톱날이 펜스나 최종 어깨선에 맞추기 위한 스톱 블록에 닿는 문제가 생깁니다.

장부를 가공할 때는 마이터 게이지(miter gauge)나 직접 만든 자르기용 썰매(cross-cut sled)를 사용합니다. 마이터 게이지를 사용할 때는 테이블쏘 펜스를 스톱블록으로 사용합니다. 자르기용 썰매를 사용할 때는 썰매의 펜스에 스톱블록을 클램핑하여 반복적으로 일률적인 장부 가공을 할 수 있습니다. 두 가지 방법 모두 괜찮으며, 어느 것을 택할지는 순전히 당신의 취향과 당신의 공방에 갖추어져 있는 장비들을 고려해서 결정하면 됩니다. 저는 자르기용 썰매를 더 좋아합니다.

테스트 부재를 이용하여 톱날의 높이를 맞출 때는, 마구리 면에 그려놓은 윤곽선에서 적어도 1.5mm는 여유를 두어야 합니다. 네 면에 대해 돌려가며 테스트로 잘라보고, 만들어진 장부가 장부 구멍에 들어맞는지 확인합니다. 톱날의 높이를 일부러 낮게 했기 때문에, 만들어진 장부는 장부 구멍에 들어가지 않을 겁니다. 이제 톱날을 아주 조금 올려서 다시 네 면을 자릅니다. 그리고 다시 장부 구멍에 맞추어봅니다. 두 번째 시도는 목표에 더 가까워 질 것이지만 완벽하지는 않을 겁니다. 보통 세번째 시도에서 목표하는 크기에 도달하게 됩니다.

정확하게 맞추기

우리의 목표는 무엇일까요? 기계만 있는 세상이라면, 우리는 테이블쏘로 정확하게 장부를 가공해야 할 겁니다. 하지만 이 방법의 문제는 우리가 아무리 노력한다 해도 약간의 오차를 피할 수 없다는 겁니다. 작업하는 부재는 두께와 직각에서 약간의 오차가 있을 수 있습니다. 그리고 일정한 힘으로 부재를 누르지 않아서, 잘라진 결과가 약간 높게 또는 낮게 될 수도 있습니다. 다도날의 높은 운동량은 부재를 밀어 올리기 마련입니다. 그리고 갈 길을 잃은 톱밥들이 저항을 높이기도 합니다. 심지어 테스트로 잘라 본 장부가 완벽했다 할지라도, 같은 세팅으로 작업한 장부들이 살짝 더 빡빡하거나 헐렁해지는 걸 경험하기도 합니다. 이런 저런 이유로 테이블쏘에서 장부 작업을 할 때는 약간 빡빡한 상태를 목표로 해야 합니다. 이게 어느 정도냐면 장부를 장부 구멍에 겨우 끼워 넣을 수 있지만, 만일 억지로 더 때려 넣게 되면 나무에 파손이 생길 수 있는 그런 정도입니다.

마이터 게이지와 펜스 ■ 장부를 위한 세팅이 복잡할 이유는 없습니다. 마이터 게이지와 펜스만 있어도 효율적으로 작업할 수 있습니다.

자르기 썰매 ■ 자르기 썰매를 사용할 때는 간단한 스톱블록 하나로 정확하고 일률적인 장부 가공을 할 수 있습니다.

톱날 올리기 ■ 마구리 면에 그려진 윤곽선에 맞추어 톱날을 올립니다. 연필 선 바로 아래를 목표로 하면 됩니다.

맞는지 테스트하기 ■ 처음 테스트할 때는 빡빡해서 들어가지 않을 정도여야 합니다. 톱날을 약간 더 올린 뒤 다시 깎아냅니다.

다시 맞추어보기 ■ 목표는 약간 빡빡한 정도입니다. 작업대에서 미세 가공할 만큼을 남겨두세요.

완벽한 어깨선 ■ 칼금으로 그어진 어깨선까지 정확하게 잘라내야 합니다. 왼쪽 사진은 칼금이 남아 있어 더 잘라야 하며, 오른쪽 사진은 완벽하게 잘라졌습니다.

장부 측면 깎아내기 ■ 스톱블록을 제 위치에 고정하고 톱날 높이를 정확하게 세팅하세요. 그리고 앞뒷면을 가공하면 장부의 측면이 만들어집니다.

좁은 면 장부 가공 ■ 장부의 좁은 면에 맞게 톱날 높이를 조정한 후에 가공합니다.

만일 장부 작업을 해야 할 수량이 매우 많다면 하이브리드 방법론이 다소 실용적이지 않을 수 있습니다. 이런 경우라면 작업의 편의를 위해 테이블쏘만 사용해야 합니다. 조심스런 세팅과 부재의 위치, 그리고 누르는 압력에 대해 주의를 기울이면 쓸 만한 결과를 얻을 수 있을 겁니다.

톱날의 높이를 고정했으면, 스톱블록이나 테이블쏘 펜스를 움직여 장부의 어깨선을 세팅하기 위해 자투리 나무를 잘라봅니다. 테이블쏘 톱날의 높이를 조절하듯, 이 세팅도 점진적으로 조금씩 진행하는 것이 좋습니다. 만일 칼날이 달린 그무개로 장부 어깨선을 그었다면, 테스트 컷을 해보면서 그 어깨선이 다 깎여 사라질 때까지 진행하면 됩니다. 장부 어깨 위에 약간의 굴곡이라도 보이면, 조금 더 깎아내야 함을 뜻합니다. 여기서 보이는 굴곡은 그무개로 넣은 칼금입니다. 우리의 목표는 정확하게 칼금까지 날리는 것입니다. 몇 번만 테스트 컷을 해보면 이상적인 세팅을 할 수 있을 겁니다.

세팅이 완료되었으면, 실제 부재에 장부를 만들 차례입니다. 부재의 끝 부분부터 절단을 시작해서, 각 단계마다 점점 더 어깨선에 다가가도록 합니다. 마지막 어깨선을 자를 때는 깨끗하고 일률적인 장부를 위해 스톱블록에 단단히 밀착시켜 절단해야 합니다. 이제 부재를 뒤집어서 다른 면에 대해서도 동일한 방법으로 장부를 깎아 냅니다. 똑같은 크기의 장부를 만들어야 하는 부재들에 대해 한꺼번에 이런 식으로 작업합니다. 아직 좁은 면 장부 가공이 남아 있습니다. 다행히 좁은 면의 장부 가공을 위해서는 톱날의 높이만 조절하면 됩니다. 어깨선의 깊이는 네 면에 걸쳐 모두 같기 때문에, 좁은 면의 장부 가공을 위해 스톱블록을 조정할 필요는 없습니다.

거스러미를 조심하라

이제 막 잘려진 부재에는 거스러미(fuzzies)가 있을 수 있습니다. 거스러미는 뜯김이라고 하기에는 작지만, 그렇다고 무시할 정도는 아닌 걸 뜻합니다. 거스러미는 보통 판재의 끝 부분에 있기 때문에, 스톱블록에 판재가 완벽하게 밀착되는 걸 방해하기도 합니다. 그것이 비록 0.5mm 정도밖에 되지 않는다 할지라도, 그로 인해 장부 가공의 정확성이 떨어지고, 조립할 때 고달프게 됩니다. 가장 쉬운 길은 스톱블록에 기대어 작업하는 공정 전에 거스러미를 깨끗하게 제거하면 됩니다. 저는 이를 위해 직접 만든 조그만 사포 막대로 몇 번 문질러줍니다. 둥글게 만들거나 경사면을 만들게 아니기 때문에 큰 힘을 가할 필요는 없습니다. 그저 삐져나온 섬유질들을 깨끗하게 제거해서 매끈한 모서리를 만들면 됩니다.

또 다른 예방책으로 스톱블록의 모서리를 모접이(chamfering)하는 것도 좋습니다. 이렇게 하면 설사 부재의 끝에 약간의 거스러미가 있다 할지라도, 스톱블록에 사선으로 모접이한 공간 때문에 부재가 스톱블록에 완벽하게 밀착할 수 있습니다.

거스러미 제거하기 ■ 나뭇조각에 붙인 사포로 거스러미를 제거하세요.

스톱블록 모접이 ■ 스톱블록을 모접이 하면, 혹시 모를 거스러미를 수용할 수 있는 약간의 공간을 확보할 수 있습니다.

완벽한 세팅 ■ 거스러미를 제거하고 스톱블록에 약간의 공간을 확보함으로써, 부재를 완벽하게 스톱블록에 밀착시킬 수 있습니다.

마이터 게이지를 사용할 때는 펜스를 스톱으로 사용하라

테이블쏘에서 자르기 작업을 할 때는, 작업물은 썰매에 의해 완벽하게 받쳐져야 하고, 잘려진 부재가 펜스와 톱날 사이에 자유롭게 놓이면 안 됩니다. 잘려진 작은 부재가 펜스와 회전하는 톱날 사이에 끼게 되면 순식간에 총알로 변신합니다. 이것이 바로 많은 사람들이 "마이터 게이지와 테이블쏘 펜스를 같이 사용하지 마라."라고 얘기하는 이유입니다. 저는 전적으로 이 충고에 동의합니다만, 이것은 작업물로 두 개로 나누는 절단 작업에 한해서만 유효합니다. 우리가 장부를 만들 때, 자유롭게 남게 되는 것은 작은 나뭇조각이 아니라 톱밥일 뿐입니다. 그러므로 톱날과 펜스 사이에 끼게 될 것이 없습니다. 그래서 다도날로 장부를 가공하는 것은 완벽하게 안전합니다. 펜스를 스톱블록으로 사용하고, 마이터 게이지에 기대어 작업물을 밀면 됩니다.

위험한 상황 ■ 잘려진 부재가 펜스와 톱날 사이에 끼게 되면 킥백이 일어날 수 있습니다.

위험하지 않은 상황 ■ 장부를 가공하는 것은 안전합니다. 왜냐하면 톱날과 펜스 사이에 끼게 될 것이 없기 때문입니다.

하이브리드 목공

결구 미세 가공하기

한바탕 기계 작업을 끝냈다면, 이제 작업대로 물러나서 결구를 완벽하게 미세 가공할 차례입니다. 아마 당신은 작업할 장부가 여러 개 있을 겁니다. 그리고 이것들은 모두 같은 방법으로 손질되어야 합니다. 같은 공구로 한 면에 대해 동일한 횟수로 작업하면 모든 결구에 대해 동일한 결과를 만들어낼 수 있습니다. 하지만 여러 가지 변수들 때문에 각 장부들에 대응되는 장부 구멍에 테스트로 끼워보는 작업이 반드시 필요합니다. 이 작업을 본격적으로 하기 전에, 저는 먼저 각 장부와 그와 짝이 되는 장부 구멍에 표시를 해둡니다.

먼저 부재를 잘 살펴보면서 어떤 부분이 수정되거나 미세 가공되어야 하는지 느껴보아야 합니다. 그 시작은 시각적으로 중요한 부분, 즉 장부 어깨부터 하는 것이 좋습니다. 장부가 장부 구멍에 끼워지고 나면, 사람들이 볼 수 있는 부분은 장부 어깨와 그것과 맞닿는 부재입니다. 그 외의 부분은 모두 숨겨집니다. 그러므로 장부 어깨가 직각이 아니거나 손상되었다면 완성된 작품의 흠결이 될 겁니다. 조그만 직각자를 이용하여 상황을 미리 예측해 보세요. 장부 어깨가 옆면과 앞면에 대해 직각인지, 네 개의 어깨 면이 모두 한 평면 상에 있는지, 짧은 어깨 면이 너무 많이 깎였는지, 또는 긴 어깨 면에 비해 덜 깎였는지 확인해보세요. 믿든 안 믿든 간에 이런 문제들은 테이블쏘로 장부 가공할 때 자주 발생하는 것들입니다. 주로 펜스나 스톱의 직각이 맞지 않기 때문에 발생하지요.

상황을 좀 더 자세히 파악하기 위해, 절단하는 과정을 다시 한 번 검토해보기로 합시다. 긴 어깨를 자르기 위해서는 작업물의 넓은 면을 평평하게 눕혀놓고, 펜스나 스톱블록의 아랫부분에 밀착시켜야 합니다. 반면 짧은 어깨를 자를 때는 작업물을 세워서 펜스나 스톱블록에 밀착시킵니다. 이 때문에 부재 아랫부분과 윗부분을 포함하여 더 많은 면이 닿게 됩니다. 만일 펜스나 스톱블록이 약간 직각에서 벗어났다면, 그래서 윗부분이 살짝 톱날 쪽으로 기울어져 있다면 같은 기준면에 기대더라도 작업물을 눕히느냐 세우느냐에 따라 약간의 편차가 발생할 수 있습니다. 그 결과 작업물을 세워서 작업하는 짧은 어깨인 경우 부재가 덜 밀착되기 때문에 짧은 어깨가 긴 어깨에 비해 살짝 높게 가공됩니다. 하지만 하이브리드 목수라면 이런 문제쯤은 쉽게 해결할 수 있습니다.

직각에서 벗어난 어깨

만일 장부 어깨가 직각이 아니라면, 실제로 어떤 어깨가 직각에서 틀어졌는지, 그래서 어떤 부분을 깎아내야 할지 면밀하게 검토해야 합니다. 뾰족한 연필과 직각자로 현재 만들어져 있는 어깨에 최대한 가깝게 부재의 둘레를 따라 목표 선을 그려봅니다. 이 선은 어깨를 대패질할 때 기준이 됩니다. 하나의 어깨가 직각에서 어긋났다면 아마도 반대편 어깨도 그럴 것입니다. 몇 분 동안 장부 어깨를 대패로 다듬다보면 직각은 맞을지 몰라도 두 어깨의 높이가 달라질 수도 있습니다. 이 같은 일을 막기 위해서 미리 연필로 목표 어깨선을 그려주는 것입니다.

부재의 넓은 면을 작업대 바닥에 고정하고 숄더 플레인으로 양쪽의 어긋난 어깨면을 깎아냅니다. 장부의 측면(cheek)이 숄더 플레인을 잘 받쳐주기에 어렵지 않게 매끈하고 직각인 어깨 면을 만들 수 있습니다. 대부분의 경우 한 면당 몇 번

조립 계획 세우기 ■ 결구를 미세 가공할 때는 장부와 그것이 끼워질 장부 구멍의 짝을 지어 놓아야 합니다. 이를 위해 문자나 숫자를 표시합니다.

직각에서 벗어난 어깨 ■ 어깨의 직각이 맞지 않으면, 조립하고 나서 보기 흉합니다.

직각이 잘 맞는 어깨 ■ 기계 세팅을 잘 했으면, 장부 어깨는 일직선이고 직각이 됩니다.

새로운 기준선 ■ 직각자와 예리한 연필을 이용하여 부재를 둘러 기준이 될 선을 그려줍니다.

기준선까지 대패질 ■ 직각에서 어긋난 장부 어깨를 수정하는 데는 숄더 플레인이 최고입니다.

의 대패질로 문제를 해결할 수 있습니다. 만일 더 많은 대패질이 필요하다 판단되면, 차라리 테이블쏘를 다시 잘 조정하고, 처음부터 다시 작업하는 것이 더 나을 수 있습니다.

튀어나온 짧은 어깨

긴 어깨의 직각을 맞추고 같은 평면으로 깎아내었다면, 짧은 어깨가 아마 약간 튀어나왔을 겁니다. 테이블쏘의 세팅에 의한 것이든, 긴 어깨의 직각을 잡다 그랬든, 짧은 어깨가 튀어나온 상황을 수정하는 방법은 동일합니다. 짧은 어깨는 기대어 대패질할 부분이 좁기 때문에 대패로 작업하기 쉽지 않습니다. 대신 잘 연마한 끌로 깎아내는 것이 좋습니다. 튀어나온 짧은 어깨의 양 옆으로 이미 깔끔하게 직각을 잡은 긴 어깨 면이 있기 때문에 기준을 삼기 좋습니다. 그래서 짧은 어깨를 밀끌로 깎아내는 것은 식은 죽 먹기입니다. 끌 끝부분을 긴 어깨 위에 평평하게 눕힌 다음 천천히 신중하게 끌 날을 돌리면서 튀어나온 부분을 깎아냅니다. 이 방법으로 하면 마치 대패처럼 끌이 기대었던 넓은 어깨 보다 튀어나온 부분을 얇게 벗겨낼 수 있습니다. 두 개의 짧은 어깨 면이 긴 어깨 면과 한 평면이 되었다면 다 된 것입니다.

더 낮은 짧은 어깨

만일 짧은 어깨가 더 많이 깎여 긴 어깨에 비해 낮다면, 직각에서 벗어난 어깨를 수정하는 것과 비슷한 방법으로 수정할 수 있습니다. 게다가 더 쉽습니다. 숄더 플레인으로 긴 어깨 면을 깎아내는데, 짧은 어깨의 면과 같아질 때까지 반복하면 됩니다. 만일 대패질이 순조롭게 되었다면 어깨 면은 매끄럽게 한 평면이 되고 어깨선이 모두 직각이 될 것입니다. 대패질을 더 해야 하는지 확인하려면 직각자로 검사해보면 됩니다. 좀 더 확실하게 하려면 부재의 네 면에 이어지는 기준 선을 그리는 것도 괜찮습니다.

짧은 어깨 ■ 짧은 어깨는 날을 세운 끌로 긴 어깨를 기준면으로 삼아 다듬으면 됩니다.

전체를 보라

장부 어깨를 다듬을 때는 전체적인 그림을 놓치지 않도록 합니다. 보통 부재의 양 끝에 장부를 가공하는데, 장부 어깨를 다듬다보면 양 어깨 사이의 간격이 다소 좁아지게 됩니다. 만일 어깨와 어깨 사이의 간격이 다른 부재의 어깨 사이 간격과 같지 않다면, 나중에 조립할 때 빈틈이 벌어질 수도 있고, 조립 후 직각이 틀어질 수도 있습니다. 그러므로 어깨를 다듬을 때는 다른 부재의 어깨 간격까지 염두에 두어야 이런 문제를 피할 수 있습니다. 우리가 장부 어깨를 미세 가공하는 것은 문제를 해결하기 위한 것이라는 걸 명심하세요. 이상적으로는 장부 가공의 첫 단계인 테이블쏘의 세팅부터 정확하게 하면 이 문제를 방지할 수 있습니다.

다도 홈 ■ 일반적인 다도 스택은 장부 측면에 많은 홈을 만듭니다. 하지만 이 홈은 시각적인 기준이 되어 유용합니다.

장부 측면

장부 어깨의 직각 맞추기가 끝났다면, 이제 장부 측면(cheek)에 주목할 때입니다. 다도 날로 가공한 장부의 측면은 약간의 파인 자국을 포함해서 다소 거칠게 가공되는 경향이 있습니다. 깨끗한 절삭을 위해서 다도 날의 톱니는 경사져 있습니다. 이 날카로운 톱니가 섬유질을 끊어주어 뜯김을 최소화할 수 있기 때문입니다. 그런데 이 날카로운 톱니가 의도하지 않은 두 번째 용도가 있습니다. 톱니에 의해 생긴 홈의 깊이는 일정하기 때문에, 이 홈을 깊이 기준으로 삼을 수 있다는 겁니다. 대부분의 장부는 부재 두께의 가운데에 오도록 만듭니다. 그래서 만일 장부의 한쪽 측면을 반대쪽에 비해 너무 많이 깎아내버리면, 장부는 두께의 가운데를 벗어나게 됩니다. 이 단계에서는 깎아내어버릴 여유 두께가 그리 많지 않기 때문에 신중해야 합니다. 이때 장부 측면에 생긴 얕은 홈들을 일정한 두께로 나무를 벗겨내기 위한 완벽한 시각적 기준으로 삼을 수 있습니다.

장부 측면을 다듬는 데는 두 개의 도구가 이상적입니다. 바로 래빗 블록 플레인(숄더 플레인보다 이게 더 좋습니다)과 라우터 플레인입니다. 저는 숄더 플레인에 비해 대팻집이 넓은 래빗 블록 플레인을 선호합니다. 하지만 어느 걸 택해도 작업하는 데 무리가 없습니다. 부재의 넓은 면을 작업대에 올려놓고 가볍게 대패로 장부 측면을 깎아냅니다. 이때 대패는 장부 어깨에 밀착시켜야 합니다. 뜯김을 방지하기 위해서, 장부의 끝 부분을 끌로 모접이하는 팁도 쓸 수 있습니다. 장부 측면 양쪽을 한 번씩 다듬은 다음, 테스트로 장부 구멍에 끼워봅니다. 장부는 직사각형 모양이고, 장부 구멍은 끝이 둥글기 때문에 아직까지는 장부가 완전히 끼워지지 않습니다. 하지만 장부의 끝 부분을 장부 구멍의 가운데 부분에 끼워보는 시험을 통해 장부의 두께가 적절한지 확인할 수 있습니다. 어떨 때는 한 번에 잘 끼워질 수도 있습니다. 이때는 스스로 뿌듯해하며, 자축의 커피 한 잔을 즐기세요. 만일 잘 끼워지지 않는다면 다시 래빗 블록 플레인을 손에 쥐고, 장부 측면을 한 번 또는 두 번 미세요. 이때 장부 측면 양쪽에 동일한 횟수의 대패질을 해야 함을 잊지 마시고, 장부 측면의 홈을 통해 깊이를 가늠하도록 하세요. 만일 장부 구멍에

스톱블록 점검하기 ■ 스톱블록은 정반에 대해 수직이어야 합니다.

튀어나온 짧은 어깨 ■ 스톱블록이 직각이 아니라면, 짧은 어깨가 튀어나오게 됩니다.

예방이 상책

만일 작은 어깨 면이 긴 어깨 면에 비해 낮거나 높은 현상이 지속적으로 발생한다면, 스톱블록 탓을 할 좋은 기회입니다. 스톱블록의 옆면이 테이블쏘의 정반이나 썰매 밑면에 대해 완벽한 수직이 아니라면, 어긋난 어깨들에 허우적댈 겁니다. 이렇게 되는 이유는 부재가 스톱블록에 닿는 부위가 상황에 따라 다르기 때문입니다. 부재를 눕힌 상태에서는 스톱블록의 아랫부분에만 닿습니다. 반면 부재를 세울 경우에는 스톱블록의 전체에서 가장 튀어나온 부분에 닿게 됩니다. 이런 이유로 만일 스톱블록이 직각이 아니라면, 긴 어깨와 짧은 어깨의 면은 서로 약간씩 차이가 나게 됩니다. 그러므로 장부를 가공하기 전에 직각자를 이용하여 스톱블록이 직각이고, 테이블쏘 정반에서 직각으로 서 있는지 확인해야 합니다. 물론 가공하는 부재 역시도 직각이 잘 맞아야 합니다. 아니라면 똑같은 곤경에 처하게 될 겁니다.

끼워지는 단계에 이르렀지만, 여전히 장부 측면에 홈이 남아 있다 할지라도 개의치 마세요. 왜냐하면 장부 측면은 조립되면 보이지 않으니까요. 하지만 대부분의 경우 장부 측면의 홈이 상당 부분 제거되어야 장부가 구멍에 부드럽게 들어갈 수 있을 겁니다.

라우터 플레인도 장부 측면을 미세 가공하는 데 사용할 수 있는 좋은 도구입니다. 다른 대패들과 달리 라우터 플레인은 깊이를 조절하는 장치가 있기 때문에, 미리 설정한 깊이로 실수 없이 정확하게 깎아낼 수 있습니다. 부재를 작업대 위에 올려놓고, 라우터 플레인에 가장 넓은 폭의 대팻날을 끼운 뒤 가볍게 벗겨낼 수 있는 깊이를 설정합니다. 라우터 플레인을 앞뒤로 움직일 때 라우터 플레인의 바디가 부재에 의해 안정적으로 지지되도록 잘 누릅니다. 그리고 장부 측면 전체를 일정한 깊이로 깎아냅니다. 대팻날에 의해 나무가 깎이지 않으면, 작업이 완료된 것입니다. 이제 부재를 뒤집어 반대쪽 측면에 대해 똑같은 방법으로 가공합니다. 라우터 플레인으로 작업할 때는 래빗 블록 플레인과 달리 대패질 횟수를 셀 필요가 없습니다. 왜냐하면 라우터 플레인으로 다듬으면 항상 장부가 부재의 두께 중앙에 만들어지기 때문입니다. 게다가 보너스도 있습니다. 한번 라우터 플레인을 설정했으면 작업해야 할 모든 부재에 그 설정 그대로 사용할 수 있습니다. 그래서 모든 부재의 두께가 같다면, 빠르고 정확하게 같은 두께의 장부를 가공할 수 있습니다.

장부 측면 미세 가공 ■ 래빗 블록 플레인은 장부 측면을 정리하는 데 최적입니다.

잘 맞나 끼워보기 ■ 장부의 끝은 네모이지만, 각도를 주어 장부 구멍 가운데 끼워보는 식으로 테스트해볼 수 있습니다.

라우터 플레인도 가능 ■ 절삭 깊이를 쉽게 조정할 수 있는 라우터 플레인도 장부 측면을 다듬는 데 매우 뛰어납니다.

하이브리드 목공

라우터 플레인 균형 잡기

당신이 만일 라우터 플레인을 접해본 지 얼마 되지 않았다면, 부재 끝의 장부 측면을 다듬기 위해 한쪽만 지지되는 상태에서 균형을 유지하며 대패질하는 것이 쉽지 않을 겁니다. 장부 측면을 다듬으려면 어쩔 수 없이 라우터 플레인의 절반 이상이 허공에 떠 있어야 합니다. 그래서 자칫하면 라우터 플레인이 살짝 기울어져 의도했던 것보다 더 많이 깎일 수 있습니다. 다행히 당신이 꺼내 쓸 수 있는 해법 카드에 추가될 두 가지 묘수가 있습니다.

베이스 확장

이 방법은 균형을 잘 잡을 수 있도록 얇은 합판을 라우터 플레인의 베이스에 덧붙이는 것입니다. 새로 붙인 베이스는 대팻집보다 폭이 넓어야 지지되는 면적을 약간이나마 더 확보할 수 있습니다. 이렇게 하면 약간만 힘을 주어 눌러도 안정적으로 균형을 잡고 수평을 유지할 수 있습니다. 따라서 장부 측면을 완벽하게 깎아낼 수 있습니다. 만일 좀 더 멋있게 하고 싶다면, 확장한 베이스에 손잡이로 쓸 조그만 나뭇조각을 덧붙여도 됩니다. 그러면 좀 더 조작하기 쉽습니다.

두 장부를 한꺼번에

이 방법은 한 번에 장부 하나를 가공하는 대신에 같은 크기의 두 장부를 맞대어서 한꺼번에 작업하는 것입니다. 두 부재를 작업대에 맞대어 올려놓고 클램프로 움직이지 않게 고정하면, 라우터 플레인은 양쪽에 든든한 지지대를 얻을 수 있습니다. 그래서 균형 잡기가 훨씬 쉽습니다. 게다가 한 번에 두 개의 장부를 다듬을 수 있고요.

베이스 확장 ■ 라우터 플레인에 더 넓은 베이스를 붙이면, 부재의 끝부분에서도 안정적으로 균형을 잡을 수 있어 작업이 편합니다.

두 장부 맞대기 ■ 두 장부의 끝을 서로 맞대면, 라우터 플레인의 양쪽을 모두 지지할 수 있으며, 두 장부를 동시에 작업할 수 있습니다.

줄로 둥글게 만들기 ■ 줄을 사용하면 빠르게 장부의 모서리를 둥근 장부 구멍에 맞게 가공할 수 있습니다.

줄로 장부 둥글게 하기

라우터 비트는 원통 모양이기 때문에 이걸로 장부 구멍을 파면 끝 부분이 둥글게 나옵니다. 대조적으로 테이블쏘에서 가공한 장부의 끝은 네모 모양입니다. 장부 구멍 끝을 네모로 파내는 것은 추가적인 시간과 노력이 많이 필요하기 때문에, 대신 저는 장부를 둥글게 만드는 걸 선호합니다. 예전에는 장부를 둥글게 만들기 위해 끌을 사용했습니다만, 작업의 단순함에 비해 시간이 너무 오래 걸리는 문제가 있었습니다. 게다가 장부 끝에서 어깨 방향으로 끌질하는 것은 결 방향이기 때문에 미세하게 깎아내기 까다롭습니다. 자칫하면 뜯겨나갈 수도 있고, 갈라질 위험도 있기 때문입니다. 고맙게도 제 홈페이지 독자들이 끌 대신 줄(rasp)을 사용하는 것이 더 좋다는 조언을 해주었습니다. 줄이 대단한 정밀도를 가진 섬세한 공구는 아니지만, 장부의 모서리를 둥글게 깎아내는 것은 몇 초면 될 정도로 효율적입니다. 게다가 줄은 결 방향에 그리 민감하지 않습니다. 저는 장부와 어깨가 만나는 부분은 끌로 정리하지만, 나머지 부분은 줄로 해결합니다. 조금만 연습하면 몇 번의 왕복 동작으로 장부의 모서리를 둥글게 만들 수 있고, 마치 꿈인 것처럼 장부 구멍에 쉽게 끼워집니다. 다시는 끌로 장부를 둥글게 깎는 미련한 짓을 하지 않을 겁니다.

둥근 장부 구멍이라는 본성에 따르려면, 촉맞춤(loose tenon)[24]도 고려할 만합니다. 부재의 끝에 장부를 가공하는 대신, 두 부재가 맞닿는 곳에 같은 위치 같은 크기로 장부 구멍을 파는 겁니다. 그리고 장부는 따로 가공합니다. 이 방법을 사용하려면 모양에 맞는 라우터 비트를 사용하여 긴 둥근 장부 막대를 만듭니다. 그리고 필요한 크기로 잘라 사용하면 됩니다. 이 장부촉은 두 부재에 파여진 장부 구멍에 딱 들어맞아야 합니다.

질할 때 부재가 떨리고 요란하게 끼익끼익 소리가 날 겁니다. 이 소리가 특별한 취향의 음악 샘플로 쓰일 수 있을지는 몰라도, 나무에게는 전혀 도움이 안 됩니다. 그러므로 부재를 최대한 낮게, 장부와 바이스 사이의 거리를 최대한 짧게 고정하세요. 블록 플레인은 아주 얇은 대팻밥이 나오도록 날 입폭을 최소로 세팅하세요. 추가적인 예방책으로 끌이나 줄을 이용하여 장부 끝 마구리면 둘레를 모접이(chamfer)해주면 뜯겨 나가는 위험을 줄일 수 있습니다. 몇 번 대패질한 다음, 테스트로 끼워봅니다. 아직 틈이 존재한다면, 다시 작업대에 고정한 다음 몇 번 더 대패질합니다. 이 과정은 장부 어깨가 연결되는 부재의 면에 완벽하게 밀착되어 틈이 전혀 없어질 때까지 반복합니다.

장부의 길이 조정하기

보통 모든 장부 작업을 끝낸 다음에도 잘 드러나지 않고 남아 있는 미세 가공 작업은 장부의 길이를 줄이는 것입니다. 장부를 구멍에 최대한 밀어 넣었을 때 장부 어깨와 장부 구멍이 있는 부재 간의 틈이 생긴다면, 장부가 너무 길어서 장부 구멍 바닥에 닿기 때문입니다. 만일 이 틈이 1.5mm 이상이라면, 장부 길이를 줄이기 위해 대부분 각도절단기를 사용합니다. 만일 틈이 1.5mm보다 작다면, 저는 보통 블록 플레인을 사용합니다. 부재를 수직으로 세워 작업대 바이스에 고정하세요. 만일 바이스와 장부 끝 사이가 너무 멀다면, 대패

---

24) 촉맞춤은 기성품으로 나온 도미노(domino) 시스템을 이용하면 편리함. 여러 크기의 도미노 핀과 장부 구멍을 파는 전용 공구인 Festool의 도미노 조이너(domino joiner)를 사용하면 촉맞춤 결합을 효율적으로 할 수 있음.

딱 맞는 결합 ■ 양 끝을 모두 둥글게 만들었으면, 장부 구멍에 꽉 차면서도 부드럽게 끼워져야 합니다.

너무 긴 장부 ■ 만일 장부가 너무 길다면, 장부 구멍 바닥에 닿지 않게 대패로 마구리면을 깎아냅니다.

부드럽게 만들기 ■ 마구리면 대패질이 어렵다면, 변성 알코올을 발라서 섬유질을 부드럽게 만들어주세요.

조립된 결구 ■ 이 완전히 조립된 프레임은 네 개의 장부 결합으로 이루어졌습니다.

조립하기

프로젝트에서 조립 과정은 도전과 모험이 시작되는 단계입니다. 판재 뽑기와 결구 가공 과정에서의 오류들이 잠복해 있다가 이 단계에서 그 추한 얼굴을 드러내기 때문입니다. 그래서 시험 조립(dry assembly)이 중요합니다. 예를 들어 네 개의 장부 결합을 가진 문짝 프레임(door frame)을 생각해봅시다. 먼저 개별 장부 결합부를 끼워보면서 직각이면서 평면을 이루는지 확인합니다. 그리고 전체 프레임을 다 조립하여 가볍게 클램핑해보세요. 이 상태에서 프레임이 직사각형이 되는지 확인합니다. 각 코너의 안쪽과 바깥쪽이 직각이 되는지 믿을 만한 직각자로 점검하세요. 또는 양쪽 대각선의 길이를 재어서 같은지 확인해도 됩니다. 프레임이 직사각형이 아니라면 두 대각선의 길이가 다르기 때문입니다. 만일 이런 상황이 발생하면 왜 그런지 알아내야 합니다. 어떤 경우는 약간의 힘을 가해 직각으로 만들 수도 있습니다. 하지만 어떤 경우는 잘못된 부분이 있어서 그럴 수 있습니다.

정확히 뭐가 잘못되었는지 찾아내고 그것을 어떻게 수정할 것인지는 이 책의 범위를 벗어납니다. 좋은 소식 하나 알려 드리죠. 장부와 장부 구멍을 잘 만들었다면 그 자체로 조립하면 직각이 된다는 겁니다. 판재 뽑기 과정에 일관성이 있었고 장부 가공이 정확했다면 조립하는 과정에서 자동으로 직각이 맞아야 합니다. 장부 어깨는 장부에 대해 직각이기 때문에 이 어깨가 연결되는 부재에 틈 없이 딱 밀착된다면, 장부가 달린 부재와 장부 구멍이 있는 부재는 직각을 이루게 될 것입니다. 시험 조립한 프레임이 직각에서 틀어졌다면, 가장 먼저 확인해야 할 것은 각 결합 부위의 어깨와 부재 간에 틈이 있는지 확인하는 겁니다. 보통은 대각선 방향으로 약간 힘을 주면 전체적으로 직사각형을 만들 수 있습니다.

본드 바르기

이제 본드를 바르기 위해 프레임을 모두 분해합니다. 시험 조립이 성공적이었다면 본드를 바르고 다시 결합할 때 예기치 않은 문제가 발생해선 안 됩니다. 장부의 측면에 본드를 얇게

완벽한 맞춤

지금까지의 논의를 통해, 저는 '완벽한 맞춤(perfect fit)'에 대해 언급해왔습니다. 그런데 완벽한 맞춤이란 무엇일까요? 제 경험에 의하면, 완벽한 맞춤이란 약간의 힘만 가해도 숫장부가 암장부에 완벽하게 끼워지는 겁니다. 여기서 약간의 힘이라는 건 굳이 망치를 쓰지 않아도 되는 정도입니다. 이 정도면 장부가 조립된 것을 거꾸로 들었을 때 중력에 의해 스스로 분리되지는 않지만, 손으로는 빼낼 수 있습니다. 그래서 이를 살짝 맞춤(slip fit)이라고도 합니다. 더 느슨하면 장부와 구멍 사이의 틈이 많이 생기고, 더 빡빡하면 조립하기 힘든 정도 말입니다. 나무는 본드를 바르면 부풀기 때문에 더 끼우기 어려울 수 있습니다. 게다가 장부가 너무 빡빡하면 장부에 발라진 본드가 모두 밖으로 삐져나오게 되어, 정작 필요한 장부 측면에는 본드가 거의 없게(glue-starved) 됩니다. 살짝 맞춤이면 본드를 발랐을 때도 조립이 쉬우며, 장부와 장부 구멍 벽 사이에 본드가 존재할 수 있는 정도의 여유가 있습니다.

살짝 맞춤 ■ 살짝 맞춤은 조립하는 데 망치가 필요하지 않으며, 분리할 때는 중력 이상의 힘이 필요한 상태를 의미합니다.

바릅니다. 하지만 장부 어깨에는 본드를 바르지 않습니다. 사실 어깨면과 장부 구멍 주위는 본드의 효과가 크지 않습니다. 왜냐하면 마구리면과 윗면의 결합이기 때문입니다. 어깨에 본드를 바르지 않으면 본드가 삐져나오는 것도 방지할 수 있습니다. 그리고 장부 구멍의 벽에도 본드를 얇게 발라줍니다. 이렇게 접착하는 양면에 본드를 바르면 장부가 잘 미끄러져 끼우기 좋습니다. 한편 목공본드에 포함된 수분에 의해 섬유질이 부풀어 시험 조립 때보다 더 빡빡한 것을 느끼게 될 겁니다. 간단한 프레임의 경우는 두 개의 패러렐 클램프를 이용하여 두 장부 결합부위를 걸쳐 클램핑합니다. 만일 본드가 삐져나왔다면 한 시간 정도 그냥 둬서 살짝 굳게 합니다. 본드가 마르기 전에 닦아내면 나무 표면을 오염시키게 되지만, 본드가 방울의 형태로 굳게 되면 쉽게 긁어 내어 제거할 수 있습니다.

평 맞추기

본드가 완전히 경화되고 나면, 각 결합 부위를 꼼꼼하게 살펴보세요. 대부분의 경우 두 부재가 결합된 부위에서 약간의 높이 차이를 느낄 수 있을 겁니다. 카드 스크래퍼로 가볍게 스크래핑한 뒤 #220 사포로 살짝 샌딩하면 결합 부위를 매끄럽게 만들 수 있습니다. 하지만 어떤 경우는 제법 심한 높낮이 차가 생길 수도 있습니다. 이 경우 캐비닛 스크래퍼나 블록 플레인 또는 스무딩 플레인을 사용하면 빠르게 해결할 수 있습니다. 이 상태의 문짝 프레임은 거의 완성된 상태이기 때문에 대패질하기 전에 결 방향을 주의 깊게 읽어야 합니다. 이 단계에서 뜯김이 발생하면 재앙이기 때문입니다. 이런 이유로 저는 대패보다는 스크래퍼를 선호합니다. 약간의 높이 차이는 걱정할 것이 없지만, 그 차이가 1.5mm 이상이라면 문짝을 맞추는 데 방해가 될 수 있습니다. 최악의 경우에는 프레임 전체를 대패 쳐 전체적으로 매끈하게 평을 맞추어야 합니다. 비록 프레임의 두께가 의도했던 것보다 약간 얇아지겠지만요.

선 넘지 말기

하이브리드 방법으로 장부 결합을 해보면, 이 방법의 위대한 장점을 확실히 알 수 있습니다. 그건 바로 통제가 쉽다는 겁니다. 하이브리드 방법으로 주의 깊게 작업하는 한 과도하게 잘라낼 위험은 적습니다. 기계를 사용할 경우 좋은 의도의 세팅이라 할지라도, 너무 많은 나무를 깎아 버리는 치명적인 결과를 초래하기도 합니다. 반면 수공구의 경우는 실수로 한번 더 깎았다 할지라도 그것이 재앙이 될 가능성은 매우 적습니다. 얇게 깎도록 세팅된 대패의 경우 한번 대패질에 0.1mm 미만을 깎아낼 뿐입니다. 그래서 설사 목표로 한 선을 넘어섰다 할지라도, 그리 많이 벗어나지는 않습니다. 제 생각

결합 부위 평 잡기 ■ 프레임 결합 부위의 평을 잡기 위해 약간의 스크래핑이나 대패질이 필요합니다.

에 목표 지점을 0.1mm 벗어났더라도 여전히 과녁의 중앙에 들어 있다고 봅니다. 명심해야 할 점은 우리는 먼저 기계로 목표 선에 최대한 가까이 작업하려 한다는 겁니다. 그리고 목표 선에 도달하기 위해 수공구로 작업하는 것은 3~4번의 횟수를 넘어서는 안 된다는 겁니다. 만일 수공구로 이 이상의 작업을 해야 한다면, 좀 더 공격적인 기계 사용을 검토해야 합니다. 약간의 시간을 더 들이더라도 수공구 사용으로 정확도를 높일 수 있다면 그것은 절대적으로 필요한 시간입니다. 하지만 꼭 필요한 것 외의 추가적인 시간을 쓰고 싶지는 않습니다. 기계를 사용할 때의 목표는 블랙잭 게임과 같이 '선을 넘지 않는 한에서 최대한 가까이'입니다. 저는 처음부터 작업대에서 장부를 만들고 싶지 않습니다. 대신 이미 만들어진 장부를 미세 가공하고 싶을 뿐입니다.

뜯겨 나간 장부 수리하기

마구리면을 대패질할 때는 뜯김(tear-out)이 항상 걱정됩니다. 장부의 끝면과 어깨 면을 대패질하는 것이 이에 해당합니다. 사실 장부 끝 면이 약간 뜯겨 나가는 건 큰 문제가 되지 않습니다(장부 구멍 안쪽으로 숨겨지기 때문에). 하지만 어깨가 뜯겨 나가는 것은 보기 싫은 흉터로 남습니다. 여러 가지 방편 중 하나로 마구리면을 모접이(chamfering)하는 걸 고려해볼 수도 있습니다. 하지만 그렇게 하더라도 뜯겨 나갈 가능성은 있습니다. 그러므로 뜯겨 나갔을 때 수리하는 방법을 아는 것이 중요합니다.

우리는 지금 수공구를 사용하고 있기 때문에, 뜯겨져 나간 조각은 아마도 아직 부재에 달랑달랑 붙어 있거나, 작업대나 바닥에 떨어져 있을 겁니다. 이 조각을 순간접착제로 다시 제자리에 붙이는 것이 가장 완벽한 수리 방법입니다. 저는 조그만 나뭇조각으로 순간접착제(cyanoacrylate glue, CA)가 굳을 때까지 눌러줍니다. 접착제가 굳고 나면 스크래퍼를 이용하여 삐져나온 굳은 본드를 제거하고 표면을 매끄럽게 만듭니다.

흔히 생기는 작은 사고 ■ 어깨의 뜯김은 대체로 예방할 수 있지만, 장부 미세 가공 시 간혹 생기곤 합니다.

다시 붙이기 ■ 순간접착제를 이용하여 뜯겨 나간 나뭇조각을 다시 붙입니다. 또는 비슷한 모양의 조각으로 대체할 수 있습니다.

손가락이 붙지 않게 주의 ■ 순간접착제는 빨리 굳기 때문에, 조각을 잡아주기 위해 작은 나뭇조각을 사용합니다.

정리하기 ■ 카드 스크래퍼와 약간의 샌딩으로 수리한 곳을 흔적 없이 매끈하게 만들 수 있습니다.

반턱 결합 ■ 반턱 결합은 여러 가지 종류가 있습니다. 사진은 코너 반턱과 교차 반턱 결합입니다.

■ 반턱 결합

장부 결합이 튼튼한 구조를 만드는 데 가장 보편적인 선택이긴 합니다만, 보다 적은 노력과 시간이 드는 반턱 결합(half-lap joint)이 적절한 상황도 많습니다. 반턱 결합은 장부 결합만큼 강력하진 않아서, 더 작은 힘으로 분리할 수 있습니다. 하지만 프레임-패널 문짝이나 거울과 그림 액자 같은 작은 틀을 만드는 프로젝트에 쓰일 정도는 충분합니다. 다만 작업물이 크면 클수록 부서지거나 틀어질 위험이 크다는 걸 명심하세요.

반턱 결합의 종류는 몇 가지 있는데, 우리는 그중에서 가장 많이 쓰이는 코너 반턱 결합(corner half-lap joint)과 교차 반턱 결합(cross half-lap join)을 다루어볼 겁니다. 이름이 의미하듯 반턱 결합은 연결하는 두 부재의 두께를 절반씩 깎아내고 끼워 넣어서 원래의 두께로 만드는 방법입니다.

보기와는 달리 이 결합법은 다소 까다로운 점이 있어서, 많은 사람들이 제대로 자르고 클램핑하지 못해 결과적으로 높낮이 차와 틈을 만들곤 합니다. 하이브리드 방법을 적용하면 부재를 정확하게 자를 수 있을 뿐 아니라, 조립하기도 쉽고 효과적으로 클램핑할 수 있습니다. 자세한 건 차차 설명하지요.

앞서 장부 결합에서 기계 가공 결과에 편차가 생기는 몇 가지 이유에 대해 살펴본 바 있습니다. 반턱 결합을 만드는 과정도 이와 비슷하기 때문에 그 편차들이 여기서도 발생합니다. 수공구로 결구 부위를 미세 가공하는 방법을 사용하면 이런 편차들을 완벽하게 극복할 수 있고 매번 예측 가능한 결과를 완벽하게 구현할 수 있습니다.

하이브리드 목공

코너 반턱 결합

저는 테이블쏘에서 마이터 게이지나 자르기용 썰매를 이용하여 코너 반턱을 가공합니다. 그 과정은 장부를 만드는 것과 비슷합니다. 먼저 그무개로 어깨선에 칼금을 넣어줍니다. 그무개의 설정을 특정한 수치로 정하기보다는, 연결할 부재의 폭을 그무개로 재어 설정합니다. 저는 여기서 0.8mm 정도 더 짧게 설정합니다. 이렇게 약간 짧게 자르면, 반턱 결합 후 부재의 옆면이 살짝 튀어나오게 됩니다. 이 사소한 조치는 나중에 클램핑할 때 엄청난 도움을 줍니다. 장부와 달리 반턱의 경우는 한 면만 금을 그으면 됩니다. 그리고 테이블쏘 세팅을 위해 같은 설정으로 테스트 부재에도 금을 긋습니다.

테이블쏘에 다도 스택을 끼우고, 자르기용 썰매/스톱블록 또는 마이터 게이지/펜스 조합으로 작업합니다. 테스트 부재에 그어진 금은 스톱블록의 위치를 정하는 기준이 됩니다. 테이블쏘 톱날을 조금만 내밀고, 어깨선에 딱 맞게 하지만 선을 넘지 않을 때까지 조금씩 스톱블록을 이동하며 잘라봅니다.

반턱으로 연결하는 두 부재의 두께가 같을 때(일반적인 경우), 톱날의 높이는 부재 두께의 절반에서 약 0.8mm 정도 남게 설정합니다. 만일 당신의 시력이 매우 좋다면, 절반에서 0.4mm가 남도록 해보세요. 절반에서 많이 남길수록, 나중에 작업대에서 이걸 깎아내는 시간이 더 걸립니다. 한편 제가 소개하는 얇게 따기(sliver trick) 기법(p.138)을 사용하면 쉽고 빠르게 톱날의 높이를 설정할 수 있습니다.

설정이 완료되었으면 이제 프로젝트에 사용될 부재를 가공할 차례입니다. 부재의 끝부터 어깨선까지 조금씩 전진합니다. 마지막 절단은 부재를 스톱블록에 단단히 밀착시킨 상태에서 해야 합니다. 이 세팅을 유지한 상태에서 필요한 부재들의 반턱을 모두 가공합니다. 물론 이것은 모든 부재의 두께와 폭이 같은 경우에 해당됩니다. 만일 반턱으로 연결하는 부재들의 폭이 다르다면, 톱날의 높이는 그대로 둔 채 스톱블록의 위치만 재조정하면 됩니다.

마무리하기

래빗 블록 플레인, 숄더 플레인 또는 제가 좋아하는 라우터 플레인 중 하나를 들고 작업대에서 미세 가공을 하세요. 이 과정은 장부의 그것과 동일합니다. 어깨선이 옆면에 대해 직각인지 확인하고 필요하다면 숄더 플레인을 이용하여 수정합니다. 다행히 장부와 달리 어깨가 하나밖에 없기 때문에 문제가 생길 확률도 절반입니다. 다음으로 반턱의 측면(cheek)을 확인합니다. 다도 날에 의해 생긴 얕은 홈은 래빗 블록 플레인이나 숄더 플레인으로 측면을 깎아낼 때 깊이의 기준으로 삼을 수 있습니다. 라우터 플레인을 사용한다면 가장 넓은 날을 얇게 깎이도록 장착한 다음, 두 부재의 반턱을 서로 맞대어 작업대에 고정합니다. 라우터 플레인을 양쪽 부재의 높은 면에 걸쳐 놓고 두 반턱 측면을 동시에 가공하세요. 매 단계마다 반턱을 서로 맞추어 보아 완벽한지 확인하고, 더 깎아야 한다면 조금씩 날을 더 내밀어 같은 과정을 반복합니다. 두 반턱을 포개었을 때 단차 없이 완벽하게 맞물린다면 완료된 것입니다.

목표보다 약간 짧게 ■ 그무개를 연결할 부재 폭보다 0.8mm 정도 짧게 설정하세요. 이것으로 클램핑할 때 도움 받게 될 겁니다.

스톱블록 ■ 스톱블록의 위치를 정확하게 잡기 위해, 얕은 톱길을 내봅니다.

반턱 가공하기 ■ 스톱블록을 제대로 고정하고 톱날의 높이를 설정했다면, 반턱 가공하는 건 쉽습니다.

우리는 의도적으로 어깨를 짧게 가공했기 때문에 한 부재의 옆면이 반턱으로 연결된 다른 부재의 마구리면보다 약간 튀어나와 있을 겁니다. 이것을 이용하여 클램핑을 쉽고 효율적으로 할 수 있습니다. 두 부재를 연결하려면 두 반턱의 측면이 서로 포개지는 방향으로도 클램핑해야 하지만, 반턱의 어깨 면이 다른 부재의 옆면과도 밀착이 되도록 클램핑해야 합니다. 만일 코너 쪽이 튀어나오지 않고 동일 평면 상에 있다면 프레임의 옆 방향을 클램핑해도 강한 힘으로 압착시키지 못합니다. 그러나 어깨선을 조금 짧게 자르면 결구 부위가 약간 튀어나오게 되어, 어깨 면을 강하게 밀어 붙일 수 있습니다.

본드가 마르고 나면 결구 부위를 정리하고 평면을 맞출 수 있습니다. 만들어진 프레임을 작업대 바이스에 단단히 고정한 다음, 블록 플레인이나 스무딩 플레인 또는 스크래퍼를 이용하여 튀어나온 옆면을 살짝 깎아내어 연결된 부재의 마구리면과 같은 평면이 되도록 맞춥니다. 만일 나무가 도와준다면 블록 플레인, 스무딩 플레인의 경우 몇 번만 대패질하면 평면을 맞출 수 있습니다. 깔끔한 결과를 얻기 위해서는 마구리면 방향으로 밀지 말고, 마구리면에서부터 대패질을 시작하는 것이 좋습니다. 만일 옆면의 결 방향 때문에 마구리면 방향으로 대패질해야 한다면, 뜯김을 방지하기 위해, 뜯기기 쉬운 모서리를 모접으로 살짝 날려주면 도움이 됩니다.

문짝 프레임을 만든다고 가정하면, 문이 끼워질 자리(door opening)의 크기에 딱 맞게 부재를 자릅니다. 그런데 문으로서 역할을 하려면 경첩이 들어갈 공간과 문이 걸리지 않고 열릴 여유가 필요합니다. 문틀의 크기에 맞게 프레임 부재를 재단하였고, 옆면을 대패 쳐서 튀어나온 부분을 날렸다면 자연스럽게 문짝이 가져야 할 여유 공간을 확보할 수 있습니다.

완벽한 맞춤을 위한 미세 가공 ■ 라우터 플레인으로 완벽한 반턱 결합을 위한 미세 가공을 합니다.

조립 ■ 반턱 결합 프레임을 조립하기 위해서는 네 개의 패러럴 클램프로 프레임 옆면을 압착하고, 네 개의 F-클램프로 반턱을 포개어 압착합니다.

결벽증? ■ 그무개로 0.8mm 좁게 어깨선을 그으면 옆면이 튀어나오는데, 이를 이용하여 반턱 어깨 면의 압착을 쉽게 할 수 있습니다.

옆면의 정리 ■ 본드가 마르고 나면 블록 플레인이나 벤치 플레인 또는 스크래퍼 플레인으로 옆면을 정리하고 높낮이 차를 없앱니다.

교차 반턱 결합

널리 쓰이는 반턱 결합의 또 다른 유형은 교차 반턱 결합 (cross half-lap joint)입니다. 이것은 한 부재의 중간에 턱을 만드는 형태(T자 모양) 또는 두 부재 모두 중간에 턱을 만드는 형태(+모양)로 나눌 수 있습니다.

어떤 타입의 것이든 교차 반턱 결합은 코너 반턱 결합에 비해 좀 더 복잡합니다. 왜냐하면 연결되는 하나 또는 두 부재의 중간에 끼어 들어가는 형태이기 때문입니다. 부재의 중간에 턱이 있으면, 신경 써야 할 어깨 면이 하나가 아니라 둘이 되는 겁니다. 그리고 어깨 간의 거리는 정확하게 연결될 부재의 폭과 같아야 합니다. 그렇지 않으면 눈에 띄는 틈이 생길 겁니다. 다행스럽게도 하이브리드 목공 해법이 있기 때문에 이 과정을 쉽고 정확하게 할 수 있습니다. 어깨 간의 거리를 부재의 폭에 맞추려고 하다보면 너무 빡빡하거나 너무 헐렁하게 되기 십상입니다. 대신 우리는 부재의 폭에 최대한 가까운 (그러나 넘지 않는) 턱을 파고 연결할 부재의 옆면을 대패질하여 어깨 사이에 끼워 맞추는 전략을 쓸 겁니다. 이 일을 위해서는 어깨 간의 거리를 연결할 부재의 폭보다 아주 조금 작게 해야 합니다.

십자 반턱 결합

대부분의 경우 십자 반턱 결합(t-shaped cross half-lap joint)은 세팅하기 쉽도록 두 부재의 중앙을 결합합니다. 그리고 금을 긋기 위해서는 부재 그 자체를 이용합니다. 하나의 부재는 폭의 중앙에 선을 그리고, 다른 부재는 길이의 중앙에 선을 그립니다. 그리고 이 두 중앙선을 맞추어 부재의 폭을 표시하는 선을 그립니다.

테이블쏘에서는 부재 폭의 양 끝을 지정할 두 개의 스톱블록을 준비해서 자르기용 썰매에 배치합니다. 만일 마이터 게이지를 선호한다면 왼쪽에 스톱블록을 하나 설치하고, 오른쪽 스톱은 펜스를 사용합니다. 다도 날이 부재의 폭을 표시하는 선에서 0.8mm를 남기도록 양쪽 스톱블록을 설정합니다. 톱날의 높이는 앞서 코너 반턱 결합에서 소개드린 얇게 따기 기법을 이용하여 설정합니다.

설정이 완료되었으면 테이블쏘로 선 안쪽의 반턱을 깎아냅니다. 만일 연결하는 부재의 길이도 같다면, 동일한 설정으로 그 부재도 반턱을 깎아냅니다. 만일 연결하는 부재의 길이가 다르다면 스톱블록의 설정은 재조정되어야 합니다.

양 부재 모두에서 반턱을 깎아냈으면, 이제 작업대로 향합

얇게 따기 기법

자, 이제 측정 장치 없이 톱날의 높이를 정확하게 설정하는 멋진 방법을 소개하겠습니다. 먼저 테스트 부재 두께의 절반에 못 미치도록 톱날의 높이를 조정합니다. 양면을 톱날에 차례로 밀면 두께의 가운데에 얇은 판 (sliver)이 생깁니다. 이 판을 부러뜨린 다음, 톱날을 조금 더 올립니다. 그리고 다시 양면을 톱날에 밀어 더 얇은 판을 만듭니다. 이 돌출된 판은 매우 얇기 때문에 회전하는 톱날에 의해 진동이 되면서 부분적으로 부서질 겁니다. 결과적으로 얇은 판이 거의 다 부서져 약간의 잔해만 남았을 때가 정확히 목표로 하는 부재 두께의 중앙에 아주 가까운 설정입니다. 얇은 판의 두께는 나중에 미세 가공할 때 덜어낼 두께를 의미합니다. 그러므로 0.8mm 이하를 목표로 하세요.

중앙 바로 아래에 ■ 부재 두께의 중앙 바로 아래에 톱날의 높이를 맞추고, 양면을 차례로 절단합니다.

남겨진 얇은 판 ■ 중앙에 남겨진 판이 매우 얇고 깨진 형태라면, 목표로 하는 톱날의 높이를 찾은 겁니다.

중앙에 선 긋기

되도록이면 줄자나 막대자 대신에 실제 작업하는 부재를 가지고 금을 그으세요. 부재들의 중간에 십자 반턱 결합을 하기 위해서는 기준이 되는 중앙선을 그려야 합니다. 부재들의 중앙을 맞춘 다음 폭을 나타내는 외곽선을 그려주어야 이를 기준으로 어깨를 만듭니다. 그렇다면 어떻게 중앙을 찾을 수 있을까요? 다행히 일단 근사치를 가지고 시작할 수 있습니다. 예를 들어 폭이 80mm인 부재의 중간을 찾는다고 해봅시다. 그렇다면 대략 40mm 정도로 조합직각자를 설정하고, 부재의 양쪽에서 그 위치에 선을 그립니다. 부재의 폭이 얼마든 간에 그려지는 두 선의 중앙이 부재의 중심이 됩니다.

이 기법은 판재 길이의 중앙을 찾는 데도 사용할 수 있습니다. 대신 막대자나 줄자로 판재 길이 양쪽 끝에서 절반의 수치에 해당하는 눈금을 그립니다. 이렇게 중앙이 표시된 두 부재를 큰 직각자의 도움을 받아 중앙과 수직을 맞춥니다. 날카로운 연필로 부재의 바깥쪽 윤곽을 따라 선을 그려주면, 반턱 어깨선의 윤곽을 얻을 수 있습니다.

폭의 중앙 ■ 조합각자로 폭의 절반을 대충 설정한 다음 양쪽 면에서 선을 그립니다. 그려진 두 선의 중간이 진짜 중앙입니다.

길이의 중간 ■ 자를 이용하여 길이의 절반을 표시합니다. 양쪽에서 모두 표시하여 진짜 중앙을 찾습니다.

중앙선을 맞춤 ■ 폭의 중앙선과 길이의 중앙선을 맞춥니다. 그리고 부재 폭의 윤곽을 따라 선을 그려 반턱 어깨를 표시합니다.

자를 준비 완료 ■ 어깨선이 그려졌으므로, 이제 자를 준비가 되었습니다.

니다. 우리는 일부러 반턱의 폭을 약간 작게 작업했기 때문에, 이 상태에서 두 부재는 서로 끼워지지 않을 겁니다. 블록 플레인이나 캐비닛 스크래퍼 또는 스무딩 플레인을 이용하여 연결할 부재의 옆면을 살짝 깎아냅니다. 그리고 늘 하던 대로 잘 들어맞는지 끼워봅니다. 두 반턱이 모두 빡빡한 상태이므로 테스트로 끼워보는 부재는 뒤집어서 끼워보아야 합니다.

하이브리드 목수의 기술

두개의 스톱블록 ■ 부재가 기댈 수 있는 자르기용 썰매에 달린 두 개의 스톱블록으로 어깨선 사이의 반턱을 쉽게 가공할 수 있습니다.

끼우기 위해 깎아내기 ■ 다른 부재의 반턱에 정확하게 끼울 수 있도록 블록 플레인으로 옆면을 깎아냅니다.

끼워보기 ■ 큰 힘을 들이지 않아도 어깨 사이로 쉽게 끼워지는 것이 목표입니다.

미세 가공 ■ 라우터 플레인으로 반턱의 바닥을 정리합니다. 완벽한 맞춤을 위해서 너무 깎아내선 안 됩니다.

완벽한 십자 반턱 결합 ■ 세부적인 사항에 조금만 신경 쓰면, 완벽한 십자 반턱 결합을 만들 수 있습니다.

끼워보는 과정에서 주의할 점은 힘을 주어 끼우다보면 반턱의 날카로운 모서리에 상처가 생길 수 있다는 겁니다. 조심스럽게 끼워보아야 하며, 힘을 많이 가하면 안 됩니다. 부재가 부드럽고 기분 좋게 쓰윽 끼워지면, 이제 다른 부재에 대해서 동일한 방법으로 미세 가공을 합니다. 이제 첫 번째 부재의 두께가 다른 부재의 반턱에 끼워지는 상태이기 때문에, 두 번째 부재의 미세 가공 후 테스트 시에는 제 방향으로 끼워도 됩니다.

다음으로 완벽하게 한 평면으로 끼워지기 위해 반턱의 바닥(cheek)을 미세 가공할 차례입니다. 이 경우 반턱의 양 옆에 지지대가 있기 때문에, 라우터 플레인이 제격입니다. 각 부재에 대해 몇 번의 대패질만 하면 서로 완벽하게 결합될 겁니다.

T자 반턱 결합

T자 반턱 결합은 한쪽 결합은 부재의 끝에 있어 코너 반턱이고, 다른 쪽은 부재의 중간이라 십자 반턱인 혼합형입니다. 이 부재는 T자 모양으로 결합됩니다. 이 두 부재의 반턱 모양을 만드는 것은 바로 앞에서 이미 살펴보았습니다.

테이블쏘로 두 개의 반턱을 만든 다음, 작업대로 가져가 미세 가공을 합니다. 십자 반턱 결합과 비슷하게 다른 부재의 반턱에 끼우기 위해 부재의 옆면을 대패로 깎아내야 합니다. 하지만 이 경우에는 끝에 반턱이 있는 부재만 미세 가공하면 됩니다. 양쪽 면에서 약간씩 대패로 깎아내고 끼웠을 때 힘들이지 않고 쑤욱 들어가면 완료된 것입니다. 반턱 바닥의 정리를 위해서 저는 라우터 플레인을 사용합니다.

조립하기

두 교차 반턱 결합의 조립은 직관적입니다. 십자 반턱 결합은 하나의 클램프로 결합되는 중앙부를 압착하면 됩니다. T자 반턱 결합은 두 개의 클램프가 필요한데, 하나는 아래위 반턱을 포개는 방향으로 압착하는 것이고, 다른 하나는 반턱의 어깨 면을 압착하기 위한 길이 방향의 클램프입니다. 코너 반턱 결합과 비슷하게, 중앙에 반턱이 있는 부재가 약간 튀어나와야 클램핑하기가 수월합니다.

마무리하기

십자 반턱 결합의 경우 두 부재가 만나는 표면에 대해서만 약간의 마무리 작업이 필요합니다. 샌딩이나 가벼운 스크래핑으로 충분합니다. 어떤 이유로 더 큰 높낮이 차가 생겼다면 블록 플레인이나 스무딩 플레인 또는 좀 더 공격적인 스크래퍼를 사용하여 매끈하게 다듬을 수 있습니다. 하지만 주의 깊은 세팅과 성공적인 시험 조립을 했다면, 예상치 못한 결함을 최소화할 수 있습니다.

T자 반턱 결합은 튀어나온 부재의 옆면을 대패로 깎아내어, 연결된 반턱의 마구리면과 평면을 맞추어주는 약간의 작업이 필요합니다. 다만 마구리면이 반턱에 갇혀 있는 형태여서 뜯겨나갈 우려가 없으니 마음 놓고 대패질해도 됩니다.

제가 소개드린 반턱 가공법의 핵심은 반턱의 어깨 면을 다듬거나 테이블쏘로 정확한 폭의 반턱을 만들려는 시도를 하기보다는 연결할 부재의 옆면을 대패 쳐서 폭을 약간 줄이는 것에 있습니다. 이 방법은 비록 즉각적으로 이해하기 어려울 수 있지만, 훨씬 쉽고 보다 예측 가능합니다. 매번 정확한 맞춤을 할 수 있을 뿐 아니라, 옆면 대패질을 통해서 기계에 의한 톱날 자국을 제거하는 효과도 있어서, 마감 전에 해야 할 준비 작업을 줄여줍니다. 이것은 바로 하이브리드 시스템이 공정을 쉽게 할 뿐 아니라, 시간을 줄이고 좌절에 빠질 위험을 줄이면서도 더 나은 결과를 보여준다는 탁월한 예 중 하나입니다.

T자 반턱 결합의 조립 ■ 또 하나의 아름다운 반턱 결합은 미세 가공을 통해 완벽한 맞춤을 할 수 있습니다.

보조 베이스로 편하게 ■ 라우터 플레인에 보조 베이스를 달고, 같은 두께의 부재를 옆에 두어 균형을 잡으면 쉽게 반턱 바닥을 정리할 수 있습니다.

하이브리드 목공

하이브리드 목수의 기술

플러그 선택 ■ 왼쪽은 윗면 결을 가진 플러그를 잘라내기 전과 후, 오른쪽은 목봉을 잘라내기 전과 후입니다.

목봉과 나사못 플러그

대부분의 목수들은 되도록 나사못을 사용하지 않으려 노력합니다. 하지만 나사못이 적합한 경우엔 이를 피할 이유는 없습니다. 다행스럽게도 나사못 머리를 숨기는 방법이 있어서, 얼핏 보아서는 나사못을 눈치챌 수 없게 할 수 있습니다. 접시 모양 구멍에 나사를 박은 뒤, 작은 목봉(dowel) 또는 더 좋게는 윗면 결을 가진 경사진 플러그(tapered face grain plug)[25]를 본드로 붙여 나사못 머리를 덮을 수 있습니다. 본드가 마르고 나면, 윗면에 상처를 입히지 않으면서 튀어나온 플러그를 잘라 평면을 맞추어야 하는 도전에 직면하게 됩니다. 이런 도전은 나사못 숨기기뿐 아니라, 목봉으로 보강하는(pegged) 장부 결합이나 벌림 쐐기(drawbored) 장부 결합에도 해당됩니다.

대부분의 목수들은 이 튀어나온 플러그들을 깎아내기 위해 전동 샌더에 손이 갈 겁니다. 불행히도 전동 샌더를 선택하게 되면, 일련의 굴곡으로 귀결될 겁니다. 전동 샌더에 사용되는 패드는 약간의 쿠션이 있기 때문에, 주변의 나무를 건들이지 않고 좁은 영역만 샌딩하는 것은 거의 불가능합니다. 일반적인 원목이라면 표면이 약간 일그러진 것 정도는 알아차리지 못하고 넘어갈 수도 있을 겁니다. 하지만 합판인 경우는 게임 끝입니다. 윗면의 얇은 베니어가 금세 닳아버려서 아래 베니어가 비쳐 보이게 됩니다. 이를 방지하기 위해서는 전동 샌더를 절대 사용하지 말고, 튀어나온 플러그를 잘라낼 방법을 찾아야 합니다. 하이브리드 목수는 이런 상황에서 목심제거톱(flush trim saw)을 찾습니다.

합판에서는 조심 ■ 합판의 윗면은 얇은 베니어입니다. 그래서 플러그를 너무 많이 샌딩하면 주위가 얇아져 아래층이 비쳐 보일 수 있으므로 조심해야 합니다.

---

25) 윗면 결을 가진 플러그는 목심제조비트를 이용하여 만들 수 있음. 구멍을 메우려는 판재와 비슷한 판재로부터 만든 플러그를 사용하면, 마구리면이 노출되는 목봉에 비해 더 감쪽같이 나사못을 숨길 수 있음.

튀어나온 것 잘라내기 ■ 플러그에 바른 본드가 마르고 나면, 목심제거톱으로 튀어나온 부분을 잘라줍니다.

튀어나온 플러그 잘라내기

목심제거톱은 날어김이 없는 얇은 톱날을 가지고 있습니다. 날어김이 없기 때문에 바닥에 대고 앞뒤로 톱질을 해도 표면에 상처를 남기지 않습니다. 플러그를 잘라내기 위해서는 톱날을 바닥에 눕힌 상태에서 손잡이만 위로 들어줍니다. 톱날은 휘어지며 이로 인해 바닥 쪽으로 적당한 압력을 가하게 되면서 톱날이 바닥에 밀착됩니다. 놀고 있는 다른 손을 이용하여 톱날을 직접 눌러주는 것도 가능합니다. 대신 톱날을 최대한 바닥에 붙이도록 해야 합니다.

톱날을 바닥에 붙인 채 앞뒤로 움직이다보면, 잘려진 플러그가 떨어져 나갈 것이고 표면은 거의 평평해질 겁니다. 목심제거톱의 톱니는 매우 작기 때문에 빠른 속도로 자를 수는 없습니다. 만일 서둘러 톱질을 했다면 아마도 잘리고 남은 부분이 약간 튀어나와 있을 겁니다. 그래서 추가적인 손질이 필요하게 됩니다. 튀어나온 플러그를 자르고 나면 이제 가벼운 샌딩으로 마무리하면 됩니다. 이 단계에서는 전동 샌더로 마무리해도 괜찮지만, 사포를 나뭇조각에 감은 샌딩블록이 훨씬 더 좋은 결과를 보여줍니다. 특히 목봉의 마구리면이 노출된 경우가 그런데, 마구리면은 윗면에 비해 샌딩이 잘 안 되기 때문입니다. 샌딩블록은 단단하기 때문에 주위 표면에 영향을 최소화하면서 플러그를 샌딩할 수 있습니다.

샌딩으로 매끄럽게 ■ 샌딩 블록을 이용하면, 빠르게 플러그와 표면을 매끈하게 정리할 수 있습니다.

하이브리드 목공

하이브리드 목수의 기술

옆면이 밴딩된 합판 ■ 옆면을 꼼꼼하게 밴딩하면, 보기 흉한 합판의 옆면을 보기 좋게 만들 수 있습니다.

■ 합판 옆면 밴딩

어떤 사람들은 합판(plywood)을 정말 싫어합니다. 그러나 이건 좋지 않은 편견입니다. 왜냐하면 합판도 신중하게 쓰이면 매우 소중한 자산이기 때문입니다. 합판은 평평하고 수치 안정적인 재료가 필요할 때 사용될 수 있는 매우 요긴한 자재입니다. 저는 합판이 발명되었다는 것이 너무 고맙습니다. 프로젝트에서 합판이 얼마나 쓰이건 간에, 대부분의 사람들은 합판의 옆면이 보기 흉하다는 데 동의합니다.[26] 이 때문에 다도나 래빗으로 옆면을 숨기거나, 아예 옆면에 원목 졸대나 베니어 테이프(veneer tape)를 붙이는 식으로 합판의 옆면을 보이지 않게 하는 것이 좋습니다. 당신이 진정으로 합판을 좋아한다 할지라도, 적어도 겉보기에는 원목으로 만든 것처럼 보이길 원할 겁니다.

베니어 테이프가 빠르고 쉬운 방법인데, 특히 이미 접착제가 발라져 있고 다리미로 다려 붙이는 방식은 매우 편리합니다. 그러나 저는 직접 원목 졸대를 만들어서 옆면에 붙이는 걸 선호합니다. 저는 보통 합판 윗면의 무늬와 잘 어울리는 6mm 두께의 졸대를 만들어 사용합니다. 6mm 정도의 두께면 모서리를 모접이 하거나 둥글게 만들 수도 있습니다. 이것은 베니어 테이프로는 불가능한 일입니다. 이런 디테일은 사람들에게 이 가구가 원목으로 만들어 진 것이라는 강한 환상을 주기에 충분합니다.

합판의 제일 위층 베니어는 보통 0.8mm 정도로 매우 얇기 때문에 파손되기 쉽습니다. 그러므로 졸대를 옆면에 붙일 때 매우 조심해야 합니다. 졸대를 옆면에 붙이는 것 자체는 큰 어려움이 없습니다. 문제는 튀어나온 졸대를 깎아내어 합판과 같은 평면으로 만들어내야 한다는 겁니다. 어떻게 하면 합판의 윗면에 상처를 주지 않고, 졸대와 합판의 높낮이 차를 없앨 수 있을까요? 하이브리드 목수로서 우리는 수공구를 이용하여 정확성과 통제 용이성을 구현합니다. 블록 플레인, 스크래퍼, 샌딩, 그리고 약간의 파란 테이프(blue tape)[27]만 있으면 안전하게 합판의 표면과 옆면 밴딩의 높낮이 차를 제거할 수 있습니다. 그리고 번거로운 일도 없고, 후회할 일도 없습니다.[28]

---

26) 보통 합판 내부의 베니어는 안 좋은 품질의 것을 쓰기 때문에 옆면이 균일하지 못함. 하지만 고급 자작합판의 경우 옆면이 균일한 스트라이프 패턴으로 나오기 때문에 선호하는 경우도 있음.

27) 파란 테이프는 미국에서 'Painter's Tape'라고 하는 파란색 테이프임. 보통 페인트를 바르지 않아야 할 부분을 덮는 용도로 사용됨. 우리나라에서는 주로 흰색 마스킹 테이프가 많이 쓰이지만, 테이프 모서리가 깔끔하지 않은 단점이 있음. 파란 테이프는 모서리가 매끈하고 잘 붙어서 페인트를 칠할 때 경계선이 명확한 장점이 있음.

28) The Wood Whisperer Ep.33 - How to Edgeband Plywood 참고.

옆면 밴딩 만들기

옆면 밴딩의 재료는 원목 판재입니다. 판재를 수압/자동대패로 뽑는데, 합판의 두께보다 약간 더 두껍게 합니다. 얼마나 더 두껍냐는 중요하지 않습니다. 그냥 약간 더 두꺼우면 됩니다. 나중에 이 더 두꺼운 부분은 제거해야 합니다. 그러므로 1.5mm 이상 두껍게 하고 싶진 않을 겁니다. 보통 합판은 명시된 두께보다 실제 더 얇은 경향이 있습니다. 그러므로 19t 합판이라면 정확하게 19mm 두께로 판재를 준비하면 살짝 더 두꺼운 정도가 될 겁니다. 이렇게 판재를 준비했으면 테이블쏘에서 6mm 폭으로 켭니다. 이를 위해 톱날이 닿아도 되는 푸쉬 블록(sacrificial push shoe)이 필요 합니다. 만일 없다면 만들거나 구입하세요. 테이블쏘에서 얇게 켤 때, 부재를 잡고 톱날을 통과할 수 있는 수단이 없다면 매우 위험합니다. 시중에는 이 용도로 쓸 수 있는 매우 훌륭한 도구들이 판매되고 있지만, 대안으로 펜스에서 먼 쪽으로 켤 수 있는 얇게 켜기용 지그를 직접 만들어 써도 됩니다.

옆면 밴딩 붙이기

옆면 밴딩을 어떻게 붙이는 것이 가장 좋은 것인지에 대해서는 여러 분파들이 논쟁하고 있습니다. 어떤 분파는 빠르게 작업할 수 있는 타카(brad nail, tacker)를 좋아하지만, 저는 못 자국을 그리 좋아하지 않습니다. 또한 타카핀은 밴딩을 합판 옆면으로 강하게 압착시키지 못하기 때문에, 합판과 밴딩 사이에 미세한 틈이 생기기 쉽습니다. 이 틈을 없애려면 클램프와 클램핑 막대(caul)가 필요합니다. 클램핑 막대는 클램프와 작업물 사이에 길게 끼워지는 것으로, 클램핑 압력을 분산시키는 역할을 합니다. 옆면 밴딩을 위해서 저는 길게 켠 합판을 클램핑 막대로 사용합니다. 클램핑 막대는 압력을 분산시켜주기 때문에 그것을 사용하지 않을 때보다 적은 클램프를 사용해도 됩니다. 옆면 밴딩을 붙이기 위해서 여러 가지 타입의 클램프를 사용할 수 있지만, 저는 패러렐 클램프를 선호합니다. 넓은 클램핑 헤드를 가졌을 뿐 아니라, 작업물이 안착할 수 있는 든든한 받침대 역할도 하기 때문입니다.

옆면 밴딩은 보통 조립하기 전에 작업합니다. 그래야 작업하기 쉽습니다. 본드를 바르기 전에 파란 마스킹 테이프를 합판의 길이 방향으로 밴딩할 옆면 바로 위에 붙입니다. 이 테이프는 클램핑할 때 삐져나오는 본드를 처리하기 쉽게 해주고, 높낮이 차를 제거할 때 표면을 보호하는 역할을 합니다. 옆면에 붙일 졸대와 합판 옆면에 본드를 얇게 바른 다음, 클램핑 막대와 패러렐 클램프를 이용하여 압착합니다. 본드가 미끄럽기 때문에, 클램프를 죄다 보면 졸대가 위치를 벗어날 수 있습니다. 이럴 경우 다시 위치를 잡아주어야 합니다.

안정된 그립 ■ Micro Jig 사의 GRR–Ripper는 테이블쏘에서 안전하게 얇게 켤 수 있도록 도와주는 훌륭한 도구입니다.

이동식 스톱 ■ 간단한 자석식 스톱을 왼쪽 벽으로 사용하고 펜스를 매번 조정함으로써 일정한 폭으로 얇게 켤 수 있습니다.

간단한 해법 ■ 그렇게 길지 않은 쫄대를 켜는 경우에는 MDF 자투리로 간단한 지그를 만들어 쓸 수 있습니다. 이 지그는 부재를 안정적으로 밀어 톱날에 투입합니다.

하이브리드 목공

손가락 감촉을 이용하여 쫄대가 옆면에 대해 아래/위 모두 살짝 돌출되었는지 확인합니다. 본드가 삐져나와 접착부의 시야를 가리게 되므로 손가락에 의존할 수밖에 없습니다. 만일 쫄대가 합판 옆면과 동일한 면에 있거나 오히려 내려가 있다면, 그 영역의 클램프를 살짝 풀어서 위치를 조정한 다음 다시 클램프를 조입니다. 본드가 살짝 굳게 되면(기후에 따라 다르지만 30분~ 2시간), 스크래퍼를 이용하여 삐져나온 본드 덩어리들을 제거합니다. 파란 테이프가 제 위치에 있다면 깨끗하게 제거될 겁니다.

얇게 켜기 지그 ■ MDF의 끝에 자투리 나무를 붙이면, 이것이 작업물을 테이블쏘로 밀어주는 고리 역할을 합니다. 지그를 톱날과 펜스 사이에 두기 때문에 펜스를 한번만 설정해도 여러 번 같은 폭으로 얇게 켤 수 있습니다.

두 합판을 한 번에 클램핑하기

근사하게도 밴딩한 두 합판을 동시에 클램핑하면, 클램핑 막대도 필요 없고 클램프 수를 늘리지 않아도 됩니다. 두 개를 한꺼번에 작업하기 때문에 책장을 만들 때 처럼 옆면 밴딩을 여러 개 해야 하는 경우 매우 유용합니다. 쫄대를 붙인 옆면을 서로 맞대어놓고, 두 합판 전체를 클램핑하면 됩니다. 그러면 각 합판은 서로 클램핑 막대 역할을 하게 됩니다. 또한 이런 식으로 하면 클램핑 압력을 분산시킬 수 있어서 환상적입니다. 만일 합판의 옆면이 똑바르지 않고 중간 중간 파여진 곳이 있다면, 밴딩한 옆면이 잘 밀착되지 않아 미세한 틈이 생길 수 있습니다. 그러므로 최상의 결과를 얻고 싶다면, 쫄대 사이에 코르크(cork) 같은 부드러운 재질을 끼워 넣고 클램핑하면 됩니다. 코르크는 압력을 분산하고 작은 틈들을 밀어붙여 없애줍니다. 또한 작은 클램핑 막대나 길고 얇은 클램핑 막대를 사용하면 특정 부위에 압력을 더 많이 가할 수 있습니다.

효율적인 클램핑 ■ 쫄대를 옆면에 붙일 때, 두 합판을 동시에 클램핑하는 건 멋진 아이디어입니다. 각 합판은 서로에게 클램핑 막대 역할을 하게 되며, 한 세트의 클램프만으로도 충분합니다.

옆면 밴딩의 높낮이 차 잡기

본드가 마르고 나면, 이제 튀어나온 졸대의 높낮이 차를 제거할 차례입니다. 만일 당신이 자신의 기술에 대해 확신이 있고 약간의 용기가 있다면, 블록 플레인으로 빠르게 진행할 수 있습니다. 문제는 너무 많이 나가게 되면, 대팻날이 합판의 베니어를 파고들게 되어 나쁜 상황이 된다는 겁니다. 그래도 저는 블록 플레인으로 작업을 시작합니다. 왜냐하면 카드 스크래퍼나 No.80 캐비닛 스크래퍼에 비해 시원하게 대팻밥을 뽑을 수 있고 시간이 단축되기 때문입니다. 하지만 아까 붙여 놓았던 파란 테이프를 그냥 둔 상태에서 대패질을 합니다. 이 테이프는 합판의 표면을 보호할 뿐 아니라, 조기 경보 시스템이기도 합니다. 대팻날이 합판의 표면에 닿기 전에는 반드시 테이프를 거치게 되어 있습니다. 그래서 테이프에 대팻날이 닿으면, 테이프가 끊어져 접히고 대팻집에 들러붙기 때문에 확실히 알 수 있습니다. 이렇게 해서 대패질을 멈추어야 할 때를 알 수 있으며, 이후 스크래퍼로 진행하면 됩니다.

카드 스크래퍼를 사용한다면, 합판 표면 위에 걸치게 되는 스크래퍼의 모서리를 테이프로 감싸주세요. 의도치 않게 스크래퍼의 날카로운 모서리가 윗면에 닿아서 긁히거나 파여지는 걸 원하진 않을 겁니다. 캐비닛 스크래퍼를 사용한다면 미세한 컷이 되도록 설정하세요. 붙여놓은 졸대에 압력이 집중되도록 조심스럽게 작업하면서도 최대한 많은 왕복을 통해 높낮이 차를 잡아 나가면 됩니다. 스크래퍼가 합판의 윗면을 갉아내기 시작하면, 그것이 설사 먼지 수준이라 할지라도 높낮이 차가 완전히 제거 되었다는 신호이므로 중단합니다. 이어서 가벼운 샌딩으로 마무리합니다.

이 주제에 대해 좀 더 연구를 해본다면, 아마도 옆면 밴딩의 돌출을 해소하는 몇몇 기계를 사용한 해법들을 발견하게 될 겁니다. 예를 들어 테이블쏘의 지그나 일자 패턴 라우터 비트(flush trim router bit)가 있습니다. 만일 제가 부엌장을 여러 개 만들어야 한다면, 기계 사용을 위한 세팅에 시간과 노력을 투자할 것입니다. 하지만 몇 개 되지 않는다면, 그냥 수공구로 하는 것이 쉽고 위험도 적습니다.

블록 플레인 … 부드럽게 ■ 블록 플레인은 높낮이 차를 빠르게 잡을 수 있습니다. 하지만 대팻날이 표면 베니어를 파고들지 않도록 주의해야 합니다.

조기 경보 ■ 파란 테이프가 뜯겨진다는 건 대팻날이 합판 표면에 가까이 다가왔다는 경보입니다.

스크래퍼를 더 안전하게 ■ 카드 스크래퍼로 옆면의 높낮이 차를 잡을 때, 스크래퍼 모서리에 테이프를 둘러서 합판을 보호하세요. 스크래퍼는 블록 플레인보다는 느리지만 위험이 적습니다.

하이브리드 목공

하이브리드 목수의 기술

미세한 틈

합판 옆면 밴딩을 하다보면, 합판과 쫄대 사이에 미세한 틈이 생기는 경우가 있습니다. 이것은 합판의 문제이거나 쫄대의 문제이거나 둘 다일 수도 있습니다. 혹은 클램핑 압력이 고르지 않아서 생기는 문제일 수도 있습니다. 원인이 무엇이든간에, 이것을 어떻게 수정할 수 있는지 알아야 합니다.

저는 메꾸미(wood putty)를 잘 사용하지 않지만, 이 경우는 예외입니다. 이 미세한 틈은 구조적인 강도와는 상관이 없는 문제이고 오로지 미관상의 문제입니다. 이럴 때가 바로 메꾸미가 제대로 쓰이는 경우입니다. 저는 Timbermate 사에서 만든 수축되지 않고 착색이 가능한 수성 메꾸미를 사용합니다. 구두칼(putty knife)을 이용하여 빈틈으로 메꾸미를 밀어 넣습니다. 그리고 마르게 둡니다. 이어서 잔여물들을 샌딩으로 정리합니다. 틈은 잘 메꾸어졌고, 수리한 흔적은 찾을 수 없을 겁니다.

미세하지만 거슬리는 틈 ■ 미세한 틈은 볼 때마다 당신을 미치게 만들 겁니다.

목재용 메꾸미 ■ 미세한 틈을 적절한 색상의 메꾸미로 채워 넣습니다.

사라져 버린 틈 ■ 가볍게 샌딩하고 나면, 틈은 사라지고 없습니다.

■ 막경첩 홈 파기

확실히 어떤 목수들은 다른 이들에 비해 재능이 뛰어나고 기술도 더 좋습니다. 하지만 저는 그 차이가 사람들이 생각하는 것만큼 크지 않다고 봅니다. 좋은 작업과 나쁜 작업을 구분하는 일반적인 기준은 얼마나 참을성이 있느냐와 얼마나 디테일에 신경 썼느냐 입니다. 인내심이 제대로 발휘되는 분야 중 하나가 바로 경첩을 다는 작업입니다. 경첩을 다는 건 그리 어렵지 않습니다. 하지만 사람들에게 바로 보이는 곳이 아니기 때문에, 목수들이 이를 주먹장만큼 중요하게 여기지 않곤 합니다. 저는 이런 인식을 참 안타깝게 생각합니다. 왜냐하면 잘 설치된 경첩은 정말로 아름답기 때문입니다. 완벽하게 설치된 경첩은 문짝과 높낮이 차이 없이 완벽하게 장착되고, 경첩과 홈의 빈틈이 없습니다. 이렇게 설치된 문짝은 저항이나 간섭 없이 잘 열리며, 그 동작은 물 흐르듯이 부드럽습니다. 게다가 조금만 연습하면 누구라도 이런 훌륭한 결과를 만들어낼 수 있습니다.

막경첩(butt hinge)의 홈을 파기 위해 기계만을 사용하는 해법은 라우터와 별도의 템플릿(template)을 필요로 합니다. 그런데 그 결과 몇 가지 문제점을 초래합니다. 먼저 저는 앞으로 사용하게 될 경첩에 맞는 모든 템플릿을 만들고 싶지 않습니다. 경첩의 크기와 모양은 매우 다양합니다. 심지어 같은 제품이라고 나온 경첩도 그 크기와 모양이 약간씩 다릅니

좋은 경첩을 선택하라 ■ 모든 경첩이 같은 품질은 아닙니다. 잘 만들어진 경첩을 찾기 위해 몇 천 원 더 쓰는 걸 주저하지 마세요.

완벽에 가까운 막경첩 ■ 완벽하게 달린 막경첩은 아름다움 그 자체입니다. 나사못 머리 홈까지 가지런하게 정렬해야 했었는데 아쉽습니다.

하이브리드 목공

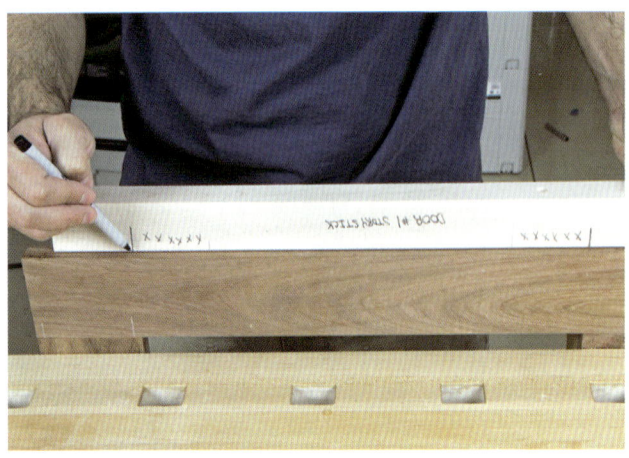

스토리 스틱 ■ 여러 문짝에 경첩의 위치를 동일하게 표시하기 위해 스토리 스틱을 사용합니다. 줄자는 필요 없습니다.

그무개 설정 ■ 설치할 경첩을 이용하여 그무개를 설정합니다.

홈 윤곽에 칼금 넣기 ■ 경첩 홈의 뒤쪽 경계선에 그무개를 이용하여 칼금을 넣어줍니다.

첫 번째 칼금 넣기 ■ 직각자와 마킹 나이프를 이용하여 홈의 한 변에 칼금을 넣습니다.

다. 그래서 한 경첩에 맞추어 템플릿을 만들었어도 다른 경첩에 완벽하게 들어맞지는 않습니다. 두 번째 문제는 뜯겨 나갈 가능성이 있다는 겁니다. 템플릿을 쓰면 라우터 비트가 옆면까지 뚫고 나와야 해서 그렇습니다. 경첩을 달 때쯤이면 거의 마무리 단계인데, 이때는 수리할 수 있는 여건이 안 되며, 따라서 뜯김은 매우 치명적입니다. 이런 이유로 저는 하이브리드 방법으로 경첩 홈을 팝니다. 경첩 제조사가 제공하는 도면을 통해 크기를 알아내고 그 크기에 맞는 템플릿을 만들기보다는, 경첩 자체로부터 필요한 정보를 얻고 그 정보를 설치할 곳에 옮깁니다. 그리고 라우터로는 목표 언저리까지만 홈을 빠르게 판 다음, 끌을 사용하여 목표하는 선에 맞추고 정확하게 미세 가공합니다.

스토리 스틱 이용하여 윤곽 표시하기

여기서는 간단하고 기본적인 막경첩을 중심으로 알아보겠습니다. 첫 단계는 연필로 경첩이 달릴 위치를 표시하는 겁니다. 경첩을 달아야 할 문짝이 하나 이상이라면, 스토리 스틱(story stick)을 만들어 사용하세요. 스토리 스틱은 얇은 졸대인데 경첩이 달릴 위치를 미리 표시해놓은 것입니다. 문짝의 끝에 스토리 스틱의 끝을 맞추면, 자로 재지 않아도 여러 문짝에 대해 일관성 있게 경첩 위치를 표시할 수 있습니다. 막경첩의 설치를 위해서는 막경첩 날개의 시작과 끝 선의 위치만 연필로 표시하면 됩니다. 얼마만한 너비로 홈을 파야 하는지는 경첩 자체로부터 알아냅니다. 대부분의 막경첩은 경첩의 핀 중심으로부터 문짝 옆면과 문틀까지 0.8~1.5mm 간격을 띄워 다는 것이 가장 좋습니다. 이 정도 간격이면 문이 자유롭게 열리고, 닫혔을 때도 가장 보기 좋습니다. 그무개 몸체를 경첩 날개 끝에 대고 경첩의 중심에서 0.8~1.5mm 모자라는 지점에 그무개 칼날을 세팅합니다. 그무개를 고정했으면 아까 스토리 스틱으로 표시한 연필선 사이에 칼금을 넣어줍니다.

앞에서 연필로 경첩의 시작과 끝선을 표시하긴 했지만, 좀 더 정확한 작업을 위해서 칼금을 다시 넣는 게 좋습니다. 직각자와 날카로운 칼로 연필선 위를 지나는 칼금을 넣으세요. 그 칼금에 칼날 전체를 살짝 끼워 놓고 경첩을 가져다 칼날에 밀착시키세요. 그리고 경첩을 손으로 지그시 눌러 움직이지 않게 한 다음, 칼날을 들어 경첩의 반대쪽에 살짝 칼금을 넣으세요. 이때 경첩 옆면에 대고 전체 칼금을 넣지는 마세요. 왜냐하면 경첩이 완전한 직각이 아닐 수도 있기 때문입니다. 경첩을 이제 떼어내고 아까 살짝 금을 넣었던 곳에 칼날을 끼웁니다. 이제 직각자를 칼날에 붙인 다음 완벽한 직각의 칼금을 넣으면 됩니다.

경첩으로 깊이 재기

경첩 홈에 대해 아직 검토해보지 못한 것은 그 홈의 깊이입니다. 첫 단계로 대충 홈을 파기 위해 라우터와 작은 일자 비트(straight bit)를 사용할 것이기 때문에, 깊이를 정확하게 설정해야 합니다. 다행히 이번에도 측정 장치는 필요 없습니다. 플런지 라우터에 비트를 장착하고, 작업대 바닥에 비트가 닿는 지점을 영점으로 설정합니다. 이제 라우터의 터렛(turret)[29]과 터렛 스톱 사이에 경첩의 날개를 끼우고 터렛 스톱을 그 위치에서 잠급니다. 이론적으로 라우터는 이제 정확하게 경첩의 두께만큼만 파도록 설정되었습니다. 만일 당신이 고정 베이스의 라우터를 사용한다면, 라우터를 뒤집은 다음 경첩을 이용하여 비트의 높이를 설정하면 됩니다. 라우터 비트를 경첩 날개의 윗면과 동일한 선까지 올리는 겁니다. 실제 프로젝트에 쓰일 부재에 작업하기 전에, 자투리 나무에 먼저 홈을 파보면서 더블-체크를 하는 것도 좋습니다.

---

[29] 3~4개의 단계별 깊이 스톱을 회전하는 원판 위에 올려놓은 것. 이를 통해 목표하는 깊이로 한 번에 라우팅하는 대신, 터렛을 회전하는 것으로 쉽게 높이를 조정하고 이를 통해 단계적으로 라우팅할 수 있음.

두 번째 선 위치 표시 ■ 경첩을 이용하여 두 번째 칼금을 넣습니다.

두 번째 칼금 넣기 ■ 아까 표시한 칼자국에 칼을 넣고 직각자를 갖다 대어 칼금을 긋습니다.

깊이 설정 ■ 경첩 하나를 라우터 터렛 스톱을 위한 깊이 기준으로 사용하세요.

깊이 설정을 테스트 ■ 자투리 나무에 홈을 파보아서 깊이 설정을 테스트해보세요. 경첩 상단과 나무의 표면이 동일 면에 있어야 합니다.

라우터로 홈 파기

경첩 홈을 위한 라우팅 과정은 매우 빨라야 하며, 윤곽선을 넘어가지 않게만 신경 쓰면 됩니다. 용기를 내어 최대한 선에 가까이 붙여도 좋지만, 영웅이 될 필요는 없습니다. 문짝 전체에 대한 라우팅을 끝냈으면, 끌로 미세 가공을 진행합니다.

문짝의 옆면 같이 좁은 작업물 위에서는 라우터의 균형을 잡기 어려울 수 있습니다. 이러면 작업자에게도 당신의 작품에게도 위험할 수 있습니다. 라우터를 잘 지지하기 위해, 작업물 옆에 다른 나무를 붙여 클램핑하세요. 어떤 경우에는 작업물 양 옆에 두 개의 나무를 붙여야 할 수도 있습니다. 라우터가 안정될수록 결과는 더 좋습니다. 지지를 위한 나무들의 윗면이 작업물의 윗면과 동일 평면에 있어야 한다는 것만 확실히 하세요. 만일 여러 개의 문짝을 작업한다면 두 개의 문짝을 함께 클램핑하는 것이 더 쉬울 겁니다. 이렇게 하면 지지를 위한 면을 더 확보할 수 있으면서도, 두 문짝을 한 번에 작업할 수 있어 일거양득입니다.

끌로 미세 가공하기

이제 경첩 홈의 대부분이 깎였으므로, 날카로운 끌로 마무리 합니다. 연필선이 아니라 칼금을 기준으로 작업하기 때문에, 끌을 선의 어느 쪽에 두어야 할지 고민할 필요 없습니다. 그냥 끌 날을 파여진 금에 끼우면 됩니다. 먼저 섬유질을 끊는 짧은 변을 따내야 합니다. 작은 망치로 가볍게 끌을 때려 파여진 홈의 바닥에 맞춥니다. 양쪽의 섬유질을 끊었으면 이제 경첩 홈의 긴 변을 갈라질 우려 없이 따낼 수 있습니다. 마지막으로 끌의 뒷면을 홈의 바닥에 놓고 가볍게 때리거나 손 힘으로 밀어 윤곽선 안쪽의 남은 부분들을 들어냅니다. 홈의 구석을 깨끗한 직각으로 따내려면 홈의 벽에 대고 몇 번 망치로 때려야 할 수도 있습니다.[30]

---

30) The Wood Whisperer Ep.123 - How to Install Butt Hinge Mortise 참고.

홈 라우팅하기 ■ 6mm 일자 비트를 장착한 라우터를 손으로 잡고, 홈 윤곽 안쪽을 대충 파냅니다.

나무를 덧대어 지지 ■ 자투리 나무를 덧대면 지지면을 더 확보할 수 있습니다. 그러면 라우터를 더 안전하고 정확하게 다룰 수 있습니다.

끌로 양끝을 먼저 ■ 날카로운 끌을 칼금에 댄 다음 홈의 끝 벽을 따냅니다.

끌로 긴 변 따내기 ■ 결방향 때문에 부서지기 쉬우므로 긴 변을 가장 나중에 작업합니다.

바닥 정리 ■ 홈 바닥은 평평하고 매끈해야 합니다. 밀끌로 돌출된 부분을 정리하세요.

잘 들어맞는지 확인 ■ 홈에 경첩을 끼워보세요. 잘 들어맞는지 꼼꼼하게 확인하고, 필요하다면 수정하세요.

다른 방법으로 홈 바닥을 라우터 플레인으로 정리할 수도 있습니다. 하지만 다소 과합니다. 라우터 플레인을 설정하는 시간이면, 끌로 이미 작업을 끝낼 수 있으니까요. 게다가 다른 상황에서는 라우터 플레인이 마지막 미세 가공에 필수적이었지만, 여기서는 그렇지 않습니다. 정확하게 라우터를 설정했으면 홈의 깊이는 이미 처음부터 완벽하며, 나머지 정리도 날카로운 끌 하나면 충분합니다.

얼핏 보기에는 하이브리드 방법이 기계만 쓰는 것에 비해 느려 보일 겁니다. 만일 다섯 개 이상의 경첩을 달아야 한다면 그럴 수 있습니다. 하지만 일반적인 프로젝트에서 경첩은 두 개 혹은 네 개만 쓰입니다. 이 정도 수량이면 홈 파기용 템플릿을 만드는 시간에, 홈도 파고 경첩도 끼울 수 있습니다. 템플릿과 라우터를 쓰는 방법도 결국 둥근 모서리를 끌로 파내어 직각으로 만들어야 하므로 전체적으로 시간이 더 많이 걸립니다. 설사 하이브리드 방법이 시간이 더 많이 걸린다 해도(사람마다 작업 속도는 다르니까요), 저는 하이브리드 방법을 포기하지 않을 겁니다. 문을 열고 닫는 이런 중요한 부분은 시간과 수고를 투자해야 할 가치가 있기 때문입니다. 그리고 하이브리드 방법은 아무 문제없이 경첩을 다는 수단을 제공합니다.

경첩 설치 ■ 경첩이 홈에 꼭 맞게 들어가야 나사를 죄기 쉽습니다. 이제 설치를 마무리하세요.

강하고 아름답다 ■ 주먹장은 서랍, 상자, 수납장에 멋진 디테일을 제공합니다. 주먹장 가공이 어려울 이유는 없습니다.

■ 하이브리드 주먹장

하이브리드 주먹장(dovetail)은 수작업으로 만드는 주먹장의 외관, 제어 용이성, 그리고 즐거움을 제공하면서도 속도와 정밀도를 높이는 잠재력을 보여줍니다. 게다가 절단을 밴드쏘로 하기 때문에, 커다란 주먹장도 비교적 쉽게 만들 수 있습니다. 사실 제 작업대의 앞쪽 에이프런에 있는 큰 주먹장도 비슷한 방법으로 만들어졌습니다. 밴드쏘를 사용하면 주먹장 절단 과정이 빠르고 쉬워집니다. 그리고 나머지 미세 가공은 우리의 친근한 이웃인 수공구의 몫으로 남겨둡니다.

주먹장은 목공의 여러 결구법 중에서 가장 추앙받고 있으면서도 가끔은 두려움의 대상이기도 합니다. 일반적인 견해가 아닐 수 있지만, 저는 주먹장이 과대평가 되어 있으며 만드는 방법에 대한 요란한 설명들도 과장되어 있다고 느낍니다. 주먹장이 유용하고 매력적인 결구법이라는 걸 부인하는 건 아닙니다. 하지만 주먹장이 유일한 결구법도 아니고, 완벽하게 만들려다 보면 다른 선택에 비해 너무 많은 시간을 허비할 수도 있습니다. 확실한 것은 주먹장이 유용할 뿐 아니라, 이 기술이 가구 제작에 많이 쓰이는 다른 결구법에도 적용 가능하기 때문에 주먹장 만드는 법을 반드시 이해해야 한다는 겁니다.

이 결구법은 테일(tail)과 핀(pin)이 서로 맞물리는 형태이기 때문에, 한 방향으로는 절대 빠지지 않습니다. 이 때문에 앞판에 당기는 손잡이가 달려 한 방향으로만 지속적인 부하를 받는 서랍에 좋은 선택입니다. 설사 본드의 효력이 모두 사라진다 해도, 주먹장의 구조상 여전히 그 방향으로는 잘 견딥니다. 주먹장은 월등하게 강할 뿐 아니라 매우 아름답기도 합니다. 핀의 개수와 크기, 배치를 바꿈으로써 우아함에서부터 엉뚱 발랄함까지 모두 표현할 수 있습니다. 요즘 목수들이 시각적인 매력과 강인함 때문에 주먹장에 빠져드는 것이 전혀 이상하지 않습니다.

태생적 저항 ■ 서랍같이 단순한 구조는 주먹장의 강건한 본성이 잘 쓰이는 예입니다.

늘어나는 주먹장에 대한 관심 덕분에, 주먹장을 만드는 도구와 방법에 대해 많은 선택 사항이 생겼습니다. 이 주제에 대해 웹에서 검색을 해보면 아마 수백 개의 블로그 글과 비디오들을 찾을 수 있을 겁니다. 그런데 이들 모두는 전통적인 수공구 방법이나 지그를 이용한 라우터 방법의 변형들입니다. 수공구 방법에 필요한 도구는 선을 그리기 위한 자, 톱, 끌 정도뿐입니다. 필요한 도구는 정말 단출하지만, 다양한 방법들로 인해 오히려 주저하게 될 겁니다. 스스로 의문을 가지게 될 대표적인 것들은 "핀을 먼저 잘라야 하나? 테일을 먼저 잘라야 하나? 윤곽을 그리기 위해 연필을 써야 하나? 마킹 나이프를 써야 하나? 서양식 톱이 좋은가? 동양식 톱이 좋은가? 핀의 너비는 얼마가 좋은가? 주먹장의 각도는 얼마여야 하는가?" 등입니다. 저는 이 모든 질문에 대해 답을 할 수 없습니다. 왜냐하면 결국 개인의 취향에 달린 문제이기 때문입니다. 하지만 당신이 스스로 판단할 수 있는 역량을 갖출 수 있도록 최선을 다하겠습니다.

주먹장 지그

주먹장 지그는 목공 스펙트럼에서 수공구 방법의 반대편에 있습니다. 주먹장 지그는 템플릿과 라우터 비트를 사용하는 것으로, 빠르고 정확하게 주먹장을 가공할 수 있습니다. 불행히도 가장 좋은 지그는 비싸고 세팅하기 까다롭습니다. 의심의 여지없이 저는 주먹장 지그를 세팅하는 시간 안에 서랍에 딸린 여러 개의 주먹장을 수공구로 자르고 조립할 수 있습니다. 주먹장 지그를 세팅하기 위해서는 다시 매뉴얼을 찾아 읽어봐야 하지만, 한 번 제대로 세팅되면 많은 수의 서랍 주먹장들을 몇 분 안에 해치울 수 있습니다. 큰 프로젝트에서 주먹장 지그의 속도와 정확성을 능가할 대안은 없습니다.

독수리 꼬리 ■ 저의 상판이 갈라진 루보-스타일 작업대에는 커다란 주먹장이 있습니다. Benchcrafted 사의 Jameel Abraham은 이것을 '독수리 꼬리(condor tail)'라 부릅니다. 이 큰 주먹장은 하이브리드 기술을 사용하면 쉽게 만들 수 있습니다.

전통적인 도구들 ■ 수작업으로 주먹장을 가공하려면 윤곽을 그리고, 자르고, 미세 가공하기 위한 몇 가지 기본적인 도구들이 필요합니다.

주먹장 지그 ■ 시중에는 수작업으로 주먹장 가공을 하고 싶지 않은 사람들을 위해 몇몇 주먹장 지그들이 판매되고 있습니다.

하이브리드 목공 155

핀과 테일

많은 초보 목수들이 어떤 것이 핀 판재이고, 어떤 것이 테일 판재인지 헷갈려 합니다. 이때 숙련된 목수들은 새 꼬리(bird's tail) 모양처럼 생긴 것이 테일이라고 알려줍니다. 사실이긴 합니다만, 이것은 테일 판재를 정면에서 바라보았을 때의 얘기입니다. 그래도 여전히 헷갈리는 이유는 핀 판재도 마구리면을 바라보면 새 꼬리처럼 보이기 때문입니다. 그러므로 규칙 하나를 명확하게 정의해봅시다. 넓은 면을 바라보았을 때 새 꼬리처럼 보이는 판재가 테일이라고요. 반면 핀 판재를 정면에서 바라보면 작은 직사각형처럼 보입니다.

핀과 테일을 구분하는 또 다른 규칙은 서랍의 입장에서 옆면에 있는 것이 테일이라고 생각하는 겁니다. 만일 테일 판재가 서랍의 앞면에 사용된다면, 이론적으로는 서랍을 당기는 방향으로 빠질 겁니다. 주먹장 결구는 당기는 힘에 대해 잘 견디도록 방향이 배치되어야 합니다. 그러므로 서랍의 경우 앞판과 뒤판은 핀이고, 옆판은 테일이 되어야 합니다. 제가 초보 목수일 때는 핀과 테일의 차이를 기억하기 위해 머릿속에 서랍을 분해하는 장면을 떠올리기도 했습니다.

언급할 만한 또 다른 주먹장 지그의 단점이 하나 더 있습니다. 그건 바로 핀의 크기에 제한이 있다는 겁니다. 목수들은 자신의 주먹장 기술을 뽐내기 위해 매우 좁은 핀을 선호합니다. 그런데 핀 소켓[31]을 가공하는 라

어느 것이 어느 것인가? ■ 테일 판재(위)는 정면에서 바라보았을 때 새 꼬리처럼 생겼습니다.

우터 비트의 크기에 의해 핀의 크기가 제한됩니다. 솔직히 말해 작은 핀은 보여주기 위한 것일 뿐, 결구의 강도와는 상관없습니다. 오히려 너무 작게 만들면 결구를 약하게 만들 수도 있습니다. 고백하건데 이게 너무 멋져 보여서, 저도 핀을 작게 만듭니다. 이봐요, 저도 사람이라고요.[32]

---

31) 핀 소켓은 핀이 들어갈 테일 사이의 공간을 의미함.
32) The Wood Whisperer Ep.27 - How to Cut Dovetails using a Dovetail Jig 참고.

밴드쏘로 주먹장 가공하기

하이브리드 접근법의 목적은 목수들에게 두 세계의 장점들을 모아 제공하는 것입니다. 그리고 주먹장도 예외는 아닙니다. 제가 비록 작은 핀을 좋아하고 수공구 법이 제공하는 핀과 테일 구성의 무한한 자유도를 좋아하긴 하지만 반복성, 예측 가능성 그리고 기계와 지그가 제공하는 빠른 속도 또한 원합니다. 이때 밴드쏘(band saw)가 최고의 절충안입니다. 톱을 사용할 경우 일관성 있는 절단이 어렵지만, 밴드쏘를 사용할 경우 고정된 각도에서 예측 가능한 형태로 절단할 수 있습니다. 그리고 완벽한 결합에 이르기 위해 필요한 미세 가공의 품도 줄어듭니다. 게다가 밴드쏘 톱날의 얇은 두께(kerf) 덕분에 매우 작은 핀도 만들 수 있습니다. 당신이 밴드쏘를 잘 다룬다 해도 단 하나의 주먹장을 만들어야 한다면 그리 큰 장점은 없을 겁니다. 하지만 많은 주먹장을 만들어야 한다면, 그 장점이 두드러집니다. 밴드쏘는 지치지 않기 때문입니다. 평균적인 밴드쏘 기술을 가진 일반적인 목수라 할지라도, 하이브리드 주먹장 기술은 수작업으로 만든 것처럼 보이면서 아름답고 딱 들어맞는 주먹장을 매번 가능케 해줍니다.

주먹장을 밴드쏘로 만들 경우, 끌로 해야 하는 수작업을 필요로 합니다. 그리고 이건 시간을 다소 필요로 하는 일입니다. 하지만 끝내주게 톱을 잘 쓰는 사람이 아니거나, 만성적인 손목 통증으로 고생하는 사람에게는 좋은 대안이 될 수 있습니다. 톱으로 주먹장을 만들 때는 선을 따라 톱질해야 할 뿐 아니라 톱을 특정한 각도로 기울인 채 일직선으로 자르거나, 톱을 수직으로 세우기 위해서 작업물을 바이스에 기울여 고정해야 합니다. 그리고 여러 번의 톱질을 해도 일관성 있는 결과여야 하는데, 작은 서랍의 예를 들어보아도 하나의 결합 부위에 적어도 12번의 톱질이 필요합니다. 당신이 도전적이고 톱질쯤은 식은 죽 먹기라고 여긴다 할지라도, 하이브리드 목수에게 꼭 필요한 능력은 아닙니다. 저 또한 수공구로 좀 느리긴 하지만 제법 근사한 주먹장을 만들 수 있습니다. 그러나 주기적으로 연습하지 않기 때문에 수공구 주먹장에 숙련되었다고 말하기는 어렵습니다. 당신이 공방에서 작업할 수 있는 시간은 제한되어 있기 때문에, 당신의 소중한 시간을 가라데 키드가 바닥에 광내듯[33] 주먹장 100

---

33) 'Karate Kid'라는 영화에서 가라데 사부가 제자에게 무술은 가르치지 않고, 마루 광내기 같은 허드렛일만 시킴. 제자는 불만을 가지지만 알고보니 이 허드렛일의 동작이 가라데의 기본 동작이었던 것.

개 만들기 연습에 쓸 수 있을지 의문입니다. 톱 대신 밴드쏘를 사용하면 주말 파티광(weekend warrior) 조차도 그 기술을 익혀 주먹장의 열반에 이를 수 있습니다.

핀 윤곽 그리기

밴드쏘 주먹장 법은 큰 골격에서 전통적인 수공구 주먹장 법과 비슷합니다. 그래서 핀과 테일의 정확한 윤곽선 그리기가 매우 중요합니다. 어떤 목수들은 마킹 나이프를 선호하고, 또 어떤 이들은 디바이더(divider)[34]를 선호합니다. 저는 단순한 걸 좋아하기 때문에 핀과 테일을 그리기 위해 오직 네 개의 기본적인 도구만 사용합니다. 그것들은 연필, 조합직각자, 그무개, 그리고 각도자(bevel gauge)입니다.

  처음 할 일은 부재들에 이름을 적는 겁니다. 당신이 서랍, 상자, 작은 수납장 등 어떤 걸 만들더라도 부재의 바깥쪽 면과 코너에서 만나는 두 부재를 구별하여 표시해야 합니다. 보통 코너에 어떤 문자 하나를 할당하고, 만나는 두 판재의 바깥쪽 면과 옆면에 그 문자를 써줍니다. 너무 과하지 않냐고 생각할 수도 있습니다만, 이렇게 기록해두어야 주먹장의 혼돈에서 당신을 지킬 수 있습니다.

  다음으로 핀과 테일 부재 양끝에 어깨선을 그리세요. 이것은 장부 가공할 때 어깨선 그리는 것과 비슷합니다(p.122). 이때 연결되는 두 판재의 두께가 상대편 어깨선의 기준이 됩니다. 만일 두 판재의 두께가 같다면, 같은 그무개 세팅으로 핀과 테일 판재에 모두 사용할 수 있습니다. 두 판재가 완전히 같은 높이로 연결되길 원한다면, 그무개 세팅을 상대편 판재의 두께대로 하면 됩니다. 그런데 저는 보통 조립 후 서로 약간씩 튀어나오게 한 다음, 대패질을 통해 완벽한 평면을 맞춥니다. 당신이 같은 높이로 연결되는 걸 목표로 했다 할지라도 누적된 오차 때문에 약간 움푹 들어가는 결과가 되기 쉽습니다. 그렇게 되면 평을 맞추기 위해 판재 바깥면 전체를 대패질해야 합니다. 제가 하는 방식보다 더 많은 시간과 수고가 필요한 건 당연합니다. 그래서 저는 그무개를 세팅할 때 연결되는 판재의 두께보다 0.8mm(1/32") 더 여유를 줍니다. 이 결과 조립 후 핀과 테일은 서로 0.8mm 튀어나오게 될 겁니다. 어깨선은 테일 판재의 경우 윗면과 옆면 모두 그려야 하고, 핀 판재의 경우 윗면만 그리면 됩니다. 핀 판재의 양 옆면에는 절반-핀(half-pin)이 남을 것이기 때문에 어깨선을 그릴 필요가 없습니다.

  핀 판재를 수직으로 세워 작업대 바이스에 고정하고, 조합직각자를 이용하여 판재의 마구리면에 핀의 위치를 표시합니다. 조합직각자를 이용하면 좌우 대칭인 주먹장의 윤곽을

명확하게 표시하라 ■ 주먹장 윤곽을 그릴 때는 만나는 판재가 무엇인지, 어디가 바깥쪽인지 명확하게 표시해야 합니다.

어깨선 그리기 ■ 연결할 판재 두께에 0.8mm 여유를 더해 그무개를 세팅하면, 조립 후 핀과 테일이 약간 튀어나오게 됩니다.

---

34) 컴퍼스와 비슷하게 생겼는데, 양쪽이 모두 바늘의 형태임. 선분을 일정 간격으로 나누어 표시하는 데 사용.

핀 윤곽 그리기 ■ 마구리면과 윗면에 핀의 위치를 표시합니다.

선을 연장하기 ■ 각도자를 원하는 각도(여기서는 1:8)로 설정한 후 마구리면에 핀의 연장선을 그립니다.

전체 윤곽선 ■ 전체 윤곽을 다 그리고 나면, 어디가 파내야 할 부분인지 명확해집니다.

밴드쏘 정반 기울이기 ■ 각도자를 이용하여 밴드쏘 정반을 주먹장 각도로 기울입니다.

양 옆면을 기준으로 쉽게 그릴 수 있어 좋습니다. 밴드쏘로 자를 위치를 쉽게 알 수 있도록 판재의 윗면에도 핀의 위치를 연장하여 선을 그려줍니다. 여기까지가 핀 가공을 위해 필요한 최소한의 윤곽선입니다. 그런데 실제 핀이 잘리면 어떤 모양으로 보일지 전체적으로 그려보는 것도 좋습니다. 이를 위해 각도자를 이용하여 마구리면에 선을 연장하여 그려줍니다. 주먹장 각도의 일반적 규칙은 소프트우드인 경우 1:6, 하드우드인 경우 1:8입니다. 저는 거의 하드우드로만 작업하므로 1:8을 주로 사용합니다. 이 각도는 일반적인 권고사항일 뿐입니다. 그러므로 다양한 각도를 시험해보고 자신이 보기에 멋진 각도를 찾아도 됩니다. 주먹장 작업할 판재가 많이 있다 할지라도 판재들의 두께와 너비가 모두 같다면, 윤곽선을 그려야 할 곳은 핀 판재 하나뿐입니다. 전통적인 수공구 주먹장 법은 모든 판재에 대해 윤곽선을 그려주어야 하는데, 이것에 비하면 매우 큰 장점입니다.

밴드쏘로 핀 가공하기

핀 윤곽선을 모두 그렸으면 이제 밴드쏘를 세팅할 차례입니다. 핀은 특정한 각도(1:8 기울기는 7.1도)로 잘려야 하므로 밴드쏘 정반(table)을 양쪽으로 기울여야 합니다. 대부분의 밴드쏘는 앞쪽으로는 45도까지 기울여지지만 뒤쪽으로는 제한이 있습니다. 다행히 우리가 필요한 7.1도 정도는 대부분의 밴드쏘에서 가능합니다. 밴드쏘에 달린 각도계와 조정하는 메커니즘은 대부분 정확하지 않으므로, 정밀한 작업을 위해서는 이를 믿어선 안 됩니다. 대신 저는 앞서 윤곽을 그릴 때 설정했던 각도자를 이용하여 밴드쏘의 각도를 세팅합니다.

걸리적거리는 밴드쏘 가이드를 떼어내고 각도자를 정반과 톱날에 맞추어봅니다. 완벽한 각도 설정을 위해서는 빛을 비추어보아서 톱날과 각도자 사이에 빛이 새어 나오는지 확인하면 됩니다. 각도자 전체 길이에 대해 톱날 사이에 빛이 새지 않는다면, 밴드쏘 정반이 정확한 각도로 세팅된 것입니다. 핀 판재를 바깥쪽이 위로 향하게 밴드쏘 펜스에 기대어 올리세요. 그리고 마구리면에 표시된 윤곽선을 잘 보세요. 이 선들은 어디 어디를 잘라야 하는지 시각적으로 잘 보여줍니다. 한 방향으로 기울어진 정반이므로 핀 벽의 한쪽만 잘라야 한다는 걸 명심하세요. 첫 번째 절단을 위해 펜스를 잘 조정합니다. 어떤 선부터 자를지는 중요하지 않습니다. 지켜

핀이 먼저냐? 테일이 먼저냐? 1부

모든 사람들이 핀을 먼저 잘라야 하는지, 테일을 먼저 잘라야 하는지에 대한 자기만의 의견을 가지고 있는 것 같습니다. 초보 목수들이 혼란스러워하는 이유는 이 질문에 정답이 없기 때문입니다. 물론 주먹장 구루(guru)들은 동의하지 않겠지만요. 그렇다면 당신에게 적합한 방법은 무엇인지 어떻게 알 수 있을까요?

제가 드리고 싶은 조언은 공정의 순서를 잘 생각해보라는 겁니다. 아주 작은 핀을 가공하면서 당신의 주먹장 근육을 푼다고 해봅시다. 만일 테일을 먼저 잘랐다면, 핀 판재로부터 테일 판재로 윤곽을 옮기는 것이 매우 까다롭다는 걸 생각해야 합니다. 왜냐하면 핀 소켓이 너무 좁아서 연필이 그 안으로 들어갈 수 없기 때문입니다. 그래서 당신이 좋아하지 않을 수 있는[35] 마킹 나이프를 사용해야 합니다. 이 이유 하나 만으로도 핀을 먼저 자르는 데 마음이 기울 겁니다.

핀을 먼저 자르게 되면, 핀의 모양으로부터 테일 판재에 윤곽을 옮기는 것이 훨씬 쉽습니다. 하지만 밴드쏘를 쓸 때 작업의 단순함은 희생해야 합니다. 내용은 2부에서 이어집니다 (p.165).

들어갈 수가 없다 ■ 연필은 좁은 핀 소켓에 들어갈 수 없습니다.

칼은 들어간다 ■ 마킹 나이프는 들어갈 수 있습니다. 하지만 윤곽을 그리는 최선의 도구가 아닐 수 있습니다.

---

35) 칼금은 끌이나 톱의 위치를 잡는 데는 좋지만, 확실히 연필선에 비해서는 잘 보이지 않음. 특히 노안인 경우는.

야 할 규칙은 톱날이 항상 연필선 바로 바깥에 선을 남기면서 잘라야 한다는 겁니다. 이것은 고수해야 할 좋은 습관이며, 이어지는 테일 절단 과정에서 그 효과를 볼 수 있습니다.

밴드쏘에서 절단할 때는 어깨선까지 천천히 전진하세요. 무슨 일이 있어도 어깨선을 넘어가서는 안 됩니다. 만일 그런 일이 발생하면 완성된 주먹장에 보기 흉한 결점이 남게 됩니다. 톱날이 어깨선에 가까워지면, 기어가듯 천천히 밀어 넣으세요. 밴드쏘 자체의 진동 때문에 톱날이 조금씩 나무를 더 깎게 되는데, 이를 이용하여 매우 정확하게 절단 깊이를 제어할 수 있습니다. 절단이 완료되면, 펜스 쪽에 잘 붙인 상태에서 부드럽게 작업물을 뒤로 빼냅니다. 아마 작업물의 반대편 끝에도 핀을 가공해야 할 것이므로, 작업물을 180도 돌리고 바깥쪽을 위로 한 상태에서 똑같은 핀 절단을 진행합니다. 이런 작업을 다른 핀 판재에 대해서도 모두 진행합니다. 모든 판재는 바깥쪽이 위로 향해야 함을 잊지 마시고요. 바깥쪽을 위로 하는 원칙을 고수하는 것은 주먹장의 일관성과 정확성을 보장합니다.

다음 절단을 위한 셋팅을 하기 전에, 밴드쏘 전원을 내리고 톱날이 완전히 멈출 때까지 기다립니다. 그리고 다음 일련

첫 번째 일련의 절단 ■ 밴드쏘 톱날을 버릴 부분 쪽에 두고, 첫 번째 일련의 절단을 합니다.

어깨 조심! ■ 톱날이 어깨선을 넘어가면 좋지 않습니다.

의 핀 판재 양 끝 절단을 위해 펜스를 재조정합니다. 이 세팅으로 모든 판재의 절단이 끝났으면, 이제 밴드쏘 정반의 기울기를 반대로 설정할 차례입니다. 다시 아까 그 각도자를 기준으로 해서 이번에는 반대편으로 정반을 기울입니다. 그리고 처음에 했던 것처럼 일련의 두 번째 절단을 시작합니다. 양 옆의 절반-핀(half-pin)을 자를 때는 자칫하면 톱날이 펜스와 부딪힐 수도 있습니다. 작업물을 펜스에서 25~50mm 떨어뜨려 이를 방지할 수 있는데, 반듯한 나뭇조각을 작업물과 펜스 사이에 끼우면 됩니다.

핀의 양쪽 벽이 절단되었으면 다시 밴드쏘 정반을 톱날에 대해 90도가 되도록 조정합니다. 그리고 가능한 만큼 핀 사이의 버릴 부분을 잘라냅니다. 이때 명심해야 할 것은 핀은 수직이 아니라 기울여져 있다는 겁니다. 그래서 자칫하면 옆으로 파고들기 십상입니다. 그래서 저는 항상 핀의 좁은 부분을 아래쪽에 두고 이 작업을 합니다. 그래야 나무를 조금씩 잘라낼 때 핀의 넓은 쪽을 육안으로 관찰할 수 있습니다. 밴드쏘 톱날을 돌릴 충분한 공간이 확보되었을 때, 톱날을 어깨와 평행하게 하고 1.5mm 정도의 여유를 주면서 어깨선을 따라 잘라줍니다.[36] 어깨선에 바짝 붙이는 것은 너무 위험하고 예측 불가능한 시도입니다. 그래서 어깨를 말끔하게 정리하는 것은 나중에 끌로 합니다. 밴드쏘만으로는 버릴 부분을 모두 파내지 못하므로, 공간이 허용한다면 작업대에서 목심제거톱을 사용하기도 합니다. 만일 공간이 부족하다면 코핑쏘(coping saw)나 실톱(fret saw)을 씁니다.

반대쪽으로 기울이기 ■ 각도자를 톱날 반대편에 놓고, 밴드쏘 정반을 반대 방향으로 기울입니다.

36) Matthias Wandel의 Dovetail Joints on the Bandsaw 참고.

공간 확보 ■ 잘라야 할 지점이 펜스와 너무 가까워 톱날과 부딪힐 우려가 있다면, 자투리 나무를 끼워 공간을 확보하세요.

핀 사이 정리 ■ 핀 사이 버릴 곳 대부분은 밴드쏘로 제거할 수 있습니다.

작은 쐐기 ■ 핀 바로 옆에 남은 작은 쐐기 모양은 코핑쏘나 실톱으로 자릅니다.

테일 윤곽선

테일의 윤곽선을 그릴 때는 핀 판재 자체를 템플릿으로 사용합니다. 핀 판재의 윤곽선 작업과 마찬가지로, 테일 판재 또한 전체 과정에서 단 하나만 윤곽선을 그리면 됩니다. 테일 판재 하나를 바깥면이 아래로 향하도록 작업대에 놓고, 연결될 핀 판재의 끝을 테일 판재의 끝에 맞추어 세웁니다. 마치 최종적인 결합 모양인 듯 배치하는 겁니다. 제대로 자리를 잡았다면 핀의 가는 부분이 바깥쪽으로 향해야 합니다. 두 판재가 만나는 바깥쪽은 같은 면에 있어야 하고, 핀 판재 안쪽은 테일 판재의 어깨선과 나란히 정렬되어야 합니다. 이 상태에서 핀의 위치를 그대로 테일 판재에 옮깁니다. 저는 주로 뾰족하게 깎은 연필을 사용합니다. 당신이 무슨 생각하는지 압니다. "하지만 마크, 당신이 전에 좋은 결구를 위해서는 연필을 쓰고, 위대한 결구를 위해서는 칼날을 쓰라고 하지 않았나요?" 그렇습니다. 하지만 이 경우는 예외입니다.

연필선을 기준으로 버리는 쪽에 톱날을 두라는 규칙과 비슷하게, 마킹 나이프의 날 경사면(bevel) 또한 버리는 쪽을 향하게 해야 합니다. 경사면은 매우 작긴 하지만 일정 폭의 칼금을 만들기 때문입니다. 그런데 핀에 칼날의 뒷면을 기대어 칼금을 넣을 경우, 건들지 말아야 할 테일의 가장자리를 치고 들어오게 됩니다. 핀 사이의 공간은 절대 지켜야 할 곳이고, 완벽하게 들어맞는 홈 없는 주먹장을 위해서 절대 상처를 입어선 안 됩니다. 칼금이 아무리 가늘어 보인다 해도, 그것은 이미 테일을 파고들었습니다. 대신 연필을 쓰면, 테일의 바깥쪽 경계를 표시할 수 있고, 밴드쏘로 연필선 바로 바깥을 따라 자르면 됩니다. 칼금과 다르게, 연필선은 나중에 지울 수 있으며, 나무에 상처를 주지 않습니다.

작은 판재인 경우, 이 금긋기 과정을 손으로만 잡고 진행합니다. 복잡한 준비 과정이 필요 없어 좋습니다. 하지만 좀 큰 판재인 경우에는 아래 판재는 작업대에 클램프로 고정하고, 더불어 커다란 직각 나무 블록을 사용해야 쉽게 정렬할 수 있습니다.

핀 위치 옮기기 ■ 테일 판재 위에 핀 판재를 수직으로 세우고, 핀의 위치를 옮깁니다. 작은 판재라면 별도의 지지물이 필요 없습니다.

가는 선 ■ 0.5mm 샤프를 사용하면 정확한 윤곽선을 그릴 수 있습니다.

큰 판재의 경우 ■ 큰 판재로 작업할 때는 커다란 직각 나무 블록을 지지대와 옆면 정렬의 기준으로 사용하세요.

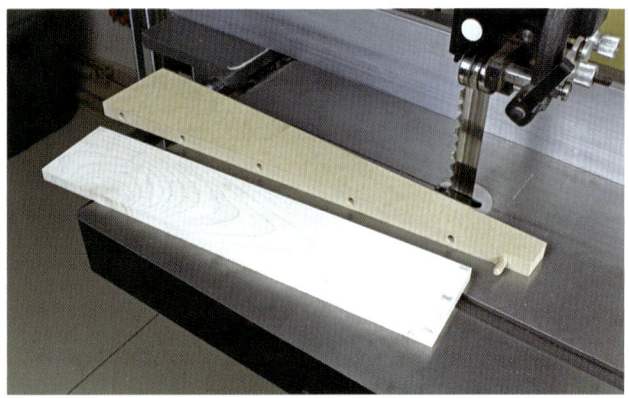

각도 장치 ■ MDF로 만들어진 이 각도 장치는 테일 판재를 주먹장 각도로 투입할 수 있습니다. 앞에 끼워진 목봉은 작업물을 고정시킵니다.

톱날은 버리는 쪽으로 ■ 톱날은 정반에 대해 수직이어야 하고, 연필선 바깥에 바짝 붙여버리는 쪽에 있어야 합니다.

디테일 ■ 밴드쏘로 자른 결과, 왼쪽은 연필선을 남기면서도 바짝 붙였으므로 완벽합니다. 오른쪽은 너무 많이 남겼습니다.

지그 뒤집기 ■ 지그를 뒤집으면 반대쪽 각도로 일련의 테일 절단을 할 수 있습니다.

밴드쏘로 테일 가공하기

테일의 윤곽 그리기가 완료되었으면, 이제 밴드쏘에서 자를 수 있습니다. 저는 고정된 각도로 테일 판재를 잡을 수 있는 조그만 각도 장치를 만들어 사용합니다. 이 각도는 앞 과정에서 핀을 자를 때 썼던 각도와 똑같아야 합니다. 각도 장치는 19mm 합판이나 MDF로 만듭니다. 한쪽 면은 직각으로 똑바르게 자르고, 다른 면은 원하는 각도로 잘라 만들 수 있습니다. 앞서 핀 작업에서 설정해두었던 각도자의 각을 그대로 옮기면 간편합니다. 그어놓은 선을 따라 조심스럽게 밴드쏘로 잘라낸 다음 수압대패에서 가볍게 한 번 밀어줍니다. 사용할 때는 각도 장치의 직각인 면은 밴드쏘 펜스에 기대고, 비스듬한 면에는 작업물을 기댑니다. 각도 장치에는 스톱이 달려 있어서 절단 작업 중 작업물이 앞으로 미끄러지지 않도록 고정시켜줍니다. 두 번째 일련의 절단을 위해서는 이 각도 장치를 뒤집어 반대 각을 구현해야 하는데, 이를 위해 스톱은 빠질 수 있어야 합니다. 그래서 원형 구멍과 목봉(dowel)이 딱 좋습니다. 6mm 드릴로 각도 장치의 각도 면을 따라 여러 개의 구멍을 뚫어줍니다. 아마도 가장 바깥쪽의 두 구멍을 많이 쓸 것이지만, 추가적인 구멍들도 쓸모가 있을 겁니다.

목봉을 작업물 앞쪽이든 뒤쪽이든(당신의 취향대로) 적당한 구멍에 꽂은 뒤, 작업물을 각도면에 기대어 목봉에 닿을 때까지 슬라이딩합니다. 이렇게 되면 이 전체 조합이 펜스를 따라 마치 한 몸인 것처럼 미끄러질 수 있습니다. 그리고 이것은 작업에서 매우 중요한 조건입니다. 테일 판재의 안쪽 면을 위로 한 상태에서, 각도 장치에 기댄 채 첫 번째 절단을 시작합니다. 이때 연필선은 남기되 바짝 붙여버리는 쪽에 톱날이 위치해야 함을 잊지 마세요. 이런 작업을 처음 해본다면 어느 쪽을 자를지에 대해 실수할 수도 있습니다. 하지만 나중에 미세 가공하면서 수정할 기회가 있습니다. 명심해야 할 것은 어쨌든 연필선 바깥쪽이 제거되어야 한다는 겁니다. 당신이 연필선에 바짝 붙여 톱날의 위치를 잡는 데 자신이 생겼다면, 용기를 내어 최대한 바짝 붙여 잘라보세요. 조금만 연습하면 아마도 미세 가공 없이 밴드쏘 작업만으로 완벽하게 들어맞는 주먹장을 만들 수 있을 겁니다.

한 번의 세팅으로, 테일 판재의 안쪽이 위로 향한 상태로 각 판재의 양 끝을 이어서 작업할 수 있습니다. 한 각도로 모든 절단을 했으면, 이제 각도 장치를 끝에서 끝으로 뒤집습니다. 이렇게 함으로서 테일의 다른 각도를 지정할 수 있습니다. 필요하다면 목봉을 다른 구멍에 끼우고, 펜스를 조정하면서 나머지 절단 작업을 진행합니다. 테일과 테일 사이의 버릴 곳 역시 밴드쏘를 이용하여 대충 날려줍니다. 이 때 핀 작업 때와 마찬가지로 어깨선에서 약 1.5mm 정도는 남겨두기 바랍니다. 다행히 테일의 경우 수직으로는 직각이기 때문에 밴드쏘로 테일을 파고들어가는 일은 쉽게 막을 수 있습니다. 만일 핀 소켓이 작다면, 소켓을 향해 수직으로 몇 번 파고들어야 할 겁니다. 이때 톱날이 갑자기 앞으로 파고들 수 있으므로, 톱날이 어깨선을 넘지 않도록 주의합니다.

끌로 정리하기

이제 정리할 시간입니다. 핀과 테일 판재 둘 다 밴드쏘로 대충 자른 거친 어깨를 가지고 있습니다. 어깨에 넣은 칼금이 여전히 살아 있기 때문에, 끌을 잘 다룬다면 아래에 자투리 나무를 대고 주먹장 판재를 위에 올려 클램핑한 뒤, 끌을 타격하면 됩니다. 이때 두께의 절반 정도만 쳐내는 것이 좋습니다. 왜냐하면 그냥 손으로 작업하는 것이라, 완전한 수직이 되지 않을 수 있기 때문입니다. 만일 한쪽에서 끝까지 끌로 따내게 되면 보이지 않는 아래쪽 어깨선을 침범할 수도 있습니다. 그래서 절반 정도 어깨 면을 정리했으면, 판재를 뒤집어서 나머지 절반을 작업합니다. 이렇게 하면 어깨의 중간 부분에 약간의 마무리 작업이 필요할 수도 있습니다. 이를 위해서 판재를 작업대에 수직으로 고정한 다음, 직각자로 체크하면서 밀끌로 튀어나온 부분을 정리합니다.

저는 끌을 잘 다루지만, 이 어깨 면 작업을 위해서 어떤 가이드의 도움을 받습니다. 이 가이드는 네모반듯하게 대패 처리된 하드우드 블록으로, 끌의 자세를 수직으로 유지하는 데 도움을 줍니다. 이 블록을 어깨선에 맞추어 정렬하고 클램핑합니다. 이 가이드는 끌이 정확한 길로 가도록 도와줄 뿐 아니라 작업 시간도 줄여줍니다. 왜냐하면 이렇게 하면 끌이 수직을 벗어나지 못하기 때문에, 한 번에 끝까지 끌로

테일 절단 완료 ■ 테일 절단 작업이 완료되면 이런 모양이어야 합니다.

버릴 부분 제거하기 ■ 밴드쏘를 이용하여 테일 사이의 버릴 곳을 조금씩 파냅니다. 테일이나 어깨선을 파고들지 않도록 주의합니다.

어깨 바깥쪽 ■ 어깨 바깥쪽을 잘라내는 걸 잊지 마세요.

밝은 조명이 도움됨 ■ 이런 작업은 가시성이 중요하므로, 작업등을 사용하면 큰 도움이 됩니다.

하이브리드 목공

어깨를 끌로 다듬기 ■ 주먹장의 어깨는 어깨선을 따라 끌로 다듬습니다.

가이드 블록의 도움 ■ 두꺼운 하드우드 가이드 블록은 끌을 직각으로 세워주고, 어깨선을 넘어서지 않도록 막아줍니다.

테일 판재의 정리 ■ 테일 판재의 바깥쪽 어깨를 정리하기 위해 가이드 블록을 사용합니다.

어깨선을 넘지 않도록 조심 ■ 바깥쪽 어깨를 정리할 때는 세 면의 어깨선을 넘지 않도록 조심합니다.

관통할 수 있습니다. 절반만 끌질하고 뒤집은 뒤 나머지 절반을 끌질하는 수고를 할 필요가 없습니다.

가이드를 이용하면, 핀 보드들을 불과 몇 분만에 정리할 수 있습니다. 테일 보드는 보통 좀 더 주의가 필요합니다. 바깥쪽의 트인 어깨도 신경 써야 하고, 좁은 핀 소켓도 까다롭습니다. 일반적인 주먹장은 핀 판재 양쪽 끝에 절반-핀(half-pin)이 있습니다. 그러므로 테일 판재의 양 끝에는 트인 핀 소켓이 있습니다. 이 트인 소켓의 대부분은 밴드쏘로 날렸지만, 어깨선을 따라 말끔하게 끌로 정리해야 합니다. 만일 가이드 블록을 사용하지 않으면, 어깨 바깥쪽 세 방향에서 가벼운 타격을 통해 정리해야 합니다. 이렇게 어깨선이 명확하게 정리되었으면, 작업물을 수직으로 바이스에 물리고 밀끌로 평을 잡아야 합니다. 이 코너 부분은 주먹장이 조립된 후에도 눈에 띄는 부분이기 때문에 신경을 많이 써야 합니다. 만일 가이드 블록을 사용한다면, 이런 어깨와 관련된 작업이 필요 없습니다. 단순히 끌을 제 위치에 놓고 망치로 내려치기만 하면 됩니다. 이렇게 하면 트인 어깨 면을 가공하는 것이 갇힌 어깨 면을 가공하는 것과 크게 다르지 않습니다.

테일 판재의 핀 소켓 크기에 따라, 테일을 깨끗하게 정리하는 게 까다로울 수 있습니다. 좁은 소켓을 정리하기 위해서는 좁은 폭의 끌이 필요할 뿐 아니라, 주먹장 끌(dovetail chisel)이나 피쉬테일 끌(fishtail chisel)이 필요할 수도 있습니다. 주먹장 끌은 날카로운 경사각이 특징입니다. 피쉬테일 끌은 본체가 가늘고 날 끝 부분이 평평하며 끝부분이 더 넓어지는 형태입니다. 이 특수 공구들은 좁거나 넓은 핀 소켓의 내부 예각을 다듬는 데 최고입니다. 만일 핀 소켓이 매우 작다면, 주먹장 끌이 꼭 필요합니다. 제가 만드는 핀들은 작기는 하지만 표준 평끌로도 작업이 가능한 정도여서, 특별히 이런 특수 끌들을 살 동기는 없었습니다.

끼워보기와 미세 가공

이제 중요한 끼워보기 시간이 왔습니다. 테일 판재를 아래에 뉘여놓고, 연결할 두 개의 핀 판재를 양 끝에 놓습니다. 각 결구 부위는 앞서 정해 놓은 핀/테일 짝이 있다는 걸 명심하세요. 이들 결구 부위들은 개별로 테스트하고 판단되어야 합니다. 만일 당신이 매 절단마다 밴드쏘 톱날을 잘 정렬하는 기술을 가지고 있다면, 만들어진 핀과 테일이 서로 완벽하게 결합될 것입니다. 만일 이 경우라면, 축하합니다. 만일 그렇지 않다면, 그리고 당신이 이 책의 설명을 잘 따라왔다면 아마도 빡빡해서 결합이 힘들 겁니다. 절단할 때 연필선보다 더 많이 남겼기 때문일 겁니다. 당신은 언제든 나무를 깎아낼 수 있지만, 다시 붙일 수는 없습니다. 만일 결합 부위가 느슨하다면 테일을 자세히 들여다보세요. 아마도 연필선이 잘 려나가고 없을 겁니다. 만일 연필선을 남겨두고 잘랐다면, 느슨하게 결합될 리가 없습니다. 만일 실수로 연필선을 넘어 잘랐다 할지라도 너무 실망하지 마세요. 하이브리드 주먹장에 대한 감을 잡고 밴드쏘에 대한 자신감을 가지려면 여러 번의 연습이 필요한 법입니다. 처음 몇 번해 보고 핀이 소켓에 기분 좋게 미끄러져 들어갈 바랄 순 없습니다. 좋은 소식은 뭔가 잘못되어 가고 있을 때, 그 원인을 쉽게 알 수 있다는 겁

니다. 무서워해야 할 실패는 왜 그런지, 어떻게 그런 일이 발생했는지 알 수 없는 것입니다. 왜 그런지 어떻게 된 일인지 안다면, 앞으로 그 실수를 반복하지 않을 테니까요.

만일 빡빡하게 끼워진다면, 테일 쪽의 연필선에 군살이 붙어 있는지 확인해보세요. 대부분의 경우 자세히 들여다보면 확실히 문제 지점을 찾을 수 있습니다. 밀끌을 이용하여 군살이 붙어있는 테일의 면을 깎아냅니다. 테일을 일정하게 깎고 있음을 확실히 하기 위해서, 먼저 깎아낼 테일의 면 전체를 연필로 칠해줍니다. 연필로 칠해진 테일 면 전체가 벗겨졌다면 그 표면이 고르게 깎였음을 알 수 있습니다. 필요한 만큼의 군살을 깎아내기 위해, 테일 면을 연필로 칠하고 밀끌로 깎아내고 하는 과정을 반복할 수 있습니다.

만일 육안으로 빡빡하게 끼워지는 이유를 찾지 못하겠다면, 좀 더 면밀한 조사가 필요합니다. 테일 판재를 핀 판재에 올려놓고 조금만 힘을 주고 이리저리 움직이면서 끼워봅니다. 절대 억지로 힘을 주어 끼워서는 안 됩니다. 이 상태에서 가까이 들여다보면 어느 테일은 군살이 있고, 어느 테일은 다른 방해가 없다면 부드럽게 들어갈 것이라는 걸 알 수 있

핀이 먼저냐? 테일이 먼저냐? 2부

목공 동지들을 혼란스럽게 할 수도 있지만, 핀이 먼저냐 테일이 먼저냐는 질문에 대한 해답을 찾는 당신에게 다른 관점을 소개드려야 할 것 같습니다. 만일 당신이 핀 대신에 테일을 먼저 자른다면, 단순히 테일 판재를 뒤집는 것으로 상당한 시간을 절약할 수 있습니다. 테일이 좌우 대칭이라면, 모든 테일 절단은 거울 이미지처럼 작업물을 단순히 뒤집는 것만으로 절단 위치를 잡을 수 있습니다. 그렇다면 왜 핀 판재를 먼저 잘랐을 경우, 테일 판재를 그냥 뒤집기 방법으로 자를 수 없는지 의문이 생길 겁니다. 그것은 핀 판재를 자를 때 펜스를 매번 조정했고, 이때마다 오차가 조금씩 생겼기 때문입니다. 이 때문에 핀 판재가 완벽하게 대칭이라는 보장을 할 수 없습니다.

핀의 윤곽을 그리고 자르는 것은 항상 잠재적인 오차를 내포하고 있습니다. 이 오차는 핀 판재를 이용하여 핀의 위치를 테일 판재에 복사하는 것으로 해소됩니다. 핀의 절단 과정에서 뭔가 잘못되었더라도, 테일에 복사된 연필선을 따라 잘 자르기만 한다면 문제없습니다. 여기서 갑자기 핀들도 완전히 대칭이고 따라서 뒤집기 전략을 쓸 수 있지 않을까라는 생각이 들 수 있습니다. 하지만 곧 서늘하고 불길한 기운이 감도는 걸 느끼게 될 겁니다.[37]

만일 테일 판재를 먼저 자른다면 우리는 안전하게 뒤집기 전략을 취할 수 있습니다. 그래서 그 결과 완벽하게 대칭인 테일을 만들 수 있습니다. 그리고 이 테일들의 위치는 핀 판재에 옮겨질 수 있으며, 이어서 작업을 진행할 수 있습니다. 그렇죠? 그런데 이게 항상 최선은 아닙니다. '핀이 먼

저냐? 테일이 먼저냐? 1부'에서 다루었던 작은 핀에 대한 이슈를 한번 떠올려보세요. 핀 소켓에 연필이 들어가지 않는다는 건 중대한 문제였습니다. 그래서 작은 핀인 경우에는 핀 판재를 먼저 자르는 수밖에 없었습니다. 만일 당신이 핀을 좀 넓게 하는 스타일을 좋아한다면, 테일을 먼저 자르는 것이 더 좋은 선택이 될 수 있습니다. 자, 보세요. 제가 이 선택이 그리 간단치 않다고 말씀드렸죠?

---

37) 잘 생각해보면, 핀의 경우 뒤집기를 하면 의도한 것의 반대 방향으로 잘림.

자르고 뒤집기 ■ 테일을 먼저 자를 경우, 한 번 자르고 나서 작업물을 뒤집어 두 번째 절단을 할 수 있어 펜스 조정 횟수를 줄일 수 있습니다.

습니다. 테일 판재를 작업대 바이스에 물려놓고 가벼운 밀끌로 군살을 깎아냅니다. 미세 가공을 진행하면서 수시로 끼워 보아 너무 많이 나가는 일이 없도록 합니다. 망치 없이도 부드럽게 끼워지려면 몇 번 이것을 반복해야 합니다. 하지만 참을성은 좋은 결과로 보상될 겁니다. 명심해야 할 것은 나무는 압축될 수 있기 때문에, 너무 힘을 들여 강제로 끼워 맞춰서는 안 된다는 겁니다.

주먹장이 손힘이나 무반동 망치(dead blow hammer)로 가볍게 몇 번 두드려서 끼워진다면, 다음 단계로 진행할 수 있습니다. 조립된 상태에서 핀과 테일은 서로 약간 돌출될 겁니다. 이건 의도된 것입니다. 최종적으로 조립이 완료되고 본드가 모두 말랐을 때, 블록 플레인을 이용하여 돌출된 핀과 테일을 깎아내고 평을 맞출 것입니다. 이어서 랜덤 오빗 샌더 혹은 스크래퍼로 다듬어줍니다. 프로젝트의 종류나 당신의 취향에 따라, 어깨에 그어진 칼금까지 없앨 수 있습니다. 하지만 어떤 사람들은 어깨에 그어진 칼금을 그대로 남기길 좋아합니다. 왜냐하면 이것이 수작업으로 주먹장을 만들었다는 명확한 표시가 되기 때문입니다. 어떤 사람들은 이 칼금이 보기 싫어서 깨끗하게 없애길 좋아합니다. 선택은 당신 몫입니다.

밴드쏘로 두세 번 주먹장 프로젝트를 진행하다보면, 아마도 손질이 거의 필요 없는 결과를 만들어낼 수 있을 겁니다. 만일 톱날을 정렬하는 데 어려움을 겪는다면, 조명을 활용해 보세요. 밴드쏘의 톱날 뒤쪽에 작은 작업등을 달면, 그림자로 인해 잘 보이지 않던 부분의 가시성이 좋아질 겁니다. 헤드밴드 타입의 조명도 꽤 큰 도움이 됩니다.

주먹장 조립

주먹장은 대부분 알아서 직각이 맞추어지는 결구법입니다. 서로 느슨하지 않게 잘 들어가고, 완전히 다 끼워졌다면, 결국엔 직각이 되어야 합니다. 하지만 목공의 신이 늘 자애로운 건 아닙니다. 일단 본드를 바르고 나면 직각이 되는지, 그리고 서로 끝까지 끼워졌는지 확인하는 것이 매우 중요합니다. 각 결구 부위가 미세 가공되고 잘 끼워지는지 확인되었다면, 핀과 테일에 본드를 바르고 끼운 다음, 각 방향에 두 개씩의 클램프로 압착합니다. 주먹장이 서로 끝까지 끼워졌다면 직각자를 이용하여 각 코너의 직각을 점검합니다. 만일 직각에서 틀어졌다면 다섯 번째 클램프를 투입하여 대각선으로 클램핑합니다. 이 대각선 클램프는 조금씩 힘을 주어가며, 전체적으로 직각이 되도록 해줍니다. 만일 너무 힘을 주어 반대쪽으로 직각이 틀어졌다면, 이 클램프를 풀어 다른 대각선 방향으로 압착해야 합니다.

조립 ■ 각 결합 부위 별로 끼워봅니다. 잘 끼워진다면 네 개의 판재를 모두 조립해봅니다.

검사하기 ■ 전체 구조의 직각을 점검하고, 각 결합 부위별로 개선할 점이 없는지 확인합니다.

너무 빡빡한가요? 그럼 깎아내세요 ■ 만일 결합이 너무 빡빡하다면, 군살이 있는 테일의 면을 연필로 칠하고, 가볍게 그 면을 깎아냅니다.

조립하는 동안 직각만 신경 써서는 안 됩니다. 각 결합 부위가 단단하게 밀착되는지도 확인해야 합니다. 자칫하면 완성되고 나서 보기 흉한 틈이 보일 수도 있습니다. 만일 결구 부위에 직접 클램프 헤드를 대고 클램핑했다면, 절대 충분한 압착력을 얻을 수 없습니다. 왜냐하면 우리는 의도적으로 핀과 테일을 돌출되도록 했고, 이로 인해 결구 부위에 직접적으로 압력을 가할 수 없기 때문입니다. 이 문제를 해결하는 가장 쉬운 방법은 핀과 테일의 전면 부에 조그만 자투리 나무들을 덧대는 것입니다. 자투리 나무들을 순간접착제 몇 방울로 제자리에 임시 고정합니다. 클램프를 단단히 죄게 되면, 돌출된 핀과 테일의 마구리면이 아니라 이 자투리 나무에 압력이 가해집니다. 이렇게 해야 원하는 대로 결구 부위가 서로 밀착되어 빈틈없는 주먹장을 만들 수 있습니다. 임시로 붙여진 자투리 나무는 목공 본드가 마른 뒤 간단하게 떼어낼 수 있고, 본드 자국은 대패로 쉽게 제거할 수 있습니다.

주먹장을 클램핑할 때마다 자투리 나무를 찾아서 붙이는 작업은 때론 지루할 수 있기 때문에, 다른 전략을 소개하지 않을 수 없습니다. 이 단계에서 핀과 테일을 튀어나오게 하는 대신에, 그 반대의 전략을 택할 수도 있습니다. 즉, 핀과 테일을 약간 움푹 들어가게 만드는 겁니다. 이것을 위해서는 연결되는 판재의 두께에서 0.8mm 정도 작게 그무개를 설정해서 어깨선을 그어주어야 합니다. 이렇게 하면 지금까지 설명한 것과는 정반대로 핀과 테일이 들어가게 됩니다. 이 결과 주먹장을 클램핑하기 위해 자투리 나무를 찾을 필요가 없습니다. 또한 이 접근법은 서랍의 폭을 정확하게 맞추어 주먹장 판재를 자르기보다는, 약간의 불확실성을 고려하여 서랍장 프레임에 꽉 끼게 만든 다음 서랍 옆면을 대패로 깎아내어 맞추는 전략도 포함합니다. 단점은 본드가 마르고 나면 서랍 혹은 박스의 네 면 전체를 대패질해서 핀/테일의 마구리면 높이까지 맞추어야 한다는 겁니다. 서랍을 하나만 만들거나 작은 상자를 만든다면 나쁘지 않은 전략입니다. 하지만 많은 서랍이나 큰 수납장을 만든다면 엄청난 수고를 들여 추가적인 대패질을 해야 합니다. 그러니 빨간 약이든 파란 약이든 고르세요. 저는 대부분의 경우 앞서 언급한 대로 핀과 테일을 약간 튀어나오게 하는 것이 더 편하다고 생각합니다.

좀 두꺼운 판재(19mm 이상)에 주먹장을 만든다면, 핀과 테일 바로 뒤에 클램프 헤드를 대어 압착하는 것도 가능할 수 있습니다. 이 경우 자투리 나무의 도움이 필요 없습니다. 판재가 두꺼워서 클램프 압착에 의해 휘어질 가능성이 적기 때문에, 결구 부위 주변을 클램핑하는 것도 괜찮은 방법입니다.

제 생각에 이 시스템은 두 세계의 좋은 점만 골라 제공합니다. 외관은 수작업으로 만든 주먹장처럼 보이지만, 밴드쏘를 이용하여 정확도와 속도를 높였으니까요. 서랍이 엄청

조립 ■ 결구의 접촉하는 면마다 본드를 바르고, 네 개의 클램프로 압착합니다.

직각을 체크 ■ 주먹장은 대부분 스스로 직각을 맞추지만, 만일을 대비해 네 모서리의 직각을 점검하는 것이 좋습니다. 필요하다면 직각을 맞추기 위해 대각으로 클램핑하세요.

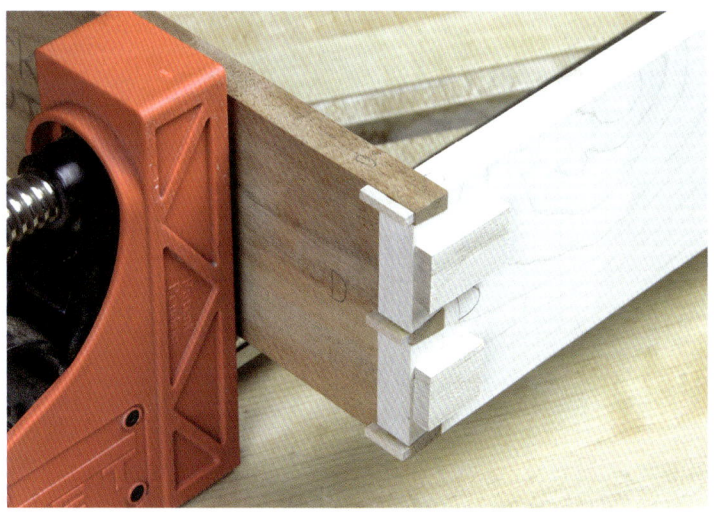

작은 자투리에 압력이 집중됨 ■ 좀 지나쳐 보이긴 하지만, 제대로 된 곳에 압력이 가해지도록 조그만 자투리 나무를 임시로 붙입니다.

하이브리드 목수의 기술

핀을 깎아 평 맞추기 ■ 튀어나온 핀은 블록 플레인으로 몇 번 밀어주면 쉽게 판재 윗면과 평을 맞출 수 있습니다.

테일을 깎아 평 맞추기 ■ 튀어나온 테일 역시 핀과 같은 방식으로 평을 맞출 수 있습니다.

많은 큰 프로젝트인 경우 저는 라우터와 주먹장 지그를 여전히 사용하고 있습니다. 하지만 다섯 개 이하의 서랍인 경우는 하이브리드 밴드쏘 방법이 훌륭한 선택입니다. 또 다른 사실은 이 방법이 큰 주먹장을 만드는 데 유용하다는 겁니다. 그래서 더 가치가 있습니다. 모든 것을 고려해볼 때, 당신은 트집잡기 좋아하는 주먹장 마니아의 까다로운 안목도 만족시킬 수 있는 강하고 우아한 주먹장 가공법을 갖추게 되었습니다.

곡선

대부분의 목수들은 목수로서의 여정을 똑바른 나뭇조각들로부터 시작합니다. 크래프트맨 & 미션(Craftsman & Mission)[38] 스타일의 단순한 아름다움은 많은 초보 목수들을 이 세계로 인도합니다. 어느 정도는 이런 타입의 가구들이 곡선(curve)의 요소를 포함한 작품 세계로 진화하는 디딤돌이 됩니다. 곡선이 무슨 대수냐고 생각할 수도 있지만, 실제 목공 과정을 곰곰이 생각해보면 거의 모든 결구법은 평평하고 직각인 부재를 대상으로 하고 있습니다. 그래서 곡선 가공은 타석에 선 디자이너/목수들이 온갖 변화구를 쳐내야 하는 어려움과도 같습니다. 이런 이유 때문에 곡선을 만들기 전에 결구 가공을 먼저 하는 겁니다. 곡선을 당신 작품에 도입하는 것은 깊은 주제이기 때문에 우리가 여기서 다루고자 하는 것은 하나의 측면, 즉 곡선을 어떻게 만드느냐 뿐입니다.

기계로 곡선을 만들기 위해서는 보통 작업물에 곡선을 그리고, 밴드쏘나 직쏘로 그 선을 따라 자르면 됩니다. 이렇게 만들어진 곡면은 거칠기 때문에 일반적으로 추가적인 모양 다듬기와 정리 그리고 샌딩이 필요합니다. 곡면의 샌딩을 위해서는 스핀들 샌더(oscillating spindle sander)나 블래더 샌더(bladder sander)[39]가 주로 사용되는데, 특히 샌더의 단면이 곡선의 곡률과 같다면 더 효율적입니다. 하지만 대부분의 경우에 작품에 사용되는 곡선은 더 넓고, 완만하고, 미묘합니다. 스핀들 샌더와 블래더 샌더는 오직 몇 십 mm의 지름밖에 되지 않기 때문에, 결국엔 완만한 곡면에 미세한 굴곡을 만들게 됩니다.

다른 대안으로 템플릿을 만들고 라우터와 패턴비트(flush-trim bit)를 이용하여 템플릿의 모양대로 따내는 방식이 있습니다. 이 방법은 완벽한 곡선을 빠르고 효율적으로 만드는 방법입니다. 하지만 이를 위해서는 템플릿의 곡선도 완벽해야 합니다. 작업물에 곡선을 만들 때 발생하는 문제들은 템플릿에 곡선을 만드는 데도 똑같이 존재합니다. 템플릿에 있는 미세한 결함은 이것을 복사한 작업물의 곡선에도 그대로 나타납니다.

템플릿이든 최종 작업물이든 간에 부드럽고 연속적인 곡선을 만들려면 추가적인 작업이 필요합니다. 그리고 하이브리드 접근법은 여기에 대해 멋진 해법을 제공합니다. 곡선을 다듬는 데 기계를 쓰는 대신, 우리는 스포크쉐이브(spokeshave)와 줄(rasp), 그리고 휘어지는 샌딩 스트립(flexible sanding strip)을 사용할 겁니다. 이 도구들은 믿지 못할 정도의 제어 용이성을 제공하며 굴곡을 제거하는 데 도움을 줍니다. 그 결과로 부드럽고 연속적인 곡선이 만들어집니다. 곡선이 포함된 여러 개의 작업물을 만들 때는 이 과정을 템플릿을 만드는 데 단 한 번만 적용할 것입니다. 완벽한 템플릿이 만들어지면 당신은 이를 필요한 만큼 복사할 수 있습니다. 이제 본격적으로 하이브리드 곡선 절단 과정을 살펴봅시다.

곡선을 자르기 위해서는 먼저 곡선을 그려야 합니다. 저의 예술적 감각이 뛰어나진 않기 때문에, 눈을 즐겁게 하고 작

곡선은 재밌습니다 ■ 제가 디자인한 이 작은 테이블은 역동적인 곡선과 유기적인 형태를 갖추고 있습니다.

---

38) 미술공예운동(Arts & Craftsman)과 미션 스타일은 19세기 미국을 중심으로 발전한 예술과 가구 디자인 경향으로, 장인 정신과 자연 그대로의 재료를 중시하며 단순하고 묵직함을 추구하는 전통 가구 스타일.

39) 스핀들 샌더와 비슷하지만, 원통이 가로로 누워서 회전하는 형태의 샌더임.

품 전체의 디자인을 돋보이게 하는 우아하고 아름다운 곡선을 만들 때 몇 가지 도구들을 사용합니다.

운형자

작은 크기의 비대칭 곡선을 그리기 위해, 저는 플라스틱으로 된 운형자(french curve)를 사용합니다. 대부분의 경우 저는 두 개 이상의 점을 연결하는 곡선을 그리게 됩니다. 문제는 그걸 그냥 손으로 그릴 수는 없다는 겁니다. 다행히 운형자는 점 A로부터 점 B까지 연결할 수 있는 다양한 선택을 제공합니다. 그리고 그중에는 제 머릿속에서 상상했던 그 곡선과 일치하는 것이 있습니다.

편리한 운형자 ■ 운형자를 사용하면 당신이 상상하는 어떤 곡선도 쉽게 그릴 수 있습니다.

휘는 졸대

어떤 크기든 대칭인 곡선을 그리려면 휘는 졸대(bender board)를 사용해보세요. 이것은 잘 휘는 인공 재료로 만든 얇고 긴 졸대일 뿐입니다. 이 목적으로 하드우드를 얇게 켜 사용할 수도 있습니다만, 경험상 MDF와 합판이 더 일관성 있는 곡선을 그릴 수 있었습니다. 졸대를 클램프나 못 혹은 무거운 물건으로 고정하면, 대칭인 곡선을 자유롭게 그릴 수 있습니다. 만일 공방에 도와주는 친구가 있다면 클램프, 못, 무거운 것 등을 쓸 필요 없이 그냥 그 친구에게 원하는 곡선의 형태로 구부려 잡고 있어 달라고 하세요. 그 상태에서 당신은 연필로 졸대를 따라 그리기만 하면 됩니다.

휘는 졸대 ■ 커다란 대칭 곡선은 얇은 자투리 판재와 못 몇 개로 쉽게 그릴 수 있습니다.

그리기 활

Lee Valley Tools 사는 유리섬유(fiberglass)로 만든 그리기용 활(drawing bow)을 판매하는데, 대칭인 곡선과 비대칭인 곡선을 그릴 수 있는 두 가지 버전이 있습니다. 두 활은 모두 고정할 수 있는 끈이 있어서 원하는 곡률로 만든 다음 쉽게 그 모양을 고정할 수 있습니다. 이 기능은 혼자 작업하는 경우 매우 큰 도움이 됩니다. 이 기능 하나 만으로도 다소 비싼 돈 값어치[40]를 합니다. 비대칭 활은 점점 더 얇아지는 형태입니다. 그래서 끈을 조이게 되면 활의 얇은 쪽이 두꺼운 쪽보다 더 많이 휘게 됩니다. 그 결과 만족스러운 비대칭 곡선이 만들어집니다. 이런 형태의 그리기 활은 잠깐 짬을 내어 쉽게 만들 수도 있을 겁니다. 물론 필요한 부품들을 구해야겠지만요.

활 ■ Lee Valley Tools 사는 대칭과 비대칭 활을 판매합니다. 곡선 윤곽을 그리는 데 유용합니다.

---

40) 대칭 곡선용은 $28.5, 비대칭 곡선용은 $31.5.

곡선 모양 만들기

어떤 식으로든 곡선을 그렸으면, 이제 밴드쏘나 직쏘로 그 곡선을 잘라야 합니다. 자를 때는 가능한 선에 가깝게 자르되 선을 넘어가서는 안 됩니다. 아무리 처음 하는 작업이라 서투르다 해도, 1.5mm 정도의 여유는 선에서 남기면서 잘라야 합니다. 좋은 소식은 만일 선을 넘어가 잘랐다 할지라도, 곡선은 관대하기 때문에 즉석에서 새로운 곡선을 만들어낼 수 있다는 겁니다. 버릴 부분을 잘라냈다면 이제 작업대에서 곡면을 다듬는 작업을 해야 합니다. 목표는 연필로 그은 선을 따라 부드럽고 연속적인 곡선을 만드는 것입니다. 이를 위해 스포크쉐이브, 줄, 휘어지는 샌딩 스트립 등을 사용합니다.

스포크쉐이브

스포크쉐이브(spokeshave)부터 시작합시다. 밴드쏘로 잘린 단면은 빨래판처럼 울퉁불퉁한 모양입니다. 만일 연필선으로부터 1.5mm 정도를 남겨두었다면, 대패로 날리면서 다듬기 딱 좋은 정도입니다. 스포크쉐이브의 작은 대팻집은 급하거나 완만한 곡면 모두에 적절합니다. 곡선 안쪽을 다듬는 것이라면 볼록한(convex) 스포크쉐이브가 좋고, 곡선 바깥쪽을 다듬는 것이라면 평평한(flat) 스포크쉐이브가 좋습니다.

스포크쉐이브를 사용할 때 지켜야 할 규칙은 항상 나뭇결에 대해 내려오는 방향으로 당겨야 한다는 겁니다. 만일 곡선의 방향이 바뀌거나 결 방향이 괴팍하다면 단순히 스포크쉐이브를 반대로 잡고 당기는 대신 밀면 됩니다. 만일 당신이 당기거나 미는 한쪽 동작만 편하게 느낀다면, 그래서 일률적인 몸동작을 유지하고 싶다면 작업물을 뒤집으면 됩니다. 하지만 시간을 절약하기 위해서는 미는 것과 당기는 것 모두에 익숙해지는 것이 좋습니다. 작업물을 다시 고정하는 것보다는 스포크쉐이브를 거꾸로 잡는 것이 훨씬 더 빠르기 때문입니다.

연필선에 맞추어 계속 다듬기 작업을 하되, 옆면이 항상 윗면에 대해 수직이 되도록 신경 써야 합니다. 스포크쉐이브로 작업하다보면 좌우 균형을 잃고 한쪽만 힘을 주기 쉽습니

곡선 대충 따내기 ■ 밴드쏘를 이용하여 곡선을 모양 따라 대충 따냅니다.

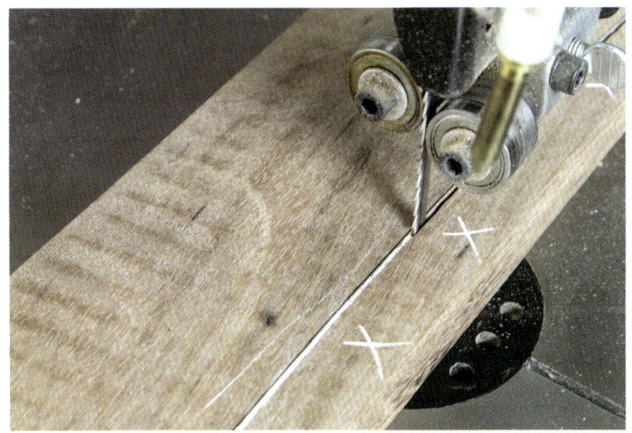

선을 자르지 마세요 ■ 적어도 선에서 1.5mm 이상 남기면서 자르세요.

전통적인 모양 다듬기 ■ 스포크쉐이브는 모양을 만들고 곡면을 매끄럽게 다듬는 데 훌륭한 도구입니다.

다재다능한 스포크쉐이브 ■ 스포크쉐이브의 작은 몸체는 다른 수공구들이 할 수 없는 일도 척척 해냅니다.

하이브리드 목수의 기술

줄로 모양 만들기 ■ 줄은 곡면을 미세 가공하는 데 훌륭한 도구이며, 매끄럽고 일률적인 표면을 만드는 데 도움을 줍니다.

샌딩으로 마무리 ■ 휘어지는 샌딩 스트립(p.174)을 이용하여 가벼운 샌딩을 해주면 마무리 됩니다.

손가락을 믿어라 ■ 손가락은 매우 민감한 도구입니다. 곡면이 충분히 매끄러운지 손가락은 느낄 수 있습니다.

다. 이렇게 되면 옆면의 수직이 흐트러지게 됩니다. 아주 심해지기 전에 수직이 흐트러진 곳을 발견했다면, 양손의 압력을 조절함으로서 쉽게 수정할 수 있습니다. 최종 목표가 모서리를 둥글게 만드는 것이라 할지라도, 곡선의 모양을 완전히 만들기 전까지는 직각을 유지하는 것이 좋습니다.

줄

스포크쉐이브의 좁은 대팻집은 자신보다 넓은 언덕이나 계곡을 자유롭게 다닐 수 있게 합니다. 이 때문에 목공용 줄(wood rasp)을 2번 타자로 놓았습니다. 줄의 목표는 높은 부분을 깎아내는 것으로 대패와 비슷합니다. 줄로 갈고 나면 나무 표면에 고유의 질감으로 긁힌 자국이 남습니다. 그러므로 줄로 몇 번 왔다 갔다 해보면 높은 부분과 낮은 부분을 쉽게 알 수 있습니다. 다듬을 면을 연필로 넓게 칠해주는 것도 도움이 됩니다.

안전을 위해서 줄에 손잡이를 다는 것이 좋습니다. 손잡이가 없으면 줄을 잡은 손가락에 통증이 느껴질 겁니다. 줄의 평평한 면을 아래로 하고(대부분의 줄은 평평한 면과 볼록한 면이 있습니다) 옆면에 대해 되도록 평행을 유지합니다. 줄은 급격한 곡선 바깥쪽을 제외하고는 옆면에 대해 완벽하게 평행으로 작업하기 어렵습니다. 그래서 보통은 15도에서 45도 사이로 기울여 잡습니다. 이렇게 기울인 상태에서도 한 번 왕복할 때마다 상당한 영역의 나무를 갈아낼 수 있고, 곡면에 있는 높은 부분들을 효과적으로 깎아낼 수 있습니다. 이것은 유선형으로 다듬기를 시작하는 데 결정적인 단계입니다. 여기부터는 더 이상 연필선이 중요하지 않습니다. 지금부터 목표는 커다란 굴곡이 없는 평탄하고, 부드럽고, 연속적인 곡면을 만드는 것입니다.

이제 당신의 눈과 손가락이 작업의 진도를 가늠하는 데 최고의 도구가 됩니다. 눈으로 보기에 곡선의 잘못된 부분이 있다면, 바로 그 부분을 줄로 다듬습니다. 하지만 눈으로는 더 이상 결함을 찾을 수 없는 단계에 이르면, 손가락 감각으로 마지막 점검을 해야 합니다. 저는 보통 눈을 지그시 감고 곡면을 천천히 손가락으로 문질러 봅니다. 아! 이건 나무에게 주술을 거는 그런 행동이 아닙니다. 당신의 손가락은 나무 표면에 있는 0.1mm 이내의 미세한 돌출 부위도 감지해낼 수 있습니다. 곡면을 따라 손가락을 움직이면, 눈으로는 볼 수 없던 미세한 언덕과 계곡을 느낄 수 있습니다. 표면이 매끄러우면서 연속적이라고 느껴진다면, 다 된 것입니다.

샌딩 스트립

곡면을 마무리하기 위해서, 저는 휘어지는 샌딩 스트립을 사용합니다. 이것은 얇은 나무 판재에 사포를 붙인 것에 불과합니다. 저는 이런 샌딩 스트립을 여러 개 가지고 있는데, 각기 다른 입도의 사포를 장착하고 있습니다. 보통 #120, #180, #220 정도입니다. 잘 휘어지는 얇은 판재는 곡선 바깥쪽이든 안쪽이든 잘 밀착할 수 있습니다. 하지만 제법 단단하기 때문에 미세한 굴곡을 따라 휘지는 않습니다. 이 도구를 사용하면 매우 고운 면을 만들 수 있기 때문에, 곡면의 마무리에 쓰일 수 있습니다.

템플릿

똑같은 곡선을 여러 벌 만들어야 한다면, 먼저 템플릿 역할을 할 판재를 완벽한 곡선으로 만들어야 합니다. 템플릿을 만들었으면 새 작업물에 템플릿을 대고 곡선을 그립니다. 그리고 이 곡선대로 자르고 다듬기 과정을 진행합니다. 더 좋은 방법은 양면 테이프를 이용하여 템플릿과 작업물을 임시로 붙인 뒤에 패턴 비트(flush-trim bit)를 장착한 라우터로 템플릿을 따라 똑같은 곡선으로 따내는 겁니다. 라우팅된 옆면은 약간의 다듬기 과정이 필요할 겁니다. 하지만 샌딩 스트립 하나만으로도 매끄럽게 만들 수 있을 정도입니다.

만일 어떤 곡선에 대해 여러 개의 복사본을 만들어야 하거나, 다음에도 같은 프로젝트를 진행할 예정이라면, 6mm 합판이나 MDF를 이용하여 정식 템플릿을 만드는 것이 좋습니다. 이 템플릿을 작업물에 대고 곡선을 따라 그릴 수도 있으며, 라우터 템플릿으로도 활용할 수 있습니다. 작업이 끝났으면 템플릿에 프로젝트 이름과 만든 날짜를 써 놓고 별도의 장소에 잘 보관합니다. 프로젝트에서 곡선을 필요로 할 때마다, 저는 템플릿을 모아둔 곳을 뒤져, 원하는 곡선의 템플릿이 있는지 찾습니다. 오래된 템플릿이 얼마나 유용한지, 직접

어디에나 쓰이는 템플릿 ■ 프로젝트 과정에서 만들어진 템플릿들을 잘 보관하세요. 나중에 언제 쓰일지 모릅니다.

양면테이프 ■ 양면테이프는 템플릿과 작업물을 잘 고정시킵니다.

패턴 따내기 ■ 라우터 테이블에 달린 패턴 비트는 템플릿을 가이드로 삼아 작업물을 목표한 모양으로 깎아냅니다.

완벽한 복사 ■ 작업이 끝나면, 템플릿의 단면과 똑같은 복사본을 얻게 됩니다.

템플릿으로 패턴 따내기

똑같은 곡선이나 단면을 가진 여러 개의 작업물을 만들어야 한다면, 항상 템플릿을 고려하세요. 일이 더 생기는 것 같지만, 템플릿은 결국 시간과 좌절을 줄여줍니다. 템플릿을 작업물에 대고 곡선을 그린 다음, 그것을 밴드쏘에서 대충 자르세요. 적어도 선에서 1.5mm 이상은 남겨두어야 함을 잊지 마세요. 그리고 템플릿과 대충 자른 작업물을 맞대어 양면테이프로 붙이세요. 라우터 테이블에서 작업물을 조심스럽게 비트에 밀어 넣는데, 패턴 비트의 베어링이 템플릿에 올라타도록 높이를 조절해야 합니다. 1.5mm 정도만 깎아내면 되기 때문에, 라우터 비트는 아주

쉽게 원하는 모양을 깎아낼 겁니다. 완료되면 구두칼로 템플릿을 떼어내고 다음 작업물로 진행하면 됩니다. 이 기법의 멋진 부분은 당신이 원하는 개수만큼 복사본을 만들 수 있으며, 다음에 쓰기 위해 템플릿을 무기한 보관할 수 있다는 겁니다. 이 템플릿들을 당신의 목공 역사를 나타내는 쓰임새 있는 기록물이라 생각해도 됩니다.

경험하게 되면 깜짝 놀랄 겁니다. 템플릿을 만드는 과정은 작업물에 최초로 곡선을 가공하는 것과 다르지 않습니다. 차이가 있다면 두께가 6mm로 얇기 때문에 작업하기 더 쉽다는 겁니다.

샌딩 스트립 만들기

잘 만든 샌딩 스트립의 척도는 판재의 재질과 두께입니다. 만일 판재가 너무 두껍다면 휘지 않을 것이고, 너무 얇다면 사용하다 부러지기 쉽습니다. 저는 주로 샌딩 스트립을 3mm 두께의 원목으로 만드는데, 밴드쏘로 얇게 켜서 만듭니다. 공방에 드럼 샌더(drum sander)가 있다면, 당신이 원하는 두께로 정확하게 맞출 수 있습니다. 만일 없다면, 랜덤 오비탈 샌더로 켠 판재를 샌딩하면서 비슷한 효과를 볼 수 있습니다.

샌딩 스트립은 115mm 폭에 250mm 길이 정도면 좋습니다. 이 크기는 일반적인 사포의 폭 절반에 해당하며, 길이는 사포 길이보다 25mm 정도 짧은 것입니다. 남은 사포 부분은 접어서 사포를 스트립에 고정하는 데 씁니다. 선택 사항이지만, 판재 바닥에 얇은 코르크를 붙이면 약간의 쿠션을 줄 수도 있고, 스트립도 더 오래 쓸 수 있습니다. 판재와 똑같은 크기로 얇은 코르크를 잘라 스프레이 접착제로 붙이세요.

사포를 길게 절반으로 잘라 평탄한 곳에 앞면을 아래로 해서 놓습니다. 그 위에 얇은 판재를 올려놓고, 돌출된 사포 끝 부분을 접어 올립니다. 접어 올린 부분은 스프레이 접착제나 순간접착제를 이용하여 스트립 위쪽에 임시 고정합니다. 사포를 교체해야 할 필요가 있으면, 스크래퍼로 쉽게 떼어낼 수 있습니다. 때로는 사포의 뒷면에 순간접착제를 살짝 도포하면 좀 더 편리하게 쓸 수 있습니다. 하지만 이럴 경우 사포를 교체하면서 코르크가 뜯겨져 나갈 수 있으므로 주의합니다. 마지막으로 간단한 손잡이를 달아줍니다. 순간접착제를 이용하여 핸들을 편한 위치에 붙여 줍니다.[41]

---

41) Wood Whisperer Ep.233 - How to Make Flexible Sanding Strip 참고.

필요한 부속들 ■ 휘어지는 샌딩 스트립은 사포, 코르크, 얇은 나무 판재, 그리고 두 개의 손잡이로 구성됩니다.

코르크 붙이기 ■ 스프레이 접착제를 이용하여 코르크를 얇은 판재에 붙입니다.

핸들 붙이기 ■ 순간접착제를 이용하여 핸들을 붙입니다.

사포 붙이기 ■ 사포를 스트립 아래에 맞추고, 남는 끝 부분을 접어 올린 다음 본드로 붙입니다.

딱 맞게 휘어짐 ■ 샌딩 스트립을 다 만들었습니다. 샌딩 스트립을 손으로 쉽게 휠 수 있어야 합니다.

아주 고운 대팻밥 ■ 대패에서 빠져 나오는 가냘픈 대팻밥처럼 아름다운 것도 없습니다. 미세먼지를 공기 중에(그리고 제 폐 속에) 퍼뜨리는 대신에, 저는 쉐이빙을 만듭니다. 이것은 가장 이롭고, 만족스러우며, 즐거운 변화로서 목수들로 하여금 자신의 공방 운영 방식을 바꾸게 만듭니다.

■ 마감을 위한 표면 준비

제 공방을 떠나는 모든 작품들은 한 번씩 샌딩을 받게 됩니다. 사포는 표면을 매끄럽고 평탄하게 하며, 톱날 자국을 없애주며, 날카로운 모서리를 둥글게 만들어주며, 도장 사이에 도막을 매끈하게 해줍니다. 하지만 사포가 할 수 있는 위대한 일들에도 불구하고, 대부분의 목수들은 샌딩을 필요악(必要惡)이라 생각합니다. 샌딩이 제대로 되려면 아주 많은 시간을 필요로 합니다. 일자 날을 가진 기계 대패로 가공된 판재를 예로 들면, #80 사포로 기계 자국을 없애야 하고, 이어서 #120과 #180, 때로는 #220까지 사포 방수를 올려가며 샌딩해야 합니다. 랜덤 오비탈 샌더를 사용한다 할지라도 이건 시간이 매우 오래 걸리고 지루한 일입니다. 다양한 방수와 다양한 형태의 사포를 모두 갖추는 건 경제적으로도 부담이 되는데, 특히 좋은 품질의 샌딩 디스크를 구입하려면 더 큰 부담이 됩니다. 그리고 샌딩에서 발생하는 혐오스러운 먼지들에 대해서도 잊지 맙시다.

목수로서 직면하게 되는 위험 중 가장 큰 위험은 우리가 먼지를 들이 마신다는 겁니다. 많은 사람들이 눈에 먼지가 보이지 않으면 문제될 것이 없다고 생각합니다. 그런데 사실은 눈에 보이지 않는 미세먼지가 훨씬 더 위험합니다. 왜냐하면 이 미세먼지들은 폐 깊숙이 쌓이기 때문입니다. 저는 다행스럽게도 뛰어난 성능의 집진 시스템을 저의 샌딩기에 부착해서 사용합니다. 하지만 많은 사람들은 그러질 않습니다. 그리고 프로젝트 특정 부분에서 혹은 마감 도막을 다듬기 위해 손 사포질을 하지 않을 수 없는데, 여기서도 불가피하게 먼지가 발생하고 이를 집진할 방법도 없습니다. 그러므로 되도록이면 먼지를 덜 일으킬수록 좋은 겁니다.

이 모든 것들을 염두에 두었을 때, 하이브리드 목수는 어떻게 하면 사포에 대한 의존을 줄일 수 있을까요? 다행히 하이브리드 키트에는 이를 도와줄 몇 가지 도구들이 있습니다. 카드 스크래퍼, 캐비닛 스크래퍼 그리고 스무딩 플레인이 그것들입니다. 기계 대패에 의한 자국을 없애기 위해 캐비닛 스크래퍼를 사용한다면, 적어도 #80과 #120 사포를 건너뛸 수 있습니다. 카드 스크래퍼와 얇게 깎도록 잘 튜닝된 캐비닛 스크래퍼를 함께 사용한다면, #180과 심지어 #220 사포까지 당신의 공방에서 없앨 수 있습니다. 물론 잘 튜닝된 스무딩 플레인으로 만들어지는 환상적인 표면을 생각하면, 여기에 끌리지 않을 수 없을 겁니다. 판재의 상태가 좋고 평평하다면, 스무딩 플레인으로 몇 번 밀어주면 마감을 하기 전에 필요한 준비를 모두 끝낼 수 있습니다. 물론 저도 사포를 완전히 없앨 수 없다는 걸 알고 있습니다. 하지만 몇몇 샌딩 작업을 건너뛸 수 있다는 건 호주머니 사정에도 좋고 몸에도 좋은 일입니다.

제 공방에서 마감을 위한 표면 준비는 일반적으로 프로젝트와 나무의 종류에 따라 달라집니다. 하지만 전형적인 시나리오는 있습니다. 결구를 가공하고 나서, 표면 준비(surface preparation)가 시작됩니다. 모든 기계는 기계 자국을 남깁니다. 이 자국은 칼날의 자국이기도 하고 빨래판 모양이기도 하고 탄 자국이기도 합니다. 거시적인 관점에서 표면이 일직선이고 평평하다 할지라도, 미시적인 관점에서 보면 여전히 사랑이 필요합니다. 만일 나무가 까다롭지 않거나 뜯겨지는 경향이 적으면 저는 스무딩 플레인에 손이 갑니다. 이것보다

더 빨리 표면을 매끄럽게 만드는 게 없기 때문입니다. 몇 번 밀어주는 것만으로, 표면은 거친 상태에서 마감 준비 완료 상태로 변합니다. 하지만 스무딩 플레인으로 작업하기 전에, 뜯겨짐이 없을 거라는 확신이 있어야 합니다. 어떤 프로젝트든 이 마지막 단계에서 표면에 손상을 입히고 싶진 않을 겁니다. 조심스럽게 판재를 선택하고 결 방향에 주의를 기울인다면 이것과 관련하여 선택할 수 있는 카드가 하나 더 생기는 겁니다. 하지만 예산은 제한되어 있고, 현실은 우리가 가지고 있는 판재들에 의해 좌우되기 때문에, 아마도 대패질하기에는 불완전하고 도전적인 시나리오에 직면하게 될 겁니다. 다행히 이런 경우에는 스크래퍼를 쓸 수 있습니다. 스크래퍼는 결 방향에 그리 신경 쓰지 않아도 되기 때문입니다.

저는 기계 자국을 보통 캐비닛 스크래퍼로 제거합니다. 넓은 대팻집이 있어서 높은 부분을 깎아내는 데는 최적입니다. 제 캐비닛 스크래퍼는 나무를 많이 깎아내도록 세팅되어 있습니다. 그래서 남겨지는 표면이 매끄럽긴 하지만, 캐비닛 스크래퍼가 할 수 있는 최고의 매끄러움은 아닙니다. 여기서 카

샌딩은 별로 즐겁지 않다 ■ 필요하긴 하지만, 샌딩이 그리 즐겁진 않습니다. 하이브리드 기술은 사포에 대한 필요를 극적으로 줄여줍니다.

스무딩을 위한 옵션들 ■ 마지막 표면 스무딩을 위한 선택 사항으로 스무딩 플레인, 캐비닛 스크래퍼, 카드 스크래퍼 등이 있습니다.

스무딩 플레인으로 매끄럽게 ■ 스무딩 플레인은 작업물을 유리같이 매끄럽게 만들 수 있습니다.

기계 자국을 쉽게 없애기 ■ No.80 캐비닛 스크래퍼는 기계에 의한 자국을 없애는 데 최고의 도구입니다.

드 스크래퍼가 등장합니다. 한두 번의 스크래핑으로 캐비닛 스크래퍼에 의해 남겨진 미세한 자국들을 없앨 수 있습니다. 그리고 표면을 매우 매끄럽게 만들 수 있습니다. 어떤 사람들은 스크래퍼로 갓 만들어진 표면의 외관과 느낌을 좋아하지만, 저는 마무리로 샌딩하는 걸 더 선호합니다. 대부분 저는 #220 원형 사포를 끼운 랜덤 오빗 샌더를 사용합니다만, 샌딩 블록을 이용한 손 사포질을 해도 됩니다. 이때의 표면은 그리 많은 손길이 필요하지 않기 때문에 샌딩 시간도 짧습니다.

저는 사포를 완전히 없앨 수 없습니다. 왜냐하면 여전히 마감 전의 마무리와 세밀한 작업, 그리고 마감 도막을 다듬을 때 샌딩에 의존하기 때문입니다. 하지만 저는 샌딩에 대한 의존성을 상당히 많이 줄였습니다. 미세먼지를 공기 중에(그리고 제 폐 속에) 퍼뜨리는 대신에, 저는 쉐이빙(shaving)을 만듭니다. 이것은 가장 이롭고, 만족스러우며, 즐거운 변화로서 목수들로 하여금 자신의 공방 운영 방식을 바꾸게 만듭니다.

카드 스크래퍼 ■ 카드 스크래퍼는 기계 자국을 없앨 수 있고, 미세한 버(burr)를 만들면 마감을 위한 표면 준비도 할 수 있습니다.

샌딩은 여전히 필요하다 ■ 수공구로 하는 표면 작업이 끝나면 #220 사포로 가볍게 샌딩하면서 모든 자국을 섞어버립니다.

이런! ■ 이 판재를 너무 열심히 샌딩한 탓에 결구가 느슨해졌고, 보기 흉한 틈이 생기고 말았습니다.

언제 표면 준비를 해야 하나?

프로젝트의 성공을 위해서 마감을 위한 표면 준비를 언제 해야 하는지 알아야 합니다. 당신이 선반(shelf)에 맞추어 다도(dado)를 가공했고, 그 이후에 선반의 표면 준비 작업을 했다면, 나중에 선반을 끼울 때 느슨해질 가능성이 있습니다. 하지만 다른 대부분의 경우 결구를 가공한 다음에 판재를 다듬는 것이 좋습니다. 표면 준비 과정은 필연적으로 나무를 깎아내게 됩니다. 어떤 표면의 경우 더 많은 손길이 필요하기 때문에, 당신의 판재들은 표면 준비 과정 이후 약간씩 두께가 달라질 수 있습니다. 그러므로 표면 준비 과정 이후 결구를 가공하기로 마음먹었다면, 그 결과는 생각했던 것보다 좋지는 않을 겁니다. 왜냐하면 좋은 결구를 위해서는 자재들의 크기에 일관성이 있어야 하기 때문입니다. 그러므로 프로젝트의 부재를 다듬기 전에, 그것의 목적과 운명을 숙고해보세요. 그리고 다듬기를 시작할 최적의 시간이 언제인지 판단해보세요. 대부분의 경우 조립 후에 표면 준비를 하는 것은 별로 좋은 생각이 아닙니다. 물론 예외는 있습니다. 부재들이 단차 없이 결합되어야 하는 문짝 프레임이나 서랍인 경우는 조립 후에 표면 준비를 합니다.

4 하이브리드 목공 프로젝트 : 두 세계의 장점만

목공은 음악을 연주하는 것과 비슷합니다. 일단 음악이 만들어지면, 훌륭한 음악가는 개별 음표나 그 음악을 연주할 악기에 대해 그리 큰 신경을 쓰지 않습니다. 대신 그는 화합하는 전체의 일부로서 음표들을 연주합니다. 목공에 대해서도 같은 식으로 얘기할 수 있습니다. 당시엔 어떤 도구를 쓰는 것이 가장 좋은지, 그 도구를 어떻게 쓰는 것이 가장 효율적인지에 대해 신경 쓰겠지만, 나중에는 별 문제가 아니게 됩니다. 다만 당신의 본능이 결국엔 프로젝트를 완성에 이르게 할 거라는 것을 알게 될 겁니다. 그 결과는 달콤한 나무의 멜로디일 거고요.

이러한 목공의 도(道)가 우리의 목표이긴 하지만, 거기에 이르려면 시간이 걸립니다. 하이브리드 목공의 여정을 더 낫게 하는 좋은 방법 중 하나는 다른 이들은 어떻게 하는지 살펴보는 겁니다. 당신을 돕기 위해, 저는 유용하다고 생각되는 다섯 가지 프로젝트들에 대해 기본적인 개요를 소개드릴까 합니다. 각 프로젝트에서, 하이브리드 기술이 사용된 특징적인 부분들에 대해 논의해볼 것입니다. 아마도 이 기술들에 대한 기억이 떠오를 겁니다. 이미 이 책의 앞에서 다루었던 것들이니까요. 그래도 프로젝트의 맥락(context)과 함께 보면 아마도 그 기술들을 더 잘 이해할 수 있을 겁니다.

소개된 각 프로젝트들은 비디오 강좌 형태로 판매되고 있습니다. 구입을 원하시면 www.thewoodwhispererguild.com 로 오세요.

두 세계의 장점만 ■ 이 둘 중 하나는 수작업이 더 많이 사용되었습니다. 저는 그 차이를 설명할 수 있습니다. 당신은 어느 테이블이 더 좋아 보이나요?

크고 아름답다 ■ 부빙가, 웬지, 그리고 메이플로 만들어진 이 평상형 침대는 이국적인 취향을 좋아하는 고객의 요청대로 만들어졌습니다.

평상형 침대

이 커다란 평상형 침대(platform bed)는 이국적인 취향을 좋아하는 특별한 고객을 위해 디자인되었습니다. 아프리카산 부빙가(bubinga)와 아프리카산 웬지(wenge)로 만들어져 아름다움만큼이나 무겁습니다. 침대 옆 지지대가 가로로 눕는 형태라 퀸 사이즈의 큰 구조에 사용할 사람의 무게까지 감당해야 하는 도전을 극복해야 했습니다. 그리고 완성 후에는 가운데 다리가 없는 것처럼 보이게 해서 가벼운 느낌을 주도록 했습니다.

부재의 크기가 매우 커서, 이 프로젝트는 막일은 기계로 섬세한 일은 수공구로 하는 하이브리드 기술을 제대로 활용하는 기회가 되었습니다.[1]

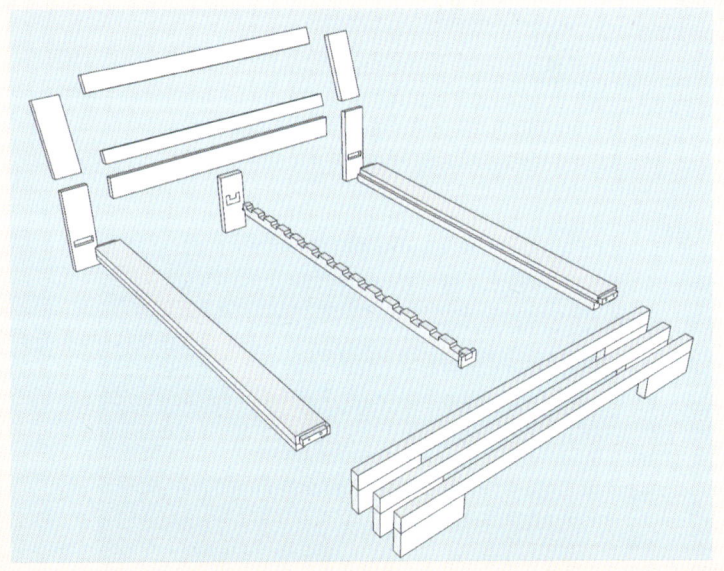

---

1) Wood Whisperer Ep.194~197 - Platform Bed 4부작 참고.

하이브리드 목공 프로젝트

마구리면의 높낮이 차 잡기 ■ 집성해서 만들어진 풋보드에서 노출된 마구리면의 높낮이 차를 블록 플레인으로 잡습니다.

결 방향의 높낮이 차 잡기 ■ 풋보드의 상단 역시 집성 후 생기는 높낮이 차를 잡아주어야 합니다.

풋보드

원하는 두께를 구현하기 위해, 8/4[2] 부빙가 판재 세 개를 집성하여 만들었습니다. 이렇게 커다란 판재를 완벽하게 정렬하는 건 매우 어려운 일입니다. 그래서 저는 Festool 도미노의 도움을 받아 최대한 정렬을 했습니다. 본드가 마르고 나서, 마구리면에 있는 약간의 높낮이 차를 블록 플레인으로 정리했습니다. 풋보드(foot board) 상단에 있는 높낮이 차 역시 블록 플레인과 스크래퍼를 이용하여 잡았습니다.

---

2) 2인치, 즉 50mm 정도의 두께를 의미.

웬지 패널

이 침대의 헤드보드는 웬지로 만든 솟은 패널(raised panel)이 특징입니다. 웬지 패널은 두 판재를 집성하여 만들었습니다. 커다란 판재를 집성할 경우 완벽한 결과를 만들기 매우 어렵습니다. 그래서 미세 가공이 필요합니다. 잘 연마된 No.80 캐비닛 스크래퍼로 삐져나온 본드를 제거하고 두 판재 사이의 높이 차이를 없애줍니다. 그래서 마치 하나의 판재인 것처럼 평을 맞춥니다.

웬지 헤드보드 ■ 웬지 헤드보드는 두 판재를 집성하여 만듭니다.

접합 부위를 스크래핑 ■ 캐비닛 스크래퍼로 접합 부위를 정리하고 평을 맞춥니다.

커다란 장부 결합

침대 옆 지지대는 헤드보드, 풋보드와 커다란 장부 결합으로 연결되었습니다. 이 침대는 분리 가능(knock-down)한 철물을 사용했지만, 장부 결합을 통해 무거운 무게를 지탱하도록 했습니다.

장부 구멍은 플런지 라우터에 12mm 스파이럴 비트를 장착하고 몇 번 왕복하여 만들어졌습니다. 저는 주로 장부 구멍을 각 지게 하는 대신 둥근 장부를 사용하지만, 이 경우 장부 구멍의 끝이 빨래판처럼 울퉁불퉁해서 단순히 장부를 둥글게 하는 것으로 끼워지진 않습니다. 그래서 장부 구멍을 직각으로 파는 것이 논리적인 판단이었습니다. 저는 커다란 장부 끌(mortise chisel)을 사용하여 장부 구멍을 네모로 만들었습니다. 부빙가가 워낙 단단한 열대 수종이기 때문에 몸체가 두터운 장부 끌이 좋은 선택이었습니다.

저는 장부 어깨에 그무개로 칼금을 넣었습니다. 다도 스택을 장착한 테이블쏘에 부빙가 판재를 자르기용 썰매에 단단히 고정하고, 장부 가공에 필요한 만큼 대량으로 깎아내었습니다. 그리곤 작업대로 옮겨 와서 래빗 블록 플레인을 사용하여 미세 가공을 하였습니다.

커다란 장부 구멍 ■ 헤드보드의 커다란 장부 구멍을 라우터로 파냈습니다.

직각으로 파내기 ■ 울퉁불퉁한 장부 구멍을 끌로 네모반듯하게 깎아냈습니다.

커다란 장부들 ■ 그무개를 이용하여 장부의 어깨선에 칼금을 넣습니다.

테이블쏘로 버릴 부분 제거 ■ 테이블쏘에서 자르기용 썰매와 다도 스택을 이용하여 대충 장부의 크기에 맞게 깎아냅니다.

미세 가공 ■ 래빗 블록 플레인을 사용하여 장부 측면을 다듬습니다.

하이브리드 목공

하이브리드 목공 프로젝트

상판이 갈라진 루보 작업대

괴물같은 작업대 ■ 상판이 갈라진 루보 작업대는 기계를 사용하든, 수공구를 사용하든, 혹은 둘 다 사용하든 목수가 필요로 하는 것 모두를 갖추고 있습니다.

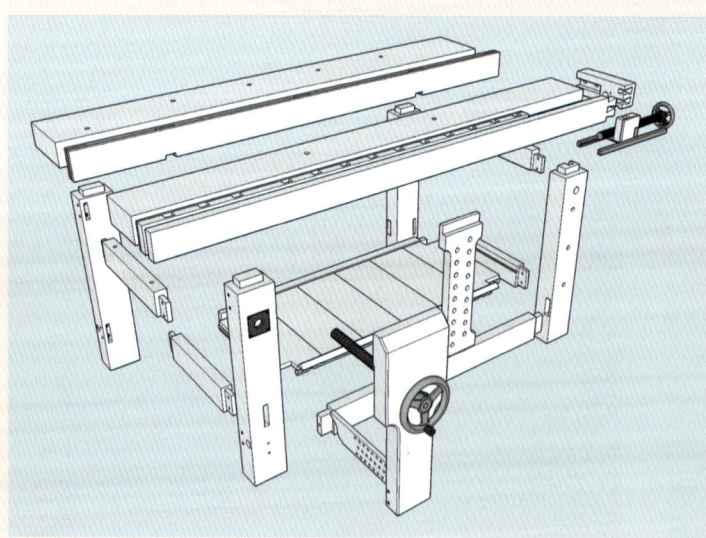

상판이 갈라진 루보 작업대(split-top Roubo workbench)는 전통적인 루보 작업대의 현대적인 변형입니다. 이 디자인은 André Roubo의 L'Art du Menuisier 논문(1769) 11장으로부터 영감을 받아, Benchcrafted 사가 자신들이 공급하는 바이스를 설치할 수 있도록 보완한 것입니다. 상판이 갈라진 루보 작업대는 평생을 두고 쓸 수 있으며, 바꿀 필요도 없는 검증된 디자인입니다. 당신이 수공구를 쓰든 기계를 쓰든 혹은 둘 다 쓰든 관계없이, 이런 작업대는 당신의 작업물을 고정해야 하는 모든 필요를 만족시켜줄 겁니다.

밴드쏘로 만든 커다란 주먹장

이 작업대의 특징은 상판 옆면과 앞쪽 에이프런이 만나는 곳에 있는 커다란 반-숨은 주먹장(half-blind dovetail)입니다. 이 것을 손으로 가공하는 것은 매우 어려운 일입니다. 하지만 밴드쏘로 주먹장 가공하는 법(p.154)을 적용하면 어려운 일을 단순하고 정확하게 할 수 있습니다.

저는 각도자를 7도로 설정하여, 테일을 먼저 그렸습니다. 밴드쏘와 각도 지그(tapering jig)를 이용하여, 각이 있는 테일을 절단했습니다. 이어서 톱으로 불필요한 어깨 부위를 절단한 후, 끌로 어깨 면을 평평하고 깨끗하게 다듬었습니다.

핀의 위치는 가공된 테일 판재로부터 옮겨와 그린 다음, 라우터로 가공했습니다. 여기서 Benchcrafted 사의 Jameel Abraham으로부터 배운 현명한 트릭 하나를 소개하겠습니다. 먼저 라우터로 6mm 깊이의 핀 소켓을 파냅니다. 그런 다음 끌을 이용하여 핀의 벽을 깨끗하게 가공합니다. 이어서 베어링이 달린 패턴 비트를 장착하고, 이미 얇게 파낸 핀 벽을 기준으로 삼아 목표로 했던 깊이만큼 깊게 파내면 됩니다.

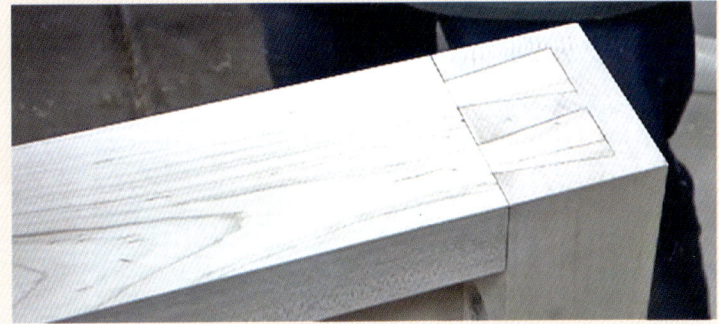

독수리 꼬리 ■ 앞쪽 에이프런의 커다란 주먹장은 기계의 도움 없이는 만들기 어렵습니다.

윤곽선 그리기 ■ 뾰족한 연필과 각도자를 이용하여 테일의 윤곽선을 그립니다.

테일 자르기 ■ 밴드쏘에서 각도 장치에 작업물을 고정하고, 주먹장 각도대로 자릅니다.

톱이 최선 ■ 이 정도 크기라면, 그냥 톱으로 자르는 것이 더 쉽습니다.

끌로 정리하기 ■ 잘 연마된 끌로 주먹장 어깨 면을 깨끗하게 정리합니다.

테일 윤곽 옮기기 ■ 뾰족한 연필로 테일 둘레를 따라 그려 윤곽을 옮깁니다.

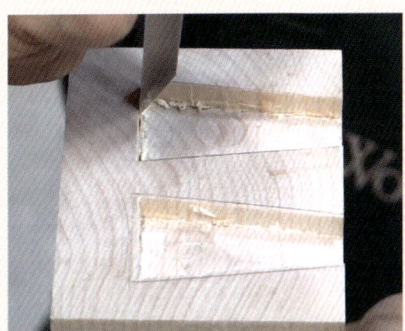

6mm 깊이로 라우팅하기 ■ 핀 소켓을 6mm 깊이로 라우팅하고, 끌로 깨끗하게 정리합니다. 이어서 패턴 비트를 사용하여 깊이 파냅니다.

하이브리드 목공

■ ■ ■ ■ ■ 하이브리드 목공 프로젝트

벽걸이 수납장

벽걸이 수납장 ■ 우아한 수납장을 위한 연습

벽걸이 수납장(wall-hanging cabinet)은 일반적인 상자(case)를 만드는 연습으로서, 또한 문짝과 서랍을 만들고 맞추어 보는 연습으로서 의미가 있습니다. 제가 이 수납장을 만든 건 2011년입니다. 저는 이것을 두 가지 버전으로 만들었는데, 하나는 합판으로 만들었고 다른 하나는 원목으로 만들었습니다. 원목 버전은 주먹장으로 된 사각 틀과 서랍, 그리고 장부 결합으로 만들어진 프레임-패널 문짝이 특징입니다. 문짝은 우아한 나이프 경첩(knife hinge)으로 달렸습니다. 합판 버전은 사각 틀과 서랍에 일반적인 다도와 반턱 결합을 사용했습니다. 문짝은 포켓 스크류(pocket screw)[3]로 연결되었고, 홈을 파지 않고 경첩을 설치했습니다.

비슷하지만 다른 스타일의 수납장 두 개를 만들어보면서, 폭 넓은 예산 범위, 기술 수준, 자재와 취향 등을 고려하여, 이에 맞게 적용할 수 있는 하이브리드 기술들을 시연해보았습니다.

---

[3] 포켓 홀(pocket hole)이라고 주로 부르며, 15도 정도로 기울여 나사 구멍을 낸 다음, 나사를 죄어 두 판재를 연결하는 방법임. 보통 Kreg 사에서 나온 지그를 사용함.

멈춘 다도

원목 수납장 틀은 중간과 아래쪽 선반을 위한 일련의 다도(dado)들을 가지고 있습니다. 보기 좋게 하려면 다도가 앞에서 보이지 않게 거의 끝에서 멈추어야 합니다. 저는 이 멈춘 다도(stopped dado) 가공을 위해 폭이 조정되는 다도 지그와 일자 비트를 사용했습니다.

다도의 둥근 끝을 네모로 만들기 위해, 끌을 사용하여 이미 파여 있는 다도 벽을 기준으로 일직선으로 벽을 연장했습니다. 양쪽 벽을 모두 일직선으로 파고 난 후, 다도 끝 약간 앞부분에서 끌을 내리쳐 나무들을 걷어냈습니다. 그리고 나서 다도 끝 선에 맞추어 타격하여 완벽한 다도를 만들었습니다.

라우터 지그로 다도 파기 ■ 정확한 폭을 조절할 수 있는 지그로 빠르게 다도를 라우팅합니다.

멈춘 다도 ■ 옆면 벽을 기준으로 연장하여 끝을 직각으로 만듭니다.

다도 끝 만들기 ■ 윤곽선을 가이드로 삼아, 멈춘 다도의 끝을 타격 끌로 가공합니다.

매끈한 직각 ■ 이 멈춘 다도는 직각이 되었고, 선반을 끼울 준비가 되었습니다.

나이프 경첩

나이프 경첩은 복잡하게 보이지만, 방법만 제대로 알면 설치하기 쉽습니다. 설치법은 막경첩을 위한 홈 파기(p.149)와 상당히 비슷합니다. 마킹 나이프로 경첩의 외곽선을 수납장 설치 위치에 그려줍니다. 그리고 라우터를 이용하여 경첩의 높이에 해당하는 정확한 깊이로 대부분의 홈을 파냅니다. 이때 경첩의 윤곽선을 벗어나지 않도록 주의해야 합니다.

잘 연마된 끌로 선에 맞추어 홈을 깎아냅니다. 정확한 맞춤을 위해 마지막은 그어져 있는 칼금에 대고 끌질을 합니다. 문짝에 홈을 파는 것도 비슷한데, 경첩의 다른 반쪽을 가지고 윤곽을 그려야 합니다. 제대로 설치하면 자유롭게 열리고 부드럽게 닫히는 문짝을 보게 됩니다.

윤곽선 금 긋기 ■ 날카로운 마킹 나이프를 이용하여 경첩 날개의 경계를 따라 금을 그어줍니다.

윤곽선에 맞게 작업 ■ 라우팅하고 난 후, 끌을 이용하여 윤곽선에 맞게 파냅니다.

완벽한 맞춤 ■ 경첩은 홈에 완벽하게 끼워져야 합니다.

하이브리드 목공 프로젝트

전통적인 휴양지 의자의 새 물결 ■ 이 애디론댁 의자는 그린 & 그린 스타일을 가미한 것입니다. 그리고 이 프로젝트는 하이브리드 목수들에게 많은 기회와 도전을 제공합니다.

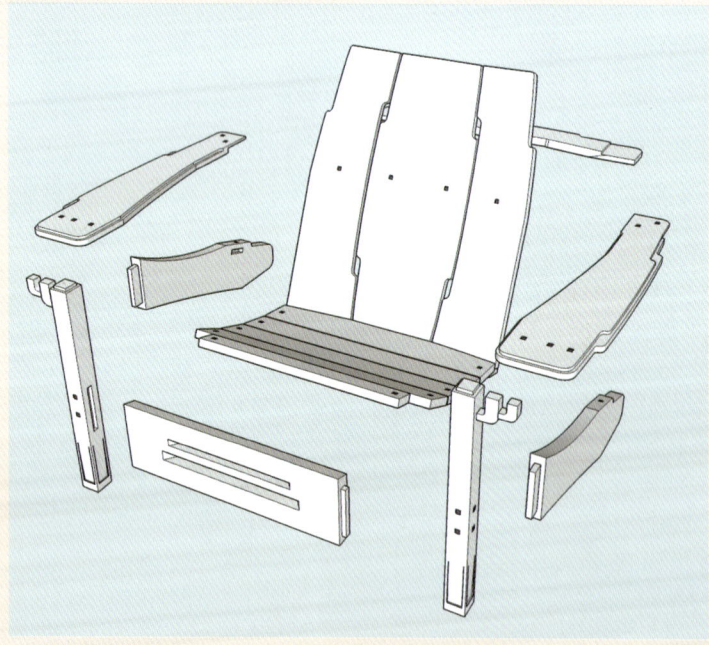

애디론댁 의자

이 애디론댁 의자(Adirondack chair)[4]는 전통적인 그린 & 그린(Greene & Greene) 스타일이 가미된 것입니다. 이 의자는 편안함과 아름다움 모두를 추구한 결과입니다. 반복되는 구름 모양(cloudlift), 흑단 나무 못, 다리 부분의 음각(indent) 같은 작은 디테일이 독특한 느낌을 주고, 목공 기술을 익히는 데 다양한 도전과 기회를 제공합니다. 저는 그린 & 그린 가구의 열렬한 팬이고, 제가 좋아하는 작품으로부터 아름다움의 요소를 뽑아내고 싶었습니다. 평범한 목수들도 충분히 가능한 정도의 난이도로 맞추는 게 어려웠는데, 이 정도면 목적을 달성한 것으로 생각됩니다. 이 의자에는 일반적이지 않은 장부 결합도 있는데, 하이브리드 목공 기술이 아니라면 도저히 해낼 수 없었을 겁니다.

---

[4] 애디론댁 의자는 1903년 애디론댁 산맥에서 휴가를 즐기던 Thomas Lee에 의해 처음 디자인되었음. 휴가를 느긋이 즐길 야외용 의자가 필요해서 11개의 널빤지로 만들 수 있는 단순한 의자를 생각했던 것.

템플릿

이 프로젝트를 위한 템플릿들은 친구 Aaron Marshall의 도움으로 디자인되었습니다. 우리는 구름 모양과 의자에 쓰이는 단면들을 만드는 데 쓰이는 템플릿들을 만들었습니다. 이 모양들은 대칭인 짝들이 있기 때문에 템플릿의 양면을 모두 쓸 수 있습니다. 템플릿 자체는 파티클 보드(particle board)로 만들었습니다. 제가 좋아하는 재질은 아니지만, 쉽게 구할 수 있고 값도 저렴합니다. 설계도가 인쇄된 종이를 템플릿을 만들 자재 위에 풀로 붙였습니다. 그리고 밴드쏘로 대충 잘랐습니다. 각 템플릿의 모양을 다듬기 위해 줄을 사용하였고, 이를 이용하여 의도했던 템플릿 외곽선까지 깎아내었습니다.

이 템플릿들은 팔걸이와 등판의 모양을 만들기 위한 것으로, 판재 위에 놓고 모양을 따라 그렸습니다. 밴드쏘로 윤곽선을 따라 대충 자른 후, 줄로 미세 가공하고 샌딩 스트립으로 다듬었습니다.

템플릿 대충 자르기 ■ 프린트된 도안을 이용하여, 밴드쏘로 대충 비슷하게 잘라냅니다.

모양 다듬기 ■ 줄을 이용하여 템플릿을 최종 모양으로 다듬습니다.

얕은 장부 구멍 ■ 팔걸이 아래의 얕은 장부 구멍은 라우팅한 다음, 끌을 이용하여 사각형으로 만듭니다.

짤막한 장부 결합

팔걸이와 앞다리가 만나는 곳은 짤막한 장부 결합으로 연결합니다. 팔걸이 아래쪽의 얕은 장부 구멍은 라우터에 일자 비트를 달아 대충 파냅니다. 이어서 끌을 이용하여 사각형 모양으로 다듬습니다.

앞다리 위쪽의 짧은 장부는 테이블쏘와 마이터 게이지를 이용하여 가공합니다. 각이 선 어깨를 만들기 위해, 테이블쏘 가공 전에 그무개를 이용하여 어깨선에 칼금을 미리 넣어줍니다. 장부가 짧기 때문에, 장부 측면의 미세 가공을 위해 대패 대신 끌을 사용하는 것이 좋습니다.

어깨에 칼금 넣기 ■ 그무개를 이용하여 짧은 장부의 어깨에 칼금을 넣습니다.

테이블쏘로 빠르게 작업 ■ 마이터 게이지와 펜스를 이용하면 테이블쏘로 빠르게 장부를 만들 수 있습니다.

옆과 앞을 연결하는 장부 결합

앞 다리에 있는 장부 구멍은 연필과 조합직각자를 이용하여 그립니다. 그리고 플런지 라우터와 엣지 가이드를 이용하여 가공합니다. 이 의자에 쓰이는 앞 다리는 충분히 넓어서 다리 부재 하나로도 충분히 안정적으로 라우터를 지지할 수 있습니다. 그러므로 보조목을 덧댈 필요가 없습니다.

비스듬히 누워 있는 옆다리와 앞 다리의 연결은 강력한 장부 결합이 필수적입니다. 옆다리는 수직으로 서 있는 앞다리와 직각이 아닌 각도로 연결되기 때문에, 옆다리의 장부 어깨 또한 그 각도로 세팅한 마이터 게이지를 이용하여 가공해야 합니다. 어깨가 만들어지면 이제 장부의 나머지 작업은 수공구로 진행됩니다. 어깨의 짧은 쪽은 톱으로 자른 뒤, 목심제거톱으로 튀어나온 부분을 정리합니다. 그리고 넓은 끌로 어깨 면을 깨끗하게 다듬습니다. 이어서 둥근 장부 구멍에 맞게 줄로 장부를 둥글게 다듬습니다.

각도가 있는 장부 ■ 테이블쏘와 정밀한 마이터 게이지를 이용하면 각도가 있는 장부의 초기 가공을 쉽게 할 수 있습니다.

톱으로 자르면 더 쉽다 ■ 각도가 있는 장부인 경우, 그냥 톱으로 자르는 게 더 편합니다.

장부 어깨 면을 평평하게 ■ 어깨의 튀어나온 부분을 목심제거톱으로 정리합니다.

밀끌로 깨끗하게 정리 ■ 날카로운 끌을 밀어 어깨 면을 깨끗하게 정리합니다.

다리의 곡선

옆다리에는 그리기 활(drawing bow)로 그린 두 개의 단순한 곡선이 있습니다. 이 곡선들은 밴드쏘로 대충 자른 뒤에 스포크쉐이브와 약간의 샌딩으로 미세 가공합니다. 다리 하나의 곡선이 완성되었으면, 양면테이프를 이용하여 두 번째 다리 판재를 붙이고, 패턴 비트를 이용하여 이 두 다리를 똑같은 모양으로 만듭니다.

곡선 그리기 ■ 그리기 활을 이용하여 옆다리의 큰 곡선을 그립니다.

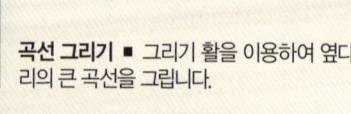

스포크쉐이브로 다듬기 ■ 스포크쉐이브로 곡선을 부드럽게 다듬습니다.

두 번째 다리는 패턴 비트로 ■ 먼저 만든 다리를 템플릿으로 삼아, 라우터 테이블과 패턴 비트를 이용하여 두 번째 다리를 똑같이 만듭니다.

다리의 디테일

앞다리는 아래쪽의 완만한 곡선 같은 몇몇 우아한 디테일을 가지고 있습니다. 이를 위해 작은 템플릿을 이용하여 다리의 각 면에 원하는 모양을 옮겨 그립니다. 그리고 블록 플레인을 이용하여 다리 네 면을 연필 선까지 깎아냅니다. 이 미묘한 곡선은 날렵한 느낌을 줍니다.

멋진 디테일 ■ 작은 템플릿을 이용하여 다리의 아래의 각 면에 원하는 모양을 그려줍니다.

연필 선까지 대패질 ■ 블록 플레인을 이용하면 빠르게 연필 선까지 깎아낼 수 있습니다.

앞쪽 에이프런 디테일 ■ 앞쪽 에이프런의 슬롯은 엣지 가이드를 단 라우터로 파내었습니다.

비스듬한 경사면 ■ 경사면의 옆을 톱으로 길을 내고 의도한 슬롯 끝까지 톱이 나가도록 합니다.

앞쪽 에이프런 슬롯

의자의 앞쪽 에이프런에 뚫려 있는 두개의 슬롯은 그린 & 그린 갬블 하우스[5] 식탁 디자인에서 차용한 것입니다. 저는 이 홈을 파기 위해 엣지 가이드와 일자 비트를 장착한 라우터를 사용했습니다.

슬롯의 끝 부분에는 45도 정도의 경사면

끌로 깎아내기 ■ 경사면 벽 사이의 나무를 끌로 깎아냅니다.

줄로 정리하기 ■ 작은 줄로 경사면을 부드럽게 정리합니다.

---

[5] Greene 형제가 P&G 사의 창업주인 David Gamble 의 의뢰를 받고 1909년에 완공한 목조 주택. 캘리포니아 주 남부 Pasadena에 소재한 이 주택은 역사적 가치를 인정받아 사적(National Historic Landmark)으로 지정됨.

(ramp)이 필요합니다. 톱으로 경사면의 옆면을 대충 잘라내고, 끌로 톱길 사이의 나무를 깎아냈습니다. 마지막으로 줄을 이용하여 우아한 모양을 만들어냈습니다.

저자 후기

저는 제 기계들을 사랑합니다. 이것을 인정하지 않을 수 없습니다. 그래서 저는 한 때 기계 광팬이라는 평판을 받기도 했습니다. 그러나 지금은 제가 전통적인 수공구와 함께 하는 자부심 혹은 장인 정신을 느끼고 또 그것을 즐긴다는 걸 알게 되었을 겁니다. 사실 저는 기계 중독자가 아닙니다. 단지 목공 중독자일 뿐입니다. 저는 새로운 도구와 기술에 대해 실험하는 것을 좋아합니다. 그것을 통해 제 목공 작업의 효율과 정확성을 높이고, 무엇보다 중요한 즐거움을 얻을 수 있기를 희망합니다.

도구 선택과 사용법에 대한 큰 그림을 토론하다 보면, 당신이 만든 작품을 구입할 고객은 당신이 무슨 도구로 만들었는지 상관하지 않는다는 사실을 일깨워 주는 사람이 있습니다. 전적으로 그건 사실이고, 많은 경우 제가 바로 그런 말을 하기도 합니다. 하지만 수작업으로 만들어진 가구는 우리 대부분에게 있어 상품이기도 하지만 과정의 산물이기도 합니다. 뭐라 딱 꼬집어 말하기는 어렵지만, 우리가 만든 것에 대해 느끼는 자부심, 사랑 그리고 관심이 우리의 창작물에 녹아 들어가게 되고, 그것이 독창적이고 매력 있는 작품이 되게 합니다.

저는 초밥을 매우 좋아합니다. 저는 확실히 미식가는 아니지만, 초밥 먹는 걸 즐깁니다. 요리사가 무슨 도구를 써서 초밥을 만드는지에 대해 저는 정말로 개의치 않습니다. 하지만 저는 기술이 있고, 열정이 있는 요리사의 초밥과 단지 돈을 벌기 위해 주방에 있는 요리사의 초밥을 구별할 수 있습니다. 어떤 경우에는 확연히 질적 차이가 느껴지기도 하지만, 어떤 경우에는 딱 꼬집어 지적할 수 없는 미묘한 차이 이기도 합니다. 열정적인 초밥 요리사는 자신이 만드는 모든 작품에 자신의 혼을 불어 넣습니다. 마찬가지로 목수들도 그러해야 합니다. 제 가구들은 제가 아끼고 사랑하기 때문에 더 가치가 있습니다. 저는 거친 판재로부터 만들어진 모든 결과물뿐 아니라, 그것을 위해 사용했던 도구들까지도 모두 신경 씁니다.

이 때문에 저는 도구와 방법들을 탐사하는 시간이 당신에게 매우 유익할 것이라 생각합니다. 그것은 당신의 목공을 개선시켜줄 뿐 아니라, 새로운 경험을 통해 더 큰 즐거움을 주기도 합니다. 이 탐사가 당신을 100% 기계 공방으로 인도할 수도 있고, 100% 수작업 공방으로 인도할 수도 있습니다. 그 결과가 어떻든 그게 바로 당신이 있어야 할 자리입니다. 하지만 저는 일반적인 목수라면 두 극단의 중간 즈음에 자리 잡게 될 거라고 추측합니다. 거기는 바로 가장 크고 보편적인 범주이며 제가 하이브리드 목공이라고 일컫는 바로 그곳입니다.

이제 어디로 가야 하나?

저는 당신이 공방에서 스스로 하이브리드 접근법을 시도해 보길 희망합니다. 개념에 열광하기 이전에 제어 용이성과 정확성, 그리고 즐거움의 정도를 높이는 경험을 먼저 해보길 바랍니다. 만일 이 책에서 꼭 필요한 공구라고 했는데, 공방에 없다고 해서 무조건 지르지 마세요. 대신 하이브리드 방식으로 생각을 전환한 다음 천천히 그 공구를 구하세요. 언젠가는 당신이 필요한 것 모두를 갖추게 될 겁니다.

일단 시스템이 합리적으로 잘 돌아간다면, 이제 새로운 탐사를 시작할 시간입니다. 세상에는 많은 도구들이 있고, 고려해야 할 기술은 기하급수적으로 늘어나고 있습니다. 되도록 최대한 많은 목수들에게서 배우세요. 그리고 항상 열린 마음을 가지세요. 당신 스스로 너무 지나친 확신을 갖게 되면, 그 순간 당신은 배움을 중단하게 됩니다. 대신 평생 목공예를 배운다는 자세를 잊지 말고, 당신에게 맞다고 생각하는 목공 여정을 스스로 꾸며 가세요.

행복한 하이브리드 목수 ■ 당신의 도구와 기술에 만족한다면, 당신의 작품에도 자부심을 가질 수 있습니다.

■ 역자 후기

나무, 흙, 돌은 인류가 오래전부터 사용해 왔던 재료들입니다. 이것들로 인류는 집을 짓고, 도구를 만들고, 다리를 만들어왔습니다. 이 중에서 나무는 가볍지만 튼튼하고, 가공하기 쉬우며, 아름다운 무늬와 따뜻한 질감을 가지고 있기 때문에 지금까지도 사랑받는 재료입니다.

쇠나 플라스틱처럼 물성이 더 좋은 재료들이 많지만, 사람들은 나무로 만든 가구를 집에 두길 원합니다. 따뜻한 마음을 가진 연약한 인간은 물성보다는 감성을 더 중요하게 여기기 때문입니다. 저 또한 이런 이유로 목공을 사랑합니다. 또 많은 분들이 이런 이유로 목수의 길을 가고 있습니다.

오랫동안 인류는 단순하고 소박한 수공구를 이용하여 나무를 다루어왔습니다. 전기로 동작하는 기계를 목공에 사용한 지는 수십 년밖에 되지 않습니다. 기계는 어마무시한 성능과 놀라운 효율을 제공합니다. 그리고 매우 높은 정확성을 제공하는 것처럼 보입니다. 하지만 나무는 감정이 없는 기계가 다루기에는 너무나 섬세한 재료입니다.

기계의 발달로 이제 수공구가 필요 없을 것이라 생각했지만, 장인정신이 깃든 치밀하고 아름다운 가구는 수공구의 도움 없이는 불가능합니다. IKEA에서 똑같은 모양과 치수로 수억 개의 가구들을 만들어내지만, 목수들이 한 땀 한 땀 정성들여 만든 가구와 비교할 수준은 안 됩니다.

그렇다고 기계를 배척하고 다시 원시시대로 돌아가자는 얘기가 아닙니다. 이 둘의 적절한 조합으로서 저자 Marc Spagnuolo는 막일(초벌 작업)은 기계로 하고 마지막 터치는 사람의 손으로 직접 하자는 '하이브리드 목공' 방법론을 제시합니다.

사실 대부분의 전문 목수들은 예전부터 이런 식으로 작업해왔습니다. 상업 공방으로서 요구되는 생산성을 위해 기계를 사용하지만, 마무리만은 직접 손으로 해왔습니다. 기계와 수공구가 서로 배척하는 관계가 아니라 공존하는 관계라는 걸 몸으로 알고 있었습니다. Marc는 여기에 '하이브리드'라는 이름을 붙이고 이론을 정리했습니다.

저자 Marc Spagnuolo는 젊은 목수입니다. 훈남에 달변이고 위트가 넘칩니다. 그는 The Wood Whisperer라는 웹사이트를 운영하면서 전문적인 온라인 목공교육을 하고 있습니다. 더불어 이미 수백 편의 목공 동영상을 제작한 유명한 미디어 창작자이기도 합니다.

이 책에는 Marc의 동영상에서 볼 수 있는 실용적이고 유연한 사고, 단순한 아름다움을 추구하는 태도, 원리의 이해와 합리적인 판단, 그리고 무엇보다 깨알 같은 유머가 그대로 담겨져 있습니다. 그래서 이 책을 읽는 동안 너무 즐거웠습니다. 원저의 재미와 철학을 그대로 살리기 위해 최대한 노력했습니다만 어떨는지 모르겠습니다.

번역하면서 가장 어려웠던 점은 용어였습니다. 우리나라 목공 현장에는 일본말과 우리말이 혼재되어 사용됩니다. 게다가 우리말 중에서도 국어사전에 등재되지 않은 용어들이 제법 있습니다. 서양의 공구들(특히 서양 대패)을 우리말로 대치하면 더 혼란이 있을 것 같아 일부는 영어를 그대로 사용했음을 양해 바랍니다.

이 책의 각주는 독자의 이해를 돕기 위해 모두 역자가 붙인 것입니다. 더불어 각 부분에 해당하는 Marc의 목공 동영상을 적어 두었습니다. 예를 들어 "Wood Whisperer Ep.156 - Cleaning Up Dados with Router Plane 참고"라고 각주가 달린 것은 Youtube.com에서 검색하여 동영상으로도 볼 수 있습니다. 내용이 재미있고 자막도 볼 수 있어서 책과 같이 보면 많은 도움이 될 것입니다.

이 책은 목공 입문자뿐 아니라 프로 목수들에게도 좋은 영감을 줄 것이라 확신합니다. 목공에 입문하는 분들은 공구의 선택과 합리적인 작업 방법에 대해 좋은 지침을 얻을 것이고, 프로 목수들은 자신의 방법론을 다시 정비하고 목공의 즐거움을 다시 느끼게 해줄 것입니다. 특히 저같이 아파트 베란다에서 목공을 하는 많은 사람들에게는 '막일과 시끄러운 일은 인터넷 목공소가, 섬세한 일은 수공구로'라는 변형된 하이브리드 방법론에 대한 영감을 줄 것입니다.

이 책을 읽는 데 도움이 될 만한 보충 자료들을 제 블로그 btsweet.blogspot.kr에 정리해두었으니 참고하시기 바랍니다. 더불어 번역된 책에 대한 문의나 건의도 제 블로그를 통해 해주시기 바랍니다.

마지막으로 제게 좋은 책을 번역할 기회를 주신 도서출판 씨아이알 김성배 대표님과 박영지 편집장님께 감사드리고, 이 책의 감수를 맡아 많은 가르침과 영감을 주신 도현아빠 이중기 작가님께도 진심으로 감사드립니다. 더불어 즐거운 목공 카페 '나무로 가는 세상' 회원 여러분께도 감사드립니다.

제가 살아가는 에너지의 원천인 아내 수영과 아들 강현에게 이 책의 번역료를 바칩니다. ^^

2015년 10월 24일, 서울 금호동에서

역자 이재규
목공에 심취한 IT 엔지니어로서, 인기 있는 목공 블로그
'Bittersweet Story'를 운영하고 있음

감수 이중기
목공카페 우드워커의 '도현아빠'로 유명한 이중기 님은 창조나무 공방을 운영하며, 독창적이고 아름다운 목공 작품을 만드는 작가임

하이브리드 목공

Hybrid Woodworking by Marc Spagnuolo
© 2013 by Popular Woodworking Books,
an imprint of F+W Media, Inc.
All rights reserved.

Korean Translation Copyright © 2016 by CIR Co., Ltd.
Published by arrangement with Popular Woodworking
Books, an imprint of F+W Media, Inc., Cincinnati, Ohio, USA.
Through Bestun Korea Agency, Seoul, Korea.
All rights reserved.

이 책의 한국어 판권은 베스툰 코리아 에이전시를 통하여 저작권자인 F+W Media, Inc.와 독점 계약한 도서출판 씨아이알에 있습니다. 저작권법에 의해 한국 내에서 보호를 받는 저작물이므로 어떠한 형태로든 무단 전재와 무단 복제를 금합니다.

초판발행	2016년 02월 03일
초판 2쇄	2019년 02월 27일
저 자	Marc Spagnuolo
역 자	이재규
펴 낸 이	김성배
펴 낸 곳	도서출판 씨아이알
책임편집	박영지
디 자 인	강세희
제작책임	김문갑
등록번호	제2-3285호
등 록 일	2001년 3월 19일
주 소	(04626) 서울특별시 중구 필동로8길 43(예장동 1-151)
전화번호	02-2275-8603(대표)
팩스번호	02-2265-9394
홈페이지	www.circom.co.kr
I S B N	979-11-5610-190-1 (93630)
정 가	22,000원

ⓒ 이 책의 내용을 저작권자의 허가 없이 무단전재 하거나 복제할 경우 저작권법에 의해 처벌될 수 있습니다.

안전에 관한 지침

사고를 예방하기 위해서는, 작업하는 동안 항상 안전을 염두에 두어야 합니다. 기계를 사용할 때는 기계에 장착하게 되어 있는 안전 가드를 사용하세요. 그것은 당신의 안전을 위해 만들어진 것입니다.

기계를 사용할 때는 톱날로부터 손가락을 멀리하고, 튀어 날아오는 나뭇조각에 대비해 안전 고글을 착용하고, 청력을 보호할 귀마개를 착용하세요. 그리고 공방에 떠다니는 먼지를 감소시킬 수 있는 집진 시스템을 사용하세요.

기계를 사용할 때는 느슨한 옷을 입지 마세요. 예를 들어 넥타이나 너무 긴 소매, 반지, 목걸이, 팔찌 같은 장신구를 착용하지 마세요. 긴 머리는 기계에 끌려 들어가지 않도록 뒤로 단정히 묶으세요.

특정 화학 물질에 민감하다면, 마감재를 사용하기 전에 포함된 화학 성분을 확인하세요.

지역 조건, 만드는 자재, 기술 수준 등이 다양하기 때문에 저자와 출판사는 이 책에 소개된 자재에 의해 초래되는 어떤 형태의 사고, 부상, 손상, 손실에 대해서도 책임지지 않습니다.

이 책을 만든 저자와 편집자는 가능한 한 정확하고 바른 내용을 기술하려고 노력했습니다. 설계도, 그림, 사진, 그리고 텍스트는 주의 깊게 점검하였습니다. 모든 설명, 설계, 그리고 프로젝트들은 그것을 실제로 만들기 전에 조심스럽게 읽고, 공부하고, 이해해야 합니다.

공급자가 제시한 가격과 장비들은 출판 당시의 것으로, 이후 변경될 수 있습니다.